全国“八五”普法学习读本系列

大学生
法治教育读本

全国“八五”普法学习读本编写组　编

法律出版社
LAW PRESS · CHINA
北京

图书在版编目(CIP)数据

大学生法治教育读本 / 全国“八五”普法学习读本编写组编. -- 北京 : 法律出版社, 2022
ISBN 978-7-5197-6164-6

Ⅰ. ①大… Ⅱ. ①全… Ⅲ. ①社会主义法制-法制教育-高等学校-教材 Ⅳ. ①G641.5

中国版本图书馆 CIP 数据核字(2021)第 225963 号

大学生法治教育读本
DAXUESHENG FAZHI JIAOYU DUBEN

全国“八五”普法学习读本编写组 编

策划编辑 沈小英
责任编辑 陈 妮 刘雪莲
装帧设计 汪奇峰

出版发行 法律出版社
编辑统筹 法治与经济出版分社
责任校对 王 丰 郭艳萍
责任印制 吕亚莉
经　　销 新华书店

开本 710 毫米×1000 毫米 1/16
印张 14.75 **字数** 295 千
版本 2022 年 2 月第 1 版
印次 2022 年 2 月第 1 次印刷
印刷 天津嘉恒印务有限公司

地址:北京市丰台区莲花池西里 7 号(100073)
网址:www.lawpress.com.cn
投稿邮箱:info@lawpress.com.cn
举报盗版邮箱:jbwq@lawpress.com.cn
销售电话:010-83938349
客服电话:010-83938350
咨询电话:010-63939796

书号:ISBN 978-7-5197-6164-6
定价:56.00 元
凡购买本社图书,如有印装错误,我社负责退换。电话:010-83938349

撰稿人

张　生　王敬波　陈一宏　孙　悦
骆　颖　梁柏栋　季芳宇　徐禛子
石炳南　于　昊　周顺龙　曹诚喜
王栋杰　任文佑　高子涵　刘博雅

编写说明

2020年11月16日至17日召开的中央全面依法治国工作会议,明确了习近平法治思想在全面依法治国工作中的指导地位,这是我国社会主义法治建设中具有现实意义和深远意义的大事。习近平法治思想是马克思主义法治理论中国化的最新成果,是习近平新时代中国特色社会主义思想的重要组成部分,是全面依法治国的根本遵循和行动指南。

在习近平新时代中国特色社会主义思想指导下,深入学习贯彻习近平法治思想,我们编写《大学生法治教育读本》,以落实《中央宣传部、司法部关于开展法治宣传教育的第八个五年规划(2021~2025年)》"把习近平法治思想融入学校教育,纳入高校法治理论教学体系,做好进教材、进课堂、进头脑工作",以及国家教材委员会《"党的领导"相关内容进大中小学课程教材指南》"大学生法学类课程教材要贯彻习近平法治思想,重点阐述党的领导与依法治国的关系,深刻阐明中国共产党的领导是社会主义法治之魂,是推进全面依法治国的根本保证"的要求。

法律不仅是国家治理的重要手段,也是公民维护自身权益的有力武器。新时代大学生学习法律的重要性体现在以下几个方面:第一,维护自身权利。现代社会事务纷繁复杂,纠纷在所难免。学习法律,也是大学生了解如何运用法律武器维护权利、解决纠纷的有效途径。第二,保障良好秩序。大学生身处校园这一社会公共领域之中,需要处理好个体与群体的关系。只有每一位大学生都遵守维系公共秩序的强制性规则,才能创造良好的秩序,为大学生专注于学业和自身发展提供安定、有序的环境。第三,促进良法善治。社会主义法治需要每一位公民参与其中。大学生作为知识分子,更应在力所能及的范围内积极参与立法,监督执法和司法,为社会主义法治建设作出贡献。

本书的编写特色和特点:

第一,贯彻习近平法治思想,重点阐述党的领导与依法治国的关系。

第二,本书中对问题的阐述依据我国现行宪法和相关法律、党的十八大以来党中央有关决定报告文件、党和国家领导人的重要论述等。

第三,针对大学生的特点和实际需要,合理设计章节内容,基本涵盖了我国现行法律体系中与大学生密切相关的基本知识。

第四，本书采用通俗易懂的语言表述方式，运用生动丰富的案例阐释法律知识，细化应用场景，帮助大学生学以致用。

普法宣传是一个长期、持续的过程，任重道远。2020 年 12 月，中共中央印发了《法治社会建设实施纲要(2020～2025 年)》，明确提出到 2025 年，“八五”普法规划实施完成，法治观念深入人心，社会领域制度规范更加健全，社会主义核心价值观要求融入法治建设和社会治理成效显著，公民、法人和其他组织合法权益得到切实保障。

希望本书能促进大学生在尊崇法律、学习法律、遵守法律、维护法律、运用法律方面起到模范带头作用，作出应有的贡献。

序　言

一、法治是人类文明进步的重要标志

法治是人类社会在漫长的历史进程中，逐步发展形成的制度化治理方式，是人类社会文明进步的重要标志。古今中外不同文明类型的国家，在不同的历史阶段有不同形态的法治。如果对法治加以简明的概括，那就是“良法善治”。如古希腊学者亚里士多德所说：“法治应包含两重意义：已成立的法律获得普遍的服从，而大家所服从的法律又应该本身是制订得良好的法律。”①“良法”是治理的前提，明确的规则摒弃了人的任意擅断；统一的行为标准、统一的判断标准，使人在法律面前真正实现了平等。“善治”就是把良好的法律付诸实施，形成公平正义的社会秩序。

由于人类生活环境、生产方式的不同，文化理念的分殊，对“良法善治”的理解与实践存在极大的差异。法治不是孤立的存在，法治与政治及其背后价值理念、社会文化有着紧密的联系。习近平总书记指出：“每一种法治形态背后都有一套政治理论，每一种法治模式当中都有一种政治逻辑，每一条法治道路底下都有一种政治立场。”②中华文明是世界上最古老的文明之一，也是世界上唯一没有中断的文明。据历史典籍所载，早在夏商时期就有了成文的法令、系统的礼制规范和五刑制度。西周时期礼法并用，成就了中国早期的盛世之治。及至春秋战国，诸子百家论辩治国之道。秦汉统一以后，随着治理经验的积累，制度体系的成熟完善，中国逐渐形成了在世界法制史上独树一帜的中华法系。中华法系适应了中华文明的历史发展，在治国理念方面，强调“天人合一”“以人为本”，德治与法治相结合；在立法方面，形成了“有典有则”的法律体系，法律的基本原则、基本规则编纂于法典之中，灵活而具体的单行法附属于法典相关规定之后；在执法和司法方面，提倡“执法如山”“刑措无讼”，注重刑罚的犯罪

---

① ［古希腊］亚里士多德：《政治学》，吴寿彭译，商务印书馆1965年版，第199页。

② 中共中央文献研究室编：《习近平关于全面依法治国论述摘编》，中央文献出版社2015年版，第34页。

预防功能,追求礼让和谐的善治秩序。

近代以来,工业革命改变了人类的生产方式和生活方式,在社会化大生产过程中,一方面,个人越来越独立;另一方面,人与人的合作也越来越重要。国家的职能越来越复杂,国家的权力也越来越强大。由此,保障人民主权和公民基本权利的宪法应需而生,宪法成为近现代法治的基石。近现代对"良法善治"也有了新的界定:"良法"必须是人民意志的体现,宪法法律在国家治理中具有至高无上的权威,法律面前人人平等,人权和公民基本权利得到宪法法律的保护;"善治"意味着国家的治理、人民的生活都在法律秩序之内,公民真正享有广泛的权利和自由,国家公权力皆由法定,公权力必须依法行使,公正有效的司法成为法治的保障。

中国特色社会主义法治体系是在中国共产党领导下,经历了革命、建设、改革开放的百年进程,汇聚了中华优秀传统文化、革命文化、社会主义先进文化而形成的,是新时代的"良法善治"。社会主义法治不仅需要法律专业人士、国家机构的科学立法、严格执法、公正司法,还需要每位公民积极参与立法实践、执法与司法的监督,做到全民守法。大学时代正值人生最美好的学习发展时期,大学生无论从自身发展还是奉献社会的角度,都应该知法守法,成为社会主义法治的忠实崇尚者、自觉遵守者、坚定捍卫者。

二、法律是权力与权利的边界

法治是现代国家治理的基本方式。党的十八大以来,中国共产党把全面依法治国摆在全局性、战略性、基础性、保障性的位置,坚定不移地在法治的轨道上推进国家治理体系与治理能力的现代化。我们生活的时代,是法治的时代,法治兴则国兴,法治强则国强。法治不仅决定着国家的命运,也决定着个人的人生走向。

宪法是现代法治的基石,在法律体系中具有最高权威,规定了国家治理的"四个基本":基本原则、基本纲领、基本权利、基本制度。它是人民权利的宣言书,是国家机关行使权力的依据,是制定其他法律法规的遵循。中国共产党领导人民建设法治国家,就是为了实现宪法所规定的"四个基本",满足人民在民主、法治、公平、正义、安全、环境等方面日益增长的需要,发挥法治固根本、稳预期、利长远的保障作用,最终实现中华民族伟大复兴。

大学生作为法治国家的公民,即便不是学习法律专业,也必须了解和掌握宪法的基本内容。因为宪法如同我们国家的法治总图,可以指引人们了解国家治理的法治原则、国家的发展方向和目标,还规定了较具体的"国家机构""公民的基本权利与义务”等内容。掌握了宪法,就掌握了社会主义法治的要义:社会主义中国是中国共产党领导下人民当家作主的国家,国家机关必须依法行使职权,依照法定程序行使职权,法无授权不可为;公民的基本权利和义务是统一的,随着社会的不断发展,公民享有的法定权利越来越充实、越来越丰富。

法治既是国之大事,也是公民个人的人生大事。对大学生而言,则关乎自身的健康成长、权益保护和事业发展。本书希望给各位大学生读者三句法治箴言:

其一,知法守法,维护良好秩序。知法守法,是现代社会公民的基本素质。以校园为中心的生活圈,是一个社会公共领域,需要处理好个体与群体的关系,遵守维系公共秩序的强制性规则。没有规则就没有安定的秩序,个人就会被各种纠纷所困扰。法律就是为了确立明确的行为边界,只有大家都知法守法,创造良好的秩序,才有利于每一个人专注于学业和自身发展。特别是在互联网时代,大家无须见面就可以交流,同时也可能发生冲突、造成伤害。须知,网络中每一个虚拟的人,都可以还原为真实的法律主体。任何违法失德的行为,都会被追究责任。违法是有代价的,不要因自己对法律的无知付出不必要的代价,留下不良的信用记录。

其二,知法用法,保障自身权利。知法用法,才能有效保障自身权利。发生纠纷,各方在运用法律规则的前提下解决,是最有效率的。现代社会事务纷繁复杂,有了冲突,小问题自己找法用法就可以有效解决;复杂问题找法律专业人士帮助解决。针对年轻人容易冲动的问题,有经验的警察还列出了简明而专业的“打架成本表”,明确了造成轻微伤、轻伤、重伤的民事、行政、刑事责任,大学生可以在网上找来看看。

其三,践行法治,实现良法善治。法治没有旁观者,每位公民都是社会主义法治的践行者。大学生作为社会中的知识阶层,不仅要做到知法守法,还要积极参与立法、监督执法和司法。我国的法律体系大体由宪法和宪法相关法、民商法、行政法、经济法、社会法、刑法、诉讼与非诉讼程序法等 7 个部分构成,包括法律、行政法规、地方性法规三个层次。其中,截至 2021 年年底,现行有效的法律 288 部。这些法律从社会生活的不同方面,规定了公民享有的权利和应尽的义务,规定国家机关的权力和职责,法治就是为权力和权利设定合理的制度边界。在具体法律制度中,权利与权力的设置是否合理,需要实践的检验,并反馈给立法机关,由其进行修改完善;法律规定是否被正确解释适用,执法、司法部门是否依法行使职权,也需要我们监督,这样才能促进执法、司法部门不断提高执法、司法水平,实现公平正义的法治秩序。

本书希望通过分析大学生身边常见的法律问题，为大学生读者了解法律并利用法律维护自身合法权益提供引导。本书的写作框架由中国社会科学院法学研究所张生研究员、对外经济贸易大学王敬波教授拟定，书中各章也由二人统编修订。

由于水平所限，其中内容难免存在错漏，敬请各位读者多提宝贵意见，以期完善。

目 录
Contents

第一章
法的价值
与习近平法治思想

*公正是法治的生命线　*随心所欲不逾矩
*追求平等，反对歧视　*法治与德治
*习近平法治思想　*党的领导与依法治国

▶ 一、公正是法治的生命线

古今中外，公平正义一直是人们不断追逐的理想，人人都渴望生活在公平正义的社会里。我们的传统文化中有着丰富的“天下为公，公正为民”的思想资源，譬如，《吕氏春秋·孟春纪·贵公》开篇即言，“治天下也，必先公。公则天下平矣”。再有，《韩非子·有度》曾言，“法不阿贵，绳不绕曲”，意指法律不偏袒有权有势的人，就像墨线不向弯曲的地方倾斜一样，即法律面前不论高低贵贱，人人平等，这才是公平正义的准绳。但是，到底什么是公平正义呢？公平正义是高度抽象的价值，在不同的时代、不同的地域，甚至是不同的人心中，都有不同的内涵。

公正作为一种社会价值，是衡量一个社会的制度安排是否正当合理的重要标准。一个社会的公正，应当体现在经济、政治、法律等社会生活的各个领域、各个层次和各个方面。公平的内涵在于“给予其所应得”。马克思也曾指出，各种公平主张实际上是人们对现存分配形式与自身利益关系的价值判断。① 也就是说，社会公平最重要的内容，就是要对权利和义务进行合理分配，依据合理的尺度来分配权利和自由、权力和机会、收入和财富等社会资源。但是，公平不等于平均，公平也不等于相等。比如，在初次分配的场合，每个人投入的生产要素（包括劳动力、土地、资本等）是不同的，因此，劳动报酬在分配时会因生产要素的投入情况而不同，每个人的所得也不能绝对相等或相同。

▶ 二、随心所欲不逾矩

我国近代思想家章炳麟认为：“天下无纯粹之自由，亦无纯粹之不自由。”这意味着，自由并不能等同于无拘无束，那么自由的边界又在何处呢？严复将英国思想家约翰·斯图亚特·穆勒的《论自由》（*On the Liberty*）翻译为《群己权界论》，无疑体现了其高超的翻译本领，因为他精准地抓住了“自由”之要旨——自由不是无拘无束，它存在于群体与个体的关系之中，体现为一种权利关系。

---

① 参见令小雄等：《国魂：社会主义核心价值观与中华传统文化》，甘肃文化出版社 2016 年版，第 173 页。

（一）自由不是无拘无束

自由首先表现为有意识的生命活动，马克思在《1844年经济学——哲学手稿》中将此定义为“自由自觉的活动”。

人的物质存在决定了人的行为受到自然规律、社会历史规律等不以人的主观意志为转移的客观必然性的约束。正如恩格斯所言：“自由不在于幻想中摆脱自然规律而独立，而在于认识这些规律，从而能够有计划地使自然规律为一定目的服务……自由就在于根据对自然界的必然性的认识来支配我们自己和外部自然。”①亦即，马克思主义自由观是一种实践的自由观，自由被认为是基于对客观必然性的认识而改造客观世界的自由自觉的活动。具体来说，这包含两重含义：一方面，对客观必然性的把握和理解是自由的基本前提；另一方面，自由不是对客观规律的消极服从，而是要发挥人的主观能动性，运用规律改造世界，将自身的意志、思想、情感自觉运用于客观对象之上，才能在实践中实现自由。

（二）自由与权利紧密相连

“自由”和“权利”之间存在密切的联系，有时还被视为同义词。一般而言，“权利”有着更为广泛的内涵，广义的“权利”概念甚至包含“自由”，因为有一种权利类别即为“自由权”——现代国家普遍承认并保障公民拥有的基本权利和自由，包括但不限于财产权利、人身自由、言论和出版自由、集会自由、宗教信仰自由等。此外，对“义务”概念进行介绍将有助于我们更好地理解“自由”与“权利”的关系。在法律概念体系中，“权利”与“义务”相对，二者相辅相成，公民在享有权利的同时，也必须履行相应的义务。具体而言，“权利”是指法律关系中的一方对另一方所享有的可以要求对方作为或者不作为的资格，这里的作为和不作为就是义务主体所需承担的具体义务的内容。申言之，“作为”要求义务人积极做出一定行为，是一种积极义务；而“不作为”则要求义务人不得对权利人加以限制和干涉，是一种消极义务。在公民与国家的关系中，上述权利逻辑还对应着公民的积极自由和消极自由。在政治理论中，“做……的自由”就是积极自由，通常对应着《宪法》所保障的选举权与被选举权等民主政治权利，这些权利的实现需要国家提供相应的条件来保障实现；“免于……的自由”则是消极自由，意味着每个人都有权拥有专属于自身而不受他人或政府干涉的最小

① 《马克思恩格斯选集》（第3卷），人民出版社1995年版，第455～456页。

活动空间,比如《宪法》规定了中华人民共和国公民的人身自由不受侵犯,非循法律依据、非由法定主体、非经特别程序、非采合法手段均不得限制或剥夺公民行动自由。简单来说,自由是个人生活中的一定领域里,不受公共权力干涉或妨碍的一种资格。① 权利的存在能促进和保护人的自由,一个人的自由又需要以他人的自由为边界。

(三)法律保障与扩大自由

正如马克思所说,"法律上所承认的自由在一个国家中是以法律形式存在的。法律不是压制自由的措施,正如重力定律不是阻止运动的措施一样"。②法律不仅不是对自由的限制,且自由还需以法律权利的形式而存在。在民主的社会中,法律的目的不是废除和限制自由,而在于保护和扩大自由,使大多数人摆脱不合理不正当的奴役和压迫,从而可以自主、独立地从事一定的活动,选择自己的行为。一方面,法律是一个社会中最基本、最根本的社会规范;另一方面,法律又是保障和扩大自由的理想形式和必然形式,因为法律具有普遍有效性、明确性和强制性,它以肯定公民享有各种权利的形式确定了人们的自由,又以否定形式对各种侵犯公民自由的行为规定相应的惩罚和制裁措施,从而保障自由的最终实现。

▶ 三、追求平等,反对歧视

平等是一种关于社会应当如何对待其成员的规范性社会价值。③ 人类的不平等大致可以分为以下两种类型:一是自然或生理上的不平等,二是精神或政治上的不平等。第一类不平等是社会生活的常态,表现为社会成员在特征、个性、能力、需求等诸多方面的差异,这是客观且不能被忽略的。这类不平等可能是由历史和社会的因素造成的,如家庭背景、教育机会、阶级阶层等,还有一些是由自然或无法掌控的因素造成的,如天赋、才能、运气等。第二类不平等则是人为的、可消灭的不平等,这是由人之为人且均具有社会主体地位而决定的。在这个意义上,社会中的每个成员在人格上都应当被平等对待,每个人的生存和发展都应当受到同等程度的尊重和照顾,即便存在第一类不容忽视的差异;

---

① 参见林来梵:《宪法学讲义》,清华大学出版社 2020 年版,第 321 页。

② 《马克思恩格斯全集》(第 1 卷),人民出版社 1995 年版,第 176 页。

③ 参见郭建宁主编:《社会主义核心价值观基本内容释义》,人民出版社 2014 年版,第 84 页。

平等的价值还在于对那些不合理、不正当因素造成的不平等加以矫正和补偿，以此弥合人们在权利、机会、财富或生活前景等方面的差距。平等价值存在于政治、经济、社会等诸多领域，包含人格平等、权利平等、机会平等等具体内容。其中，人格平等意味着人在社会中享有平等地担当权利主体和义务主体的资格；权利平等意味着公民平等地享有、行使和救济其权利；机会平等是指人人享有平等的机会，每个成员都有平等地实现利益和取得财富的可能性。由于诸多原因，很多人将"平等"误解为结果上的平均主义或者绝对同等对待，下文将对此作出澄清。

（一）平等不是绝对平均

结果上的平均主义是大多数人对"平等"的误解，这种观点认为，"平等"就是在物质财富极大丰富的前提下，实现了对财富分配的绝对平均。这种观点的形成是多种原因促成的：其一，传统文化中存在的某些平等主义的思想内容，这是由中国几千年来自给自足的自然经济孕育出的朴素的平等观，经由儒家的提炼和道德教化，久而久之形成了以"不患寡而患不均"为代表的平均主义价值观，对人们产生了持续而深刻的影响。其二，人们在"姓资姓社"问题上还存在思维惯性。计划经济所强调的生产、交换、分配等各环节的平等长期以来被视为实质平等，这是相较资本主义市场经济的形式平等而言的。其三，社会发展激发了人们对于未来结果的心理焦虑和自保情绪，因而对结果上的平等产生一些执着心理。然而，这种强调分配结果的平等并不是适宜这个社会发展阶段的平等价值观。机会平等不仅适应了社会发展情况，而且本身属于平等的高级形态——在社会生产力高度发展、剩余产品极大丰富的物质前提下，社会才能提供充足的财富资源支持每个人的平等发展；在民主政治建设、文化教育事业取得长足发展的基础上，人们才有平等参与竞争的机会，才有平等竞争必备的能力。除此之外，机会平等是社会主义政治、经济、文化和社会发展的内在要求。社会主义民主政治的本质和核心在于人民当家作主，这要求保障每个公民在民主选举、民主决策、民主监督和民主管理上享有同等的机会；社会主义经济发展要求生产要素在市场中更大的自由流动度，要求经济主体有平等参与、公平竞争的机会；社会主义文化建设要求每一个社会成员都有从事文化创造、接受文化教育、享受文化成果的机会。

（二）平等与法律

我国《宪法》规定，中华人民共和国公民在法律面前一律平等。任何公民不分民族、种族、性别、职业、家庭、教育程度、财产状况、居住期限等，一律平等地享有宪法和法律规定的权利,平等地履行宪法和法律规定的义务。公民的合法权益一律平等地受到保护,对违法行为一律依法予以追究;在法律面前,任何组织和个人都没有超出宪法和法律的特权,公民也不得被强迫承担法律之外的义务,受到法律之外的处罚。归结起来,法律面前人人平等原则在立法和司法实践领域主要体现在如下三个方面:第一,权利与义务的平等。第二,法律适用的平等。第三,法律界限的平等。再深入一些可以发现,虽然平等是所有法律的价值,但不同的法律中的平等权法律关系结构是不一样的。譬如,民法是调整平等的民事主体之间的人身关系和财产关系的法律。民法的平等原则是指自然人、法人和非法人组织等民事主体在从事民事活动时,相互之间在法律地位上是平等的,任何一方都不得将自己的意志强加给对方,他们的合法权益也受到法律的平等保护。在民法中,平等的法律关系结构处于一个平面的两点。但是宪法则不同,宪法中的平等结构可以被视为一个等腰三角形,三角形的顶点是国家,也即处于法律关系之中的公民在国家面前一律平等,国家平等地保护和保障公民的合法权益。在宪法界,一般认为平等既是原则又是权利:一方面,对于国家来说,平等是一项原则,即要求国家平等保护不同的公民;另一方面,对个人来说,平等又是一种基本权利,个人可以向国家提出平等的诉求,要求得到平等对待。①

(三)平等允许差别对待

正义的核心在于平等,平等的要义就是“相同情况同等对待,不同情况差别对待”。差别是普遍的,它可以是正当形成的,如勤奋努力的工人应当比消极怠工的工人得到更多的收入,贡献更大的人应当比无所作为的人得到更多的奖励,等等。面对这些正当的差异,我们不仅要承认它的存在,还要鼓励它的存在。只有这样,社会才会形成各尽所能、自力更生、朝气蓬勃的活力和生气。除了对作出突出贡献的个体进行鼓励和保护之外,“平等”还要求对处于弱势的个体或群体给予关照。具体到法律领域,以民法为例,我国现行民事立法中确立了平等原则,既强调民事主体在人格上的平等,又注重保护弱势主体,如消费者、劳动者、妇女儿童和老人等主体分别相对于经营者、雇佣者、成年男子和青壮年等处于利益上或生理上的弱势,民事立法便在普遍平等的基础上向弱势群体倾斜权利义务安排来矫正不合理的不平等。又如,在工作领域,男性和女性都享有生存和发展的权利,因而男女享有平等的就业权利,实行男女同工同酬。

---

① 参见林来梵:《宪法学讲义》,清华大学出版社 2020 年版,第 379 页。

但是,与此同时,女性也存在经期、孕期、产期、哺乳期等生理周期的特殊保护需要,因而法律规定不得安排女职工在经期从事高处、低温、冷水作业和国家规定的第三级体力劳动强度的劳动;不得安排女职工在怀孕期间从事国家规定的第三级体力劳动强度的劳动和孕期禁忌从事的活动。

四、法治与德治

法律和道德都是具有约束力的规范体系。法律重在他律,具有强制性、威慑性,可以稳定人们的预期,规范社会成员的行为;德治重在自律,具有调节性、劝导性,滋润社会成员的心灵。① 习近平总书记曾指出:“必须坚持依法治国和以德治国相结合……既重视发挥法律的规范作用,又重视发挥道德的教化作用,实现法治和德治相辅相成、相得益彰。”②

(一)法律与道德

道德是内在的法律,法律是外化的道德。法律的实施有赖于道德支持,道德的践行离不开法律约束,二者相辅相成,贯穿于人们生活的方方面面,共同保障公民美好生活,共同推进法治国家建设。

1. 法律和道德相辅相成

任何法律制度都体现了一定的道德伦理精神。有学者将道德分为两个层面:基本道德和非基本道德。基本道德要求维护社会稳定,不对社群安全造成危害,不伤害他人的人身和财产等。非基本道德主要包括乐于助人,与人为善等内容。基本道德是法律的主要规定内容,是法律的信息来源,如表 1-1 所示。当人们的行为违反了基本道德时,同时也有可能触犯法律,受到法律的非难,承担相应的法律责任。法律责任的设置不仅有利于维护基本道德,还能对其他社会成员起到教育、威慑作用,使他们自觉增强意识,遵守法律及相应的道德准则。

表 1-1　法律中的道德条款示例

法律条文	蕴含的道德价值
《民法典》第 7 条 民事主体从事民事活动,应当遵循诚信原则,秉持诚实,恪守承诺	诚实信用

① 参见肖立辉:《实现法治与德治相得益彰》,载《人民日报》2021 年 1 月 29 日,第 9 版。

② 习近平:《加快建设社会主义法治国家》,载《求是》2015 年第 1 期。

续表

法律条文	蕴含的道德价值
《民法典》第 8 条 民事主体从事民事活动,不得违反法律,不得违背公序良俗。 《民法典》第 10 条 处理民事纠纷,应当依照法律;法律没有规定的,可以适用习惯,但是不得违背公序良俗	公序良俗
《民法典》第 1043 条 家庭应当树立优良家风,弘扬家庭美德,重视家庭文明建设。 夫妻应当互相忠实,互相尊重,互相关爱;家庭成员应当敬老爱幼,互相帮助,维护平等、和睦、文明的婚姻家庭关系	家庭和睦 夫妻忠诚
《宪法》第 33 条第 2 款、3 款 中华人民共和国公民在法律面前一律平等。 国家尊重和保障人权	保护人权 人人平等
《老年人权益保障法》第 3 条 国家保障老年人依法享有的权益。 老年人有从国家和社会获得物质帮助的权利,有享受社会服务和社会优待的权利,有参与社会发展和共享发展成果的权利。 禁止歧视、侮辱、虐待或者遗弃老年人	敬老、养老、助老

道德是法律的有益补充。"法律不理会琐碎之事"。这句法谚的意思是,再完善的法律制度都无法绝无遗漏地对一切问题作出详尽规定。在某些特殊情况下,法律可能只有原则性的规定而没有明确具体的规定。此时,道德可能按照其独特的规范原理来对相关行为和现象加以制约、评价和引导,形成良好的道德秩序,进而弥补法律的空缺。此外,道德对法律实施具有积极作用。譬如,执法者的职业道德越高,他们违法执法的概率就越小;守法者的道德意识和观念越强,则越会对法律充满敬畏之心,从而越发积极地遵守相关法律。

关于法律与道德的关系,法学理论中还存在"恶法亦法"和"恶法非法"之争,即不正义的法是不是法的问题。著名的"拉德布鲁赫公式"对此问题给出了答案。"拉德布鲁赫公式"主要包括以下三层内涵:第一,应当维护实定法的安定性,不能随意否定其效力;第二,实定法应当具有合目的性和符合正义性;第三,如果实定法违反正义达到了不可容忍的程度,也就失去了其应有的属性。① 简单来说,它认为在一般情况下,法律的安定性有限。即使该法律不公

① 参见王利明:《法为民而治》,北京大学出版社 2018 年版,第 68 ~ 73 页。

正或者不正当,也只有在极端不正义的情况下,才不具有法律效力。在此要求之下,立法者应当立良法、废恶法,一旦发现立法或者法律的某个条文不符合公平正义价值,便应当及时启动法律的立、改、废、释工作,及时修正法律或者规则。与此同时,执法者在恶法没有废除之前,应当对其加以遵守。可以说,这样的处理方式既维护了法的安定性,也支持了法律的道德性。

2. 法律和道德存在区别

法律与道德虽然联系紧密,但基于其作为不同行为规范的基本特征存在如下区别:

第一,道德规范通过思想约束来调整社会关系,而法律调整社会关系的媒介是人的行为。内心自由包括思想自由和良心自由,并不伴随法学意义上的行为,不会干涉任何人的自由和利益,因而不在法律调整的范围之内,但思想和良心受到道德的约束。例如,我们可能在与他人的相处过程中产生一些不良想法。但只要这些想法没有付诸行动,没有对他人造成影响,那么法律便不会加以干预。但是,道德却对人的思想观念和价值取向有约束和引导作用,和谐共赢和君子大度等道德规范却要求个人应当抑制甚至消除歪念邪念。

第二,道德多为一个社会自发形成的观念共识,而法律由国家专门机关制定、认可和解释。法律之所以能够在国家范围内普遍适用,是因为其以国家的名义制定或认可,具有国家性。法律代表的是一种表面上凌驾于社会之上的力量,体现了主权者的意志。与此不同的是,道德规范在某种程度上属于社会大多数成员的自发共识,具体内容有其特定的历史和文化根源,延续性和生命力也非常强大。

第三,道德的核心内容是关于人们思想和行为的真假、善恶、美丑、荣辱等观念、规范、原则和标准,而法律通过授权、禁止和命令的形式规定了权利和义务。权利和义务相互区别但不彼此孤立。法律上的权利和义务规定具有确定性和可预测性的特点:它明确地告诉人们应当如何行为,不应当如何行为以及必须如何行为;人们也可以根据法律来安排自己的行为以及自己与他人的相处方式,还可以适当地预见相应行为的法律后果。公民在行使权利的同时也要履行相应的义务。没有无权利的义务,也没有无义务的权利。譬如,随着我国步入老龄化时代,“常回家看看”成为社会热议的话题。我国《老年人权益保障法》第18条第2款、3款规定:“与老年人分开居住的家庭成员,应当经常看望或者问候老年人。用人单位应当按照国家有关规定保障赡养人探亲休假的权利。”这一规定显示出,看望和赡养老人是每一个公民应当自觉履行的义务,而回家探亲则是公民应享有的权利,应受到保障。由此可见,公民的权利和义务对立统一、不可分离。

第四,道德不具有强制约束力,而法律通过国家强制力保证实施。如果没有国家强制力作为后盾,那么违反法律的行为将得不到惩罚,法律所体现的意志也就得不到贯彻和保障,这是法律与道德的重要区别。许多道德规范表现为一种抽象的原则和信念,主要依靠自我约束和舆论压力来达到相应的规范效果。违反道德规范可能受到社会舆论的谴责,其本人也可能产生强烈的自责、内疚、忏悔等情绪。与此不同的是,法律是以国家强制力为后盾的行为规范,当行为人违反法律时,一般由相应的国家机关追究其法律责任。

(二)法治与德治

改革开放以来,我国逐步探索出一条依法治国与以德治国相结合的中国特色社会主义治国理政道路。法安天下,德润人心,坚持德法相依、德法互补的原则,有利于法律与道德协同发力,进一步推进新时代社会主义现代化建设历程。

在中国古代,“法治”是法家的政治哲学思想。然而,这种思想的局限在于,将百姓对严刑峻法的恐惧而非对良善法律的认可作为国家治理的根本。并且,这样的“法治”依附于“人治”,带有明显的封建色彩。现代“法治”在广义上是“法的统治”,在本质上则是“良法善治”。我国的法治不是传统的法家的“法治”,而是在以人民为中心的发展思想之下,以健全完备和有效实施的社会主义法律制度为依托,实现人民的自我管理、自我约束。法治在社会主义现代化建设中可以发挥如下作用:其一,协调利益冲突、维护社会稳定,为各类社会矛盾纠纷提供解决准则。其二,法律的内容和实施因其公平正义的特征为人所尊重和认可,法律鼓励公民珍视权利、行使权利,对民众产生引导和教化的作用。

儒家意识形态对中国产生了长期而深远的影响,它所倡导的治国理念和治理传统便是“德治”。然而,由于强调严格的等级秩序和人伦纲常,儒家思想一来无法摆脱“人治”的封建桎梏,二来过度压抑个体的自然需求和个性表达,因此,不能片面地只强调德治。新中国成立以来,我国逐步确立了社会道德建设的基本方向,主要以社会公德、职业道德和家庭美德作为基本场域,调节个人与家庭、社会和国家的关系,以内在自律促进民众自觉追求真、善、美。如果说法治是一种刚性约束,那么德治便是通过循循善诱的感化和劝导来影响民众价值判断的柔性措施,它可以激发每一位公民的自律意识,让人们在潜移默化中改变外在行为,形成良好的社会风尚。

“法治”与“德治”的辩证关系在于,法律和道德是现代国家治理不可缺少的两种重要手段,德治和法治相互补充、不可或缺。不能单靠德治。但是,若单纯依靠法治，社会将缺少价值观的引领，法治也将难以为继。习近平总书记在中央全面依法治国工作会议上指出，要坚持依法治国和以德治国相结合，实现法治和德治相辅相成、相得益彰。① 坚持依法治国和以德治国相结合，是中国特色社会主义法治道路的鲜明特征，是建设社会主义法治国家必须遵循的基本原则。落实依法治国基本方略，加快建设社会主义法治国家，必须坚持依法治国和以德治国相结合，将法律和道德的力量、法治和德治的功能结合起来，既重视发挥法律的规范作用，又重视发挥道德的教化作用。

坚持依法治国与以德治国相结合，具体体现在，一是重视在立法过程中充分地进行道德考量，使社会主义核心价值观贯穿在法律体系中，如表 1－1 中的法律规定便体现了这一要求。二是将经过实践检验的、获得普遍认可的、具有可操作性和实用性的道德规范通过立法程序上升为法律条文，增强道德对民众的约束力。三是在执法、司法等各个环节都尊重民众普遍的道德情感和社会主义核心价值观，例如，在“江某莲诉刘某曦生命权纠纷案”中，法院在判决书中写道，“扶危济困是中华民族的传统美德，诚信友善是社会主义核心价值观的重要内容。司法裁判应当守护社会道德底线，弘扬美德义行，引导全社会崇德向善”。②

延伸阅读

（一）言论自由，还是侵权行为

葛某某诉洪某某名誉权、荣誉权纠纷案
（最高人民法院指导案例第 99 号）

1. 案情简介

2013 年 9 月 9 日，时任炎黄春秋杂志社执行主编的洪某某在财经网发表《小学课本〈狼牙山五壮士〉有多处不实》一文。其后，洪某某又在 2013 年第 11 期《炎黄春秋》上发表《“狼牙山五壮士”的细节分歧》一文。该文分为“在何处跳崖”“跳崖是怎么跳的”“敌我双方战斗伤亡”“‘五壮士’是否拔了群众的萝

① 参见习近平：《坚定不移走中国特色社会主义法治道路　为全面建设社会主义现代化国家提供有力法治保障》，载《人民日报》2020 年 11 月 18 日，第 1 版。

② 山东省青岛市城阳区人民法院民事判决书，(2019)鲁 0214 民初 9592 号。

卜”等部分。文章通过援引不同来源、不同内容、不同时期的报刊资料等，对“狼牙山五壮士”事迹中的细节提出质疑。

原告葛某某(“狼牙山五壮士”葛振林之子)诉称：洪某某发表的《小学课本〈狼牙山五壮士〉有多处不实》一文以及《“狼牙山五壮士”的细节分歧》一文，以历史细节考据、学术研究为幌子，以细节否定英雄，企图达到抹黑“狼牙山五壮士”英雄形象和名誉的目的，请求判令洪某某停止侵权、公开道歉、消除影响。

被告洪某某辩称：案涉文章是学术文章，没有侮辱性的言辞，关于事实的表述有相应的根据，不是凭空捏造或者歪曲，不构成侮辱和诽谤，不构成名誉权的侵害，不同意原告葛某某的全部诉讼请求。

2. 法院裁判要点

第一，对侵害英雄烈士名誉、荣誉等行为，英雄烈士的近亲属依法向人民法院提起诉讼的，人民法院应予受理。第二，英雄烈士事迹和精神是中华民族的共同历史记忆和社会主义核心价值观的重要体现，英雄烈士的名誉、荣誉等受法律保护。人民法院审理侵害英雄烈士名誉、荣誉等案件，不仅要依法保护相关个人的权益，还应发挥司法彰显公共价值的功能，维护社会公共利益。第三，任何组织和个人以细节考据、观点争鸣等名义对英雄烈士的事迹和精神进行污蔑和贬损，属于歪曲、丑化、亵渎、否定英雄烈士事迹和精神的行为，应当依法承担法律责任。

3. 本案中的言论自由与名誉权

依法保护公民的言论自由是我国现行法律的明确规定，也是本案裁判需要考虑的重要因素之一。案涉文章在形式上表现为学术文章，判断其是否构成侵权将涉及洪某某的言论自由。但也要看到，言论自由并非没有边界，如果超出合理的限度，则会侵害他人的合法权益以及更重要的社会公共利益。

一审法院认为，学术自由、言论自由以不侵害国家利益、社会公共利益和他人合法权益为前提。这是我国宪法所确立的关于自由的一般原则，是为言论自由和学术自由所划定的边界。任何公民在行使言论自由、学术自由及其他自由时，都负有不得超越自由界限的法定义务。这是法治国家和法治社会对公民的基本要求，也是任何一个公民应当承担的社会责任。本案中，“狼牙山五壮士”这一事迹所凝聚的民族感情和历史记忆以及所展现的民族精神，是当代中国社会主义核心价值观的重要来源和组成部分，具有巨大的精神价值，也是我国不可或缺的精神内核。对“狼牙山五壮士”名誉的损害，既是对葛某某之父葛振林的名誉、荣誉的损害,也是对中华民族的精神价值的损害。洪某某完全可以在不损害五壮士名誉、荣誉和社会公共利益的前提下,自由地进行学术研究和自由发表言论,包括对狼牙山战斗的某些细节进行研究,但洪某某却未采用这种方式,而是通过所谓的细节研究,甚至与网民张某某对"狼牙山五壮士"的污蔑性谣言相呼应,质疑五壮士英勇抗敌、舍生取义的基本事实,颠覆五壮士的英勇形象,贬损、降低五壮士的人格评价。这种"学术研究""言论自由"不可避免地会侵害五壮士的名誉、荣誉,以及融入了这种名誉、荣誉的社会公共利益。因此,洪某某以侵害他人合法权益和社会公共利益的言论自由,作为其侵权责任的抗辩理由,法院不予支持。

(二)企业权利,还是就业歧视

"厨房学徒"岗位不招女工,法院认定就业歧视
(《最高人民法院公报》2021 年第 1 期案例)

1. 案情简介

梁某,女,于 2015 年 2 月 6 日取得中式烹调师三级/高级技能职业资格证书。2015 年 6 月 28 日梁某在某网站上看到某佳公司发布招聘厨房学徒的广告,该广告中无明确性别要求,指定面试地点包括某轩酒楼处。梁某于 2015 年 6 月 29 日前往某轩酒楼应聘,填写了入职申请表。梁某与某轩酒楼处的前台工作人员沟通过程中,前台工作人员多次表示厨房学徒不招女工,某轩酒楼也未对其进行面试。梁某于 2015 年 7 月在某网站上再次看到某佳公司发布同一岗位的招聘广告,招聘广告显示招聘的职位为配菜/打荷(招 8 人),其中一条的任职资格及其他条件载明"男性,18 ~ 25 岁"。面试地址载明"1. 某佳某轩酒楼……2. 某佳某大公馆……"梁某认为某佳公司、某轩酒楼的行为侵犯其就业平等权,遂起诉至法院要求某佳公司、某轩酒楼向其公开书面赔礼道歉并赔偿损失。

二审法院认为:某佳公司、某轩酒楼在发布招聘广告以及招聘员工的过程中存在对女性应聘者进行区别、限制以及排斥的行为。而某佳公司、某轩酒楼所招聘的岗位并非不适合妇女的工种以及岗位。根据我国原《民法通则》第 105 条之规定,妇女享有同男子平等的民事权利。又根据我国《就业促进法》第 3 条之规定,劳动者依法享有平等就业和自主择业的权利。劳动者就业,不因民族、种族、性别、宗教信仰等不同而受歧视。某佳公司、某轩酒楼仅因招聘者性别而产生的区别、限制以及排斥的行为不具有合法以及合理性,损害了女性

应聘者的就业平等权，应构成就业歧视中的性别歧视。

2. 焦点分析

本案主要争议焦点包括：被告某佳公司、某轩酒楼被诉侵权行为是否构成对原告梁某就业平等权的侵害；若侵权行为成立，被告某佳公司应承担何种法律责任。

其一，就业平等权受侵害的判断标准。劳动者享有就业平等权是其人格独立和意志自由的表现，侵害就业平等权在民法领域侵害的是人格权的核心内容——人格尊严。人格尊严要求平等对待，就业歧视往往会使人产生一种严重的受侮辱感，对人的精神健康甚至身体健康造成损害。据此，劳动者可以在其就业平等权受到侵害时向人民法院提起民事诉讼，寻求救济。对于本案被告某佳公司、某轩酒楼是否侵害原告就业平等权，应从以下层面进行评判：用人单位是否存在就业歧视行为、劳动者就业机会是否受到侵害、就业歧视与不利后果之间是否存在因果关系及用人单位是否存在主观过错。关于用人单位存在就业歧视行为的判定，需要注意的是，所谓就业歧视就是用人单位在招聘过程中，对招聘条件相同或相近的求职者基于某些与个人工作能力或工作岗位无关的因素，而不能给予其平等的就业机会或在工资、岗位安排、劳动条件与保护、社会保险与福利等方面不能提供平等待遇。就业歧视的本质特征是没有正当理由的差别对待，其包含两个方面的基本要素：第一，存在差别对待的行为；第二，这种差别对待缺乏合理性基础，为法律所禁止。在本案中，就业平等权不仅属于劳动者的劳动权利范畴，亦属劳动者作为自然人的人格权范畴。在招聘广告并未明确不招女性，对于并非不适宜女性从事的工作岗位，用人单位无不当理由仅因劳动者的性别而作出不合理的区别、限制以及排斥行为的，构成就业性别歧视，侵犯了劳动者的就业平等权。

其二，就业平等权受侵害的法律责任。在本案中，某佳公司、某轩酒楼在招聘过程中仅因招聘者性别而产生的区别、限制以及排斥的行为，损害了梁某的就业平等权，给梁某造成了一定的精神损害。某佳公司、某轩酒楼应该认识到自身行为的不当，故法院根据我国原《侵权责任法》第 2 条第 1 款、第 15 条，①2001 年《最高人民法院关于确定民事侵权精神损害赔偿责任若干问题的解释》第 8 条之规定，②依法判令某佳公司、某轩酒楼向梁某作出书面赔礼道歉并赔

---

① 裁判当时依据的《侵权责任法》第 2 条第 1 款、第 15 条，现规定在《民法典》第 1165 ~ 1167 条。

② 2020 年修正该解释时已删除该条。

偿相应的精神损害抚慰金。

▶ 五、习近平法治思想

2020年11月召开的中央全面依法治国工作会议上,党中央正式提出了习近平法治思想,明确了习近平法治思想在全面依法治国工作中的指导地位,这是我国社会主义法治建设进程中具有重大现实意义和深远历史意义的大事。习近平法治思想作为马克思主义法治理论中国化的最新成果,是全面依法治国的根本遵循和行动指南。

(一)始终坚持正确的政治方向

1. 坚持党对全面依法治国的领导

中国共产党是社会主义事业的领导核心,法治建设离不开党的领导。实践证明,中国的法治建设之所以取得了一系列重大成就,根本原因在于坚持党的领导。习近平总书记指出,"依法治国是我们党提出来的,把依法治国上升为党领导人民治理国家的基本方略也是我们党提出来的,而且党一直带领人民在实践中推进依法治国"。① 可以说,"把党的领导贯彻到依法治国全过程和各方面,是我国社会主义法治建设的一条基本经验",因为"党的领导是中国特色社会主义最本质的特征,是社会主义法治最根本的保证……坚持党的领导,是社会主义法治的根本要求……是全面推进依法治国的题中应有之义"。②

2. 坚持以人民为中心

人民性是马克思主义最鲜明的品格,人民立场是中国共产党的根本政治立场。中国共产党领导的中国特色社会主义法治也必然把"以人民为中心"作为根本立场:一方面,法治离不开人民。因为人民是法治最广泛、最深厚的基础,法治体现的是人民的意志和利益。另一方面,法治必须坚持为了人民。为人民谋福利是所有工作的出发点,所以必须紧紧依靠人民群众、不断造福人民、永远保护人民。因此,人民不仅是法治中国建设的主体和参与者,更是法治建设的目标。为体现法治建设中的人民中心地位,法治中国建设需要从以下几个方面

---

① 习近平:《加快建设社会主义法治国家》,载《求是》2015年第1期。

② 《中共中央关于全面推进依法治国若干重大问题的决定》,载人民网,http://cpc.people.com.cn/n/2014/1029/c64387-25927606.html。

作出努力：一是要依法保障人民主体地位，保证人民在党的领导下依法参与国家治理。二是要依法保障人民合法权益。习近平总书记指出，“要把体现人民利益、反映人民愿望、维护人民权益、增进人民福祉落实到依法治国全过程，使法律及其实施充分体现人民意志”。[①] 三是要依法维护社会公平正义。习近平总书记指出，“必须牢牢把握社会公平正义这一法治价值追求，努力让人民群众在每一项法律制度、每一个执法决定、每一宗司法案件中都感受到公平正义”。[②]

3. 坚持中国特色社会主义法治道路

世界上既不存在统一的法治模式，也不存在唯一的法治道路。一个国家走什么样的法治道路、建设什么样的法治国家，是由其政治经济制度和社会历史文化等多种因素所组成的基本国情决定的。中国的法治之路，也必须坚持从中国实际出发，围绕中国特色社会主义事业发展目标，回应各领域改革发展的法治要求。新中国成立以来，中国共产党领导全国人民总结法治建设的经验和教训，开辟了一条中国特色社会主义法治道路。实践证明，这条道路是符合中国国情和顺应时代发展要求的正确道路，“是社会主义法治建设成就和经验的集中体现，是建设社会主义法治国家的唯一正确道路”。[③] 因此，中国特色社会主义法治道路为法治中国建设指明了方向，是马克思主义法治理论中国化的思想主旨。对于如何坚持中国特色社会主义法治道路，习近平总书记曾指出，“走中国特色社会主义法治道路是一个重大课题，有许多东西需要深入探索，但基本的东西必须长期坚持”。[④] 这“基本的东西”概括来说就是，坚持中国特色社会主义法治道路，就是要将社会主义初级阶段的国情作为法治中国建设的立足点和出发点，不断总结社会主义法治实践的成功经验；“要从中国国情和实际出发，走适合自己的法治道路，决不能照搬别国模式和做法，决不能走西方‘宪政’、‘三权鼎立’、‘司法独立’的路子”。[⑤]

---

① 《习近平谈治国理政》（第2卷），外文出版社2017年版，第115页。

② 习近平：《加强党对全面依法治国的领导》，载人民网2019年2月15日，http://jhsjk.people.cn/article/30704130。

③ 习近平：《关于〈中共中央关于全面推进依法治国若干重大问题的决定〉的说明》，载中共中央文献研究室编：《习近平关于全面依法治国论述摘编》，中央文献出版社2015年版，第24～25页。

④ 习近平：《加快建设社会主义法治国家》，载《求是》2015年第1期。

⑤ 《习近平谈治国理政》（第3卷），外文出版社2020年版，第284～285页。

（二）锚定系统的法治中国建设目标

1. 坚持建设中国特色社会主义法治体系

中国特色社会主义法治体系以中国特色社会主义制度为根本制度基础，是中国特色社会主义制度的法律表现形式，是全面推进依法治国的总目标。习近平总书记指出："全面推进依法治国涉及很多方面，在实际工作中必须有一个总揽全局、牵引各方的总抓手，这个总抓手就是建设中国特色社会主义法治体系。依法治国各项工作都要围绕这个总抓手来谋划、来推进。"①中国特色社会主义法治体系明确了我国法治的社会主义性质和方向，明确了全面推进依法治国的总抓手、总纲领，其侧重运行机制和实施运转的体系化，是新时代法治中国的建设重心和战略发展的时代需要。

2. 坚持在法治轨道上推进国家治理体系和治理能力现代化

坚持在法治轨道上推进国家治理体系和治理能力现代化，已经成为法治中国建设在国家治理层面上的重要特征，其精神内核就是将法治作为国家治理现代化的重要标志，把法治化视为国家治理现代化的必由之路。因此，在推进国家治理体系和治理能力现代化的过程中，要不断适应时代变化和形势发展，改革、完善、创新各项体制机制和法律法规，实现党、国家、社会各项事务治理的制度化、规范化和程序化。为了在法治轨道上推进国家治理现代化，有必要从以下几个方面落实法治中国建设在国家治理层面的工作任务：一是通过宪法法律确认和巩固国家相关制度，并通过国家强制力保证其得以实施，以保障国家治理体系的系统性、规范性、协调性和稳定性；二是运用法治思维和法治方式深化改革、推动发展、化解矛盾、维护稳定和应对风险，提升法治促进国家治理体系和治理能力现代化的效能；三是统筹推进国内法治和涉外法治，加快涉外法治工作战略布局，加快我国法域外适用的法律体系建设，以法治手段维护国家主权、尊严和核心利益，并推动全球治理变革和人类命运共同体构建。

3. 坚持依法治国、依法执政、依法行政共同推进，法治国家、法治政府、法治社会一体建设

法治中国建设是一个系统工程，它需要制度安排和法治保障来推动经济、政治、社会、文化及生态等各个领域的协调发展。法治中国建设需要党领导人

---

① 习近平：《关于〈中共中央关于全面推进依法治国若干重大问题的决定〉的说明》，载《〈中共中央关于全面推进依法治国若干重大问题的决定〉辅导读本》，人民出版社2014年版，第51页。

民依法治国、党依法执政、政府依法行政,以法治政府为主体,以法治社会为基础,建设中国特色社会主义法治国家。在此大格局中,依法治国是党领导人民治理国家的基本方略,依法执政是党治国理政的基本方式,依法行政要求各级政府在法治轨道上开展工作。而法治国家要求国家权力严格依法建构和行使,促进国家的各项工作和制度走向法治化;法治政府是用法治给行政权力定规矩、划界限,强调政府依法行使行政权力,确保政府行政“立治有体、施治有序”;法治社会则是通过法治文化建设,培养公民法治意识,形成全社会守法的良好氛围。因此,法治中国建设必须统筹兼顾、把握重点和整体谋划,注重各个方面的系统性、整体性和协同性。在此基础上,习近平法治思想着眼于全面依法治国的工作布局,提出要坚持依法治国、依法执政、依法行政共同推进与法治国家、法治政府、法治社会一体建设,科学指明了新时代法治中国建设的战略任务。

(三)全面推进法治中国建设的路径

1. 坚持依宪治国、依宪执政

从根本上讲,宪法之所以在国家政治生活中具有突出的重要地位,根本原因在于宪法是党和人民意志、利益的集中体现。习近平总书记指出,“宪法与国家前途、人民命运息息相关。维护宪法权威,就是维护党和人民共同意志的权威。捍卫宪法尊严,就是捍卫党和人民共同意志的尊严。保证宪法实施,就是保证人民根本利益的实现”。① 党和人民的意志、利益就是要从治国、执政的运行效能上体现出来,靠宪法法律的有效实施予以保证。正如习近平总书记提出的,“全面贯彻实施宪法,是建设社会主义法治国家的首要任务和基础性工作”。② 从这个意义上说,依法治国首先就要依宪治国,依法执政首先就要依宪执政。

2. 坚持全面推进科学立法、严格执法、公正司法、全民守法

党的十八大报告提出“科学立法、严格执法、公正司法、全民守法”新十六字方针,表明我国社会主义法治建设进入新的阶段。其后,针对全面依法治国面临的新形势、新任务、新要求,习近平总书记对新十六字方针的学理内涵和法治原则进行了系统而深刻的论述。现阶段,坚持全面推进科学立法、严格执法、

---

① 《习近平谈治国理政》(第 1 卷),外文出版社 2014 年版,第 137 页。

② 习近平:《在首都各界纪念现行宪法公布施行 30 周年大会上的讲话》,载《人民日报》2012 年 12 月 5 日,第 2 版。

公正司法、全民守法作为习近平法治思想的重要内容,科学指明了法治中国建设的基本方针和实现途径。从内涵上看,新法治"十六字方针"是对"有法可依、有法必依、执法必严、违法必究"方针的实质性发展,它既涵盖了立法、执法、司法、守法四个法治建设的基本环节,又明确了每个环节的重点要求,对于全面协调推进法治中国建设,具有很强的针对性和指导性。在法治中国建设的格局中,科学立法、严格执法、公正司法、全民守法四个环节相互依存,是"法治国家—法治政府—法治社会"目标任务的具体化。其中,科学立法保证良法制定,是法治国家的制度前提;严格执法维护法律权威,是法治政府的行政关键;公正司法确保公平正义,是良法善治的实施重点;全民守法提振社会风气,是法治社会的文明基础。

3. 坚持统筹推进国内法治和涉外法治

当今世界正处于百年未有之大变局中,中国也进入了实现中华民族伟大复兴的关键阶段。在这个时期,中国与世界的关系发生深刻变化,国内与国际的互联互动日趋紧密,全球治理体系也在深刻调整。面对新的时代背景和国际环境,习近平法治思想明确提出,要"协调推进国内治理和国际治理""统筹推进国内法治和涉外法治",使两者相互促进、相得益彰,依法维护国家主权、安全、发展利益,坚决维护国家主权、尊严和核心利益。这就要求我们在全面推进社会主义法治国家建设的同时,按照习近平总书记提出的,"应该共同推动国际关系法治化。推动各方在国际关系中遵守国际法和公认的国际关系基本原则,用统一适用的规则来明是非、促和平、谋发展"。[①] 因此,法治中国建设需要统筹推进国内法治和涉外法治两个方面,综合运用国际国内两种市场、资源和规则,"加快涉外法治工作战略布局,协调推进国内治理和国际治理,更好维护国家主权、安全、发展利益"。[②]

4. 坚持建设德才兼备的高素质法治工作队伍

立法、执法、司法和法律服务等各个环节都离不开高素质的法治人才。在法治中国建设进程中,法治工作队伍建设已经成为其中必不可少的重要组成部分,也是全面推进依法治国工作的主体性保障和活力源泉。党的十八大以来,习近平总书记把法治工作队伍建设作为全面依法治国的重大战略问题提出来,

① 习近平:《弘扬和平共处五项原则　建设合作共赢美好世界——在和平共处五项原则发表60周年纪念大会上的讲话》,载《人民日报》2014年6月29日,第2版。

② 习近平:《坚定不移走中国特色社会主义法治道路　为全面建设社会主义现代化国家提供有力法治保障》,载《人民日报》2020年11月18日,第1版。

强调“全面推进依法治国，建设一支德才兼备的高素质法治队伍至关重要”。[①]因为，“建设法治国家、法治政府、法治社会，实现科学立法、严格执法、公正司法、全民守法，都离不开一支高素质的法治工作队伍。法治人才培养上不去，法治领域不能人才辈出，全面依法治国就不可能做好”。[②]“法治工作是政治性很强的业务工作，也是业务性很强的政治工作。”[③]这就意味着，加强法治工作队伍建设，不仅要提高法治工作队伍的法律素养，也要加强对法治工作队伍的政治建设和思想教育。为此，习近平总书记提出，要“研究谋划新时代法治人才培养和法治队伍建设长远规划，创新法治人才培养机制，推动东中西部法治工作队伍均衡布局，提高法治工作队伍思想政治素质、业务工作能力、职业道德水准，着力建设一支忠于党、忠于国家、忠于人民、忠于法律的社会主义法治工作队伍，为加快建设社会主义法治国家提供有力人才保障”。[④]

5. 坚持抓住领导干部这个“关键少数”

习近平总书记指出：“各级领导干部作为具体行使党的执政权和国家立法权、行政权、司法权的人，在很大程度上决定着全面依法治国的方向、道路及进度。党领导立法、保证执法、支持司法、带头守法，主要是通过各级领导干部的具体行动和工作来体现、来实现。”[⑤]所以，必须抓住领导干部这个“关键少数”。习近平法治思想强调领导干部对法治中国建设的关键性，主要是基于部分领导干部不懂法、不尊法、不守法的现实。他们在实际工作中有时出现以言代法、以权压法的现象，在法律的运行和实施过程中有时出现干预司法、执法不严和粗暴执法的情况。因此，法治中国建设特别需要抓住领导干部这个“关键少数”，让他们“带头尊崇法治、敬畏法律，了解法律、掌握法律，不断提高运用法治思维和法治方式深化改革、推动发展、化解矛盾、维护稳定、应对风险的能力，做尊法

---

① 习近平：《加快建设社会主义法治国家》，载《习近平谈治国理政》（第2卷），外文出版社2017年版，第122页。

② 习近平：《全面做好法治人才培养工作》，载习近平：《论坚持全面依法治国》，中央文献出版社2020年版，第174页。

③ 习近平：《在中央全面依法治国委员会第一次会议上的讲话》，载习近平：《论坚持全面依法治国》，中央文献出版社2020年版，第235页。

④ 习近平：《推进全面依法治国，发挥法治在国家治理体系和治理能力现代化中的积极作用》，载《求是》2020年第22期。

⑤ 习近平：《在省部级主要领导干部学习贯彻党的十八届四中全会精神全面推进依法治国专题研讨上的讲话》，载中共中央文献研究室编：《习近平关于全面依法治国论述摘编》，中央文献出版社2015年版，第120页。

学法守法用法的模范”。①

▶ 六、党的领导与依法治国

全面推进依法治国必须坚持党的领导。习近平总书记指出:“坚持党的领导,是社会主义法治的根本要求,是党和国家的根本所在、命脉所在,是全国各族人民的利益所系、幸福所系,是全面推进依法治国的题中应有之义。”

(一)党的领导是全面依法治国的根本保证

中国共产党的领导是中国特色社会主义最本质的特征,是中国特色社会主义制度的最大优势。中国共产党的领导地位是党在领导中国人民进行革命、建设和改革的长期实践中形成的,作为历史的选择和人民的选择,被明确载入《宪法》。习近平总书记就党的领导和依法治国的关系作出了明确的阐释:“党和法治的关系是法治建设的核心问题。全面推进依法治国这件大事能不能办好,最关键的是方向是不是正确、政治保证是不是坚强有力,具体讲就是要坚持党的领导,坚持中国特色社会主义制度,贯彻中国特色社会主义法治理论。”②

党的领导与依法治国是统一的,二者相辅相成、相互促进。全面推进依法治国必须坚持党的领导,坚持党的领导离不开依法治国。习近平总书记强调:“我们要坚持党总揽全局、协调各方的领导核心作用,坚持依法治国基本方略和依法执政基本方式,善于使党的主张通过法定程序成为国家意志,善于使党组织推荐的人选成为国家政权机关的领导人员,善于通过国家政权机关实施党对国家和社会的领导,支持国家权力机关、行政机关、审判机关、检察机关依照宪法和法律独立负责、协调一致地开展工作。”③为更好地坚持党的领导,就要健全党领导全面依法治国的制度机制,加强和改进党对全面依法治国的领导方式,不断提高党依法执政的能力和水平,为全面依法治国提供有力的政治保障

---

① 习近平:《坚定不移走中国特色社会主义法治道路　为全面建设社会主义现代化国家提供有力法治保障》,载《人民日报》2020 年 11 月 18 日,第 1 版。

② 习近平:《关于〈中共中央关于全面推进依法治国若干重大问题的决定〉的说明》,载《人民日报》2014 年 10 月 29 日,第 2 版。

③ 习近平:《在首都各界纪念现行宪法公布施行 30 周年大会上的讲话》,载《人民日报》2012 年 12 月 5 日,第 2 版。

和组织保障。[1] 只有依法执政，才能持久地发挥党在治国理政中的领导作用，在法治轨道上推进国家治理体系和治理能力现代化。《中国共产党第十九届中央委员会第六次全体会议公报》指出：在全面依法治国上，中国特色社会主义法治体系不断健全，法治中国建设迈出坚实步伐，党运用法治方式领导和治理国家的能力显著增强。

（二）党的领导贯彻于依法治国的全过程各方面

全面推进依法治国，就要强化党中央在科学立法、严格执法、公正司法、全民守法等方面的领导。习近平总书记指出："坚持党的领导，不是一句空的口号，必须具体体现在党领导立法、保证执法、支持司法、带头守法上。"

党领导立法。通过领导立法，把党的主张通过法定程序转变为国家意志，从制度上、法律上保证党的路线方针政策的贯彻实施。做好党领导立法工作，必须坚持党的政治领导，坚持民主决策集体领导，坚持充分发挥立法机关作用，坚持依法依规开展工作，着力研究部署立法工作布局，领导做好宪法修改和解释工作，领导重要法律法规规章制定工作。[2] 党对立法工作的领导，具体体现对在立法工作中重大问题的决策程序。《中共中央关于全面推进依法治国若干重大问题的决定》中明确指出："凡立法涉及重大体制和重大政策调整的，必须报党中央讨论决定。党中央向全国人大提出宪法修改建议，依照宪法规定的程序进行宪法修改。法律制定和修改的重大问题由全国人大常委会党组向党中央报告。"不断推进党的领导与科学立法、民主立法、依法立法相互促进，确保在立法过程中实现党的主张与人民的利益相统一，与人民的愿望相融合。

党保证执法。执法是行政机关履行政府职能、管理经济社会事务的主要方式，保证执法是确保体现党的意志和人民利益的法律正确实施的关键。习近平总书记强调："法律的生命力在于实施。如果有了法律而不实施，或者实施不力，搞得有法不依、执法不严、违法不究，那制定再多法律也无济于事。"[3]党的十八届四中全会要求："各级政府必须坚持在党的领导下、在法治轨道上开展工作。"党的十九届四中全会指出："坚持有法必依、执法必严、违法必究，严格规

---

① 参见徐显明：《论坚持建设中国特色社会主义法治体系》，载《中国法律评论》2021 年第 2 期。

② 参见张文显：《习近平法治思想研究（中）——习近平法治思想的一般理论》，载《法制与社会发展》2016 年第 3 期。

③ 中共中央文献研究室编：《习近平关于全面依法治国论述摘编》，中央文献出版社 2015 年版，第 19 页。

范公正文明执法，规范自由裁量权，加大关系群众切身利益的重点领域执法力度。”党保证执法，需要在党的领导下建立权责统一、权威高效的依法行政体制，建设职能科学、权责法定、执法严明、公开公正、廉洁高效、守法诚信的法治政府，维护法律权威、尊严和统一。[①] 各级人大、政府、政协、监察机关、审判机关、检察机关的党组织要领导和监督本单位模范遵守宪法法律，坚决查处执法犯法、违法用权等行为。

党支持司法。党对司法工作的领导与支持，是实现司法公平正义的重要保证。习近平总书记指出：“各级党组织和领导干部要旗帜鲜明支持司法机关依法独立行使职权，绝不容许利用职权干预司法。”[②]全面推进依法治国，就要正确处理坚持党的领导与确保政法机关依法独立公正行使职权的关系。党委及其政法委要带头在宪法法律范围内活动，善于运用法治思维和法治方式领导政法工作。[③] 党支持司法，确保司法权依法独立公正行使，禁止领导干部非法干预司法活动，优化司法职权配置，规范司法行为，保证公正司法，维护社会公平正义。[④] 为支持司法机关依法独立公正办案，中共中央办公厅、国务院办公厅印发了《领导干部干预司法活动、插手具体案件处理的记录、通报和责任追究规定》，明确指出，“各级领导干部应当带头遵守宪法法律，维护司法权威，支持司法机关依法独立公正行使职权。任何领导干部都不得要求司法机关违反法定职责或法定程序处理案件，都不得要求司法机关做有碍司法公正的事情”。

党带头守法。中国共产党作为执政党，能不能带头守法，对法治国家建设具有重大意义。习近平总书记指出：“领导干部必须带头尊崇法治、敬畏法律，了解法律、掌握法律，遵纪守法、捍卫法治，厉行法治、依法办事，不断提高运用法治思维和法治方式深化改革、推动发展、化解矛盾、维护稳定的能力，做尊法学法守法用法的模范，以实际行动带动全社会尊法学法守法用法。”[⑤]全面推进依法治国，就是要解决有法不依的问题。各级领导干部应对法律怀有敬畏心，牢记法律红线不可逾越，法律底线不可触碰，自觉带头守法、引领全民守法，营造全社会守法的良好风尚。

---

① 参见张文显：《习近平法治思想的基本精神和核心要义》，载《东方法学》2021 年第 1 期。

② 习近平：《加快建设社会主义法治国家》，载《求是》2015 年第 1 期。

③ 参见张文显：《习近平法治思想研究（中）——习近平法治思想的一般理论》，载《法制与社会发展》2016 年第 3 期。

④ 参见张文显：《习近平法治思想的理论体系》，载《法制与社会发展》2021 年第 1 期。

⑤ 习近平：《论坚持全面依法治国》，中央文献出版社 2020 年版，第 231 页。

（三）党的领导组织推进全面依法治国战略部署

党的十八大以来，以习近平同志为核心的党中央从党和国家前途命运的全局出发，把全面依法治国纳入“四个全面”战略布局，作出一系列重大决策部署，推动法治建设取得历史性成就、发生历史性变革，引领法治中国建设进入新时代。

依法依规加强党对法治建设的领导。2016 年 11 月，中共中央办公厅、国务院办公厅印发了《党政主要负责人履行推进法治建设第一责任人职责规定》，明确县级以上地方党政主要负责人作为推进法治建设第一责任人，要切实履行依法治国重要组织者、推动者和实践者的职责。2017 年 10 月，中国共产党第十九次全国代表大会通过关于《中国共产党章程（修正案）》的决议，将建设中国特色社会主义法治体系写入党章，进一步保证全面依法治国的正确方向。2019 年 1 月，中共中央印发了《中国共产党政法工作条例》，旨在坚持和加强党对政法工作的绝对领导，做好新时代党的政法工作。该条例专门就党委政法委的主要任务、工作原则等问题进行了具体规定，明确各级党委政法委在党委领导下履行职责、开展工作，协调各政法单位职能、督促依法履职、带头依法依规办事，保证党的路线方针政策和党中央重大决策部署贯彻落实。

成立中央全面依法治国委员会。2018 年 3 月，中共中央印发《深化党和国家机构改革方案》，该方案称：全面依法治国是中国特色社会主义的本质要求和重要保障。为加强党中央对法治中国建设的集中统一领导，健全党领导全面依法治国的制度和工作机制，更好落实全面依法治国基本方略，组建中央全面依法治国委员会，负责全面依法治国的顶层设计、总体布局、统筹协调、整体推进、督促落实，作为党中央决策议事协调机构。习近平总书记在中央全面依法治国委员会第一次会议上开宗明义地指出：“党中央决定组建中央全面依法治国委员会，这是我们党历史上第一次设立这样的机构，目的是加强党对全面依法治国的集中统一领导，统筹推进全面依法治国工作。”①

新时代法治建设的顶层设计。党的十八届四中全会对全面推进依法治国进行专题研究部署，提出了建设中国特色社会主义法治体系、建设社会主义法治国家的总目标。党的十九大明确提出到 2035 年“法治国家、法治政府、法治社会基本建成”，确立了新时代法治中国建设的“路线图”“时间表”。党的十九

---

① 习近平：《在中央全面依法治国委员会第一次会议上的讲话》，载《论坚持全面依法治国》，中央文献出版社 2020 年版，第 222 页。

届四中全会对坚持和完善中国特色社会主义法治体系，提高党依法治国、依法执政能力作出专门部署、提出更高要求。《法治中国建设规划（2020—2025年）》《法治政府建设实施纲要（2021—2025年）》《法治社会建设实施纲要（2020—2025年）》印发实施，共同构建起新时代中国特色社会主义法治建设的顶层设计，确立了全面依法治国的“总蓝图”“路线图”“施工图”。

第二章
宪法至上与宪法权威

* 新中国立宪简史
* 宪法至上
* 合宪性审查

宪法至上与宪法权威源于近现代一个又一个国家的政治和法律实践,也是我国经由艰难而曲折的近现代化发展和建设终于到达的“此岸”。换句话说,要了解当代中国的治理方式,需要了解法治,而了解法治的前提是了解宪法。宪法至上与宪法权威,恰如其分地表明了宪法的地位和重要性。关于“宪法是什么”,主要有以下两种观点:

第一种观点是宪法是国家法,围绕国家政权建构展开,即宪法是规定一国政权设置和运行的规范。以唐朝为例,从横向来看,国家权力在皇权之下划分为三省六部;纵向来看,中央到地方总体分为州县二级。那么关于三省六部制和州县二级制的相关规定,就是此处的“宪法”。这一观点主张规定国家政权的法律规范就是宪法,进而认为宪法不是近现代资产阶级革命的产物,而是伴随着国家和法出现。

第二种观点是通说观点,主张宪法作为民主事实法律化的产物,是以国家根本法的形式对一个国家的民主事实进行确认。宪法虽然也规定国家政权建构,但其目的不仅是确认国家权力如何进行分配,更在于规范和限制国家权力,进而保障公民权利。就保障公民权利而言,规定在宪法中的公民基本权利,同时也是国家的义务,即公民有权行使宪法规定的权利、享有宪法规定的自由;国家则有义务保证公民基本权利和自由的实现。就限制国家权力而言,按照“法无规定不可为”的逻辑,将有哪些国家机关以及各个国家机关享有什么权力明文规定在宪法中,再通过立法法等法律对相关规定进行细化。在宪法和法律的规定之外,不得另设国家机关,国家机关不得行使没有规定的权力。通过将国家机关权力的边界明文规定在宪法之中,进一步保障公民的权利和自由免受国家侵犯。

宪法的生命在于实施,宪法的良好实施对维护国家的正常运行具有重要作用。因此,除了要有宪法,还要实施宪法,有保证宪法实施和维护宪法权威的制度,有关于宪法实施和宪法权威的普遍认同。普遍认同的起点,是增进对我国宪法的认知和理解。

▶ 一、新中国立宪简史

新中国的宪法渊源可以追溯到1949年中国人民政治协商会议第一届全体会议通过的《中国人民政治协商会议共同纲领》(以下简称《共同纲领》)。新中国成立后,第一届全国人大第一次会议通过了1954年《宪法》。1975年、1978年和1982年,全国人大又三度对宪法进行全面修改。其中,我国现行宪法即

1982 年全面修改后的“八二宪法”，于 1988 年、1993 年、1999 年、2004 年和 2018 年历经 5 次部分修改，共形成了 52 条宪法修正案，使宪法规定不断适应社会生活的变迁。

（一）《共同纲领》：起临时宪法作用

新中国成立前夕，在中共中央的组织领导下，中国共产党同各民主党派和无党派人士一道着手起草《共同纲领》。1949 年 9 月 21 日，中国人民政治协商会议第一次全体会议在北平召开，参会人员一共 662 名，这其中，共产党员占比 44%，各民主党派党员占比 30%，工人、农民和无党派人士占比 26%。[①] 各参会成员具有广泛的代表性。经过参会人员的反复讨论和修改，9 月 29 日，中国人民政治协商会议第一届全体会议通过了《共同纲领》。可以说，在当时还未实现全国解放的背景下，《共同纲领》实现了尽可能地凝聚各方共识、民主建国的目标。

《共同纲领》规定了国家性质、政权机关、军事制度、经济政策、文化教育政策和民族政策等根本问题。总纲部分规定了我国新民主主义的国家性质以及人民享有的广泛权利，“政权机关”部分规定在普选的全国人民代表大会召开之前，由中国人民政治协商会议的全体会议执行全国人民代表大会的职权。此外，中国人民政治协商会议第一届全体会议还选举产生了第一届中央人民政府。

1953 年，《全国人民代表大会及地方各级人民代表大会选举法》通过之后，全国各地按照该法的规定，陆续开展选举工作，通过选举产生地方各级人民代表大会。通过自下而上的层层选举，为全国人民代表大会的召开奠定了坚实基础。

之所以说《共同纲领》在 1949 年至 1954 年起着临时宪法的作用，是因为《共同纲领》不是由人民选举产生的国家权力机关制定和通过的，但它规定了国家各方面的根本问题，并且在尚未实现全国解放的背景下，尽可能实现民主性和代表性。它为我国正式制定和颁布宪法积累经验，创造了条件，并对巩固新生的人民民主专政政权，加强民主法制建设，恢复国民经济有重要的指导意义和保障作用。

（二）“五四宪法”：新中国第一部宪法

新中国成立后的数年里，基于“社会主义工业化”和“三大改造”的顺利推进，我国的社会性质正逐步从新民主主义社会向社会主义社会过渡。制定宪法

---

① 参见许崇德：《中华人民共和国宪法史》（上卷），福建人民出版社 2005 年版，第 39 页。

的事宜便提上日程。

1954 年 1 月，中共中央成立了党内宪法起草小组，由毛泽东亲自领导宪法起草工作。同年 3 月，毛泽东和宪法起草小组着手召集宪法起草委员会会议，讨论宪法草案。3 月至 6 月间，宪法起草委员会共召开了 7 次全体会议，对宪法草案进行充分探讨。其间，各国家机关、民主党派、人民团体组织 8000 余人参与宪法草案的讨论。6 月，宪法草案向全民公布，全国各地开展了广泛讨论。据统计，参加讨论的人数达到了 1.5 亿。[①] 此后，宪法草案又经过宪法起草委员会第八次、第九次全体会议的修改，最终交付第一届全国人民代表大会第一次会议讨论，并于 9 月 20 日全票通过。由于该宪法于 1954 年制定颁布，故又称其为“五四宪法”。这是我国第一部真正由全国人民普选产生的国家权力机关表决通过的宪法，是中国第一部社会主义性质的宪法，是新中国的第一部宪法。“五四宪法”确立了人民民主专政的国体以及人民代表大会制度和民族区域自治制度等，并且规定了公民广泛的基本权利。其中，部分对基本权利的规定沿用至今。

习近平总书记在评价《共同纲领》和“五四宪法”时强调，“这些文献都以国家根本法的形式，确认了近代 100 多年来中国人民为反对内外敌人、争取民族独立和人民自由幸福进行的英勇斗争，确认了中国共产党领导中国人民夺取新民主主义胜利、中国人民掌握国家权力的历史变革”。[②] 可以说，在 1965 年之前“五四宪法”所确定的国家根本规范在其颁布后数年间得到了良好实施。

（三）“七五宪法”和“七八宪法”：特殊历史时期的宪法

1970 年，宪法修改工作被提上日程。经过 5 年的讨论和修改，1975 年 1 月 17 日，第四届全国人民代表大会第一次会议通过了全面修改后的《宪法》，即“七五宪法”。

1976 年，“文化大革命”结束。1978 年 3 月召开第五届全国人民代表大会，修改宪法。1978 年 12 月，党的十一届三中全会决定“把党和国家的工作中心转移到经济建设上来，实行改革开放的战略决策”之后，国家的政治和经济实践与“七八宪法”所规定的内容相去甚远，对“七八宪法”进行修改成为必然。

（四）“八二宪法”：现行宪法，适应国情的好宪法

1982 年《宪法》最重要的历史背景是党的十一届三中全会召开，并形成了

---

① 参见许崇德：《中华人民共和国宪法史》（上卷），福建人民出版社 2005 年版，第 148 页。

② 习近平：《论坚持全面依法治国》，中央文献出版社 2020 年版，第 7～8 页。

改革开放的战略决策。1980 年,第五届全国人民代表大会第三次会议通过了修改宪法的决议,并随之组织宪法修改委员会起草宪法修改草案。1982 年,经过全国人大常委会讨论,宪法修改草案向全国公布,交由全国人民讨论。此时距离上一次全民讨论宪法,已经过去了 20 多年。但是,民众对于“八二宪法”的热情,甚至要高于“五四宪法”。从时间上看,“八二宪法”草案的全民讨论时间比“五四宪法”延长了一个月;从参与人数上看,“五四宪法”有约 1.5 亿人参与,而“八二宪法”有数亿人参与。而且民众所提出的意见中,如何保证宪法实施等问题在今天看来依然充满意义和启示。

值得一提的是,“五四宪法”所确定的宪法章节结构为:序言—总纲—国家机构—公民的基本权利和义务—国旗、国徽、首都。“八二宪法”则将“公民的基本权利和义务”一章提前,作为第二章,紧跟在总纲之后。这一改变凸显了公民基本权利的重要性。

经过广泛讨论和多次修改所形成的宪法草案,最终于 1982 年 12 月 4 日第五届全国人民代表大会第五次会议表决通过。与前期长达 4 个月的全民讨论相呼应,“八二宪法”通过后,受到了人民群众的热烈欢迎和拥护。

“八二宪法”是一部被实践证明完全正确并被全社会广泛认同的好宪法。自颁布以来,历经 5 次部分修改,在主体结构和核心内容没有改变的基础上,更加适应新的社会现实,具有强大生命力。历次修改后,形成了如表 2－1 所示的结构:

表 2－1　我国现行《宪法》的章节框架体例

<table>
<tr><td colspan="2">序言</td></tr>
<tr><td colspan="2">第一章　总纲</td></tr>
<tr><td colspan="2">第二章　公民的基本权利和义务</td></tr>
<tr><td rowspan="8">第三章　国家机构</td><td>第一节　全国人民代表大会</td></tr>
<tr><td>第二节　中华人民共和国主席</td></tr>
<tr><td>第三节　国务院</td></tr>
<tr><td>第四节　中央军事委员会</td></tr>
<tr><td>第五节　地方各级人民代表大会和地方各级人民政府</td></tr>
<tr><td>第六节　民族自治地方的自治机关</td></tr>
<tr><td>第七节　监察委员会</td></tr>
<tr><td>第八节　人民法院和人民检察院</td></tr>
<tr><td colspan="2">第四章　国旗、国歌、国徽、首都</td></tr>
</table>

二、宪法至上

将一国全部现行法律规范按照一定逻辑统合起来,就成了一国的法律体系。在中国特色社会主义法律体系中,宪法居于核心地位,具有最高的法律效力,一切法律、行政法规、地方性法规的制定都必须以宪法为依据,遵循宪法的基本原则,不得与宪法相抵触。此为宪法至上的含义。

日常生活中,法律规范无处不在,很多法律都以宪法为直接依据。以受教育权为例,为了保障公民的受教育权,国家实行九年义务教育制度,义务教育阶段的学费、杂费由国家负担。受教育权来源于何处?《宪法》第 46 条规定:“中华人民共和国公民有受教育的权利和义务。国家培养青年、少年、儿童在品德、智力、体质等方面全面发展。”据此,全国人民代表大会及其常委会制定了《教育法》、《义务教育法》和《高等教育法》等一系列教育相关的法律。这些法律都是对《宪法》第 46 条的具体规定。

再以民族区域自治制度为例,以 1947 年内蒙古自治区的设立为起点,我国目前已经设立了包括自治区、自治州、自治县等多个自治地方,少数民族享有广泛的自治权利。那么,我国设立民族自治地方的依据何在呢?《宪法》第 4 条规定:“中华人民共和国各民族一律平等……各少数民族聚居的地方实行区域自治,设立自治机关,行使自治权。各民族自治地方都是中华人民共和国不可分离的部分……”据此,全国人民代表大会制定了《民族区域自治法》,国务院出台了《国务院实施〈中华人民共和国民族区域自治法〉若干规定》。上述法律法规共同构成了民族区域自治制度的法律依据。

由此可见,宪法是部分法律制定的直接依据,所以不少法律的第 1 条中都会规定“根据宪法,制定本法”。而通过表 2 - 2 宪法和法律相关条文的对照,我们能够看到宪法和这些法律之间的紧密联系,也能看到“宪法至上”的生动实例。

表 2 - 2 部分法律规定与对应的宪法条文

部分法律及其相关规定	对应的宪法规定	制定时间
《教育法》第 1 条 为了发展教育事业,提高全民族的素质,促进社会主义物质文明和精神文明建设,根据宪法,制定本法	第 19 条第 1 款、2 款 国家发展社会主义的教育事业,提高全国人民的科学文化水平。国家举办各种学校,普及初等义务教育,发展中等教育、职业教育和高等教育,并且发展学前教育。 第 46 条第 1 款 中华人民共和国公民有受教育的权利和义务	1995 年

续表

部分法律及其相关规定	对应的宪法规定	制定时间
《全国人民代表大会和地方各级人民代表大会选举法》第1条　根据中华人民共和国宪法,制定全国人民代表大会和地方各级人民代表大会选举法	第34条　中华人民共和国年满十八周岁的公民,不分民族、种族、性别、职业、家庭出身、宗教信仰、教育程度、财产状况、居住期限,都有选举权和被选举权;但是依照法律被剥夺政治权利的人除外	1979年
《劳动法》第1条　为了保护劳动者的合法权益,调整劳动关系,建立和维护适应社会主义市场经济的劳动制度,促进经济发展和社会进步,根据宪法,制定本法	第42条第1款　中华人民共和国公民有劳动的权利和义务	1994年
《社会保险法》第1条　为了规范社会保险关系,维护公民参加社会保险和享受社会保险待遇的合法权益,使公民共享发展成果,促进社会和谐稳定,根据宪法,制定本法	第45条第1款　中华人民共和国公民在年老、疾病或者丧失劳动能力的情况下,有从国家和社会获得物质帮助的权利。国家发展为公民享受这些权利所需要的社会保险、社会救济和医疗卫生事业	2010年
《军人地位和权益保障法》第1条　为了保障军人地位和合法权益,激励军人履行职责使命,让军人成为全社会尊崇的职业,促进国防和军队现代化建设,根据宪法,制定本法	第45条第2款　国家和社会保障残废军人的生活,抚恤烈士家属,优待军人家属	2021年
《残疾人保障法》第1条　为了维护残疾人的合法权益,发展残疾人事业,保障残疾人平等地充分参与社会生活,共享社会物质文化成果,根据宪法,制定本法	第45条第3款　国家和社会帮助安排盲、聋、哑和其他有残疾的公民的劳动、生活和教育	2008年
《妇女权益保障法》第1条　为了保障妇女的合法权益,促进男女平等,充分发挥妇女在社会主义现代化建设中的作用,根据宪法和我国的实际情况,制定本法	第48条　中华人民共和国妇女在政治的、经济的、文化的、社会的和家庭的生活等各方面享有同男子平等的权利。国家保护妇女的权利和利益,实行男女同工同酬,培养和选拔妇女干部	1992年

▶ 三、合宪性审查

我国《宪法》第62条、67条规定，全国人大及其常委会行使监督宪法实施的职权。《宪法》第5条规定宪法实施的要求包括以下三个方面：其一，一切法律、行政法规和地方性法规都不得同宪法相抵触。其二，一切国家机关和武装力量、各政党和各社会团体、各企业事业组织都必须遵守宪法和法律。一切违反宪法和法律的行为，必须予以追究。其三，任何组织或者个人都不得有超越宪法和法律的特权。

2017年，党的十九大报告提出，要加强宪法实施和监督，推进合宪性审查工作，维护宪法权威。在次年的宪法修改中，全国人大下设的“法律委员会”改为“宪法和法律委员会”，负责协助全国人大及其常委会开展合宪性审查等工作。可以说，合宪性审查制度是保障宪法实施的必要制度。没有合宪性审查，宪法就会像“无牙之虎”，无法切实纠正违宪行为。对于宪法实施和维护宪法权威而言，合宪性审查制度意义重大。

合宪性审查包括事前审查和事后审查，前者是将所制定的法律规范报有权机关审查，审查通过后方可生效；审查不通过，则制定机关需要对审查机关认为违反宪法的条文进行说明和修改。后者是将所制定的法律规范报审查机关备案审查。据统计，2020年全国人大常委会办公厅共收到报送备案的行政法规、地方性法规、自治条例和单行条例、经济特区法规、司法解释、特别行政区法律1310件。① 在2020年度的审查过程中，全国人大常委会的工作人员发现部分地方性法规的规定不符合宪法规定。例如，有些地方性法规规定，民族学校应当使用本民族语言文字或者本民族通用的语言文字教学；而有些地方性法规规定，经过当地教育行政部门的同意，有条件的民族学校部分课程可以用汉语言文字授课。全国人大常委会法制工作委员会审查认为，上述规定与《宪法》第19条“国家推广全国通用的普通话”的规定相违背，同时也不符合我国《国家通用语言文字法》和《教育法》的规定。据此，相应的立法机关被要求修改相关规定。②

---

① 参见沈春耀：《全国人民代表大会常务委员会法制工作委员会关于2020年备案审查工作情况的报告》，载中国人大网2021年1月27日，http://www.npc.gov.cn/npc/c30834/202101/239178b5d03944c7b453ddc6bdd7c087.shtml。

② 参见《地方立法规定民族学校用民族语言教学，全国人大：不合宪》，载澎湃新闻2021年1月20日，https://baijiahao.baidu.com/s?id=1689397638863708452&wfr=spider&for=pc。

宪法规定不应被束之高阁。合宪性审查是真正实现宪法至上、树立和维护宪法权威的必然要求。由于宪法规定的问题较为根本、宪法的语言较为概括，依据宪法规定，对各具体问题进行更为详细的立法就成了必然，但具体的立法有可能偏离宪法的规定。所以说，具体立法能够“做成事情”，而合宪性审查制度则能够确保“做对事情”。

延伸阅读

宪法宣誓，庄严的承诺

为推动宪法实施、树立宪法权威，2015 年，全国人大常委会表决通过了《关于实行宪法宣誓制度的决定》，2018 年又对其进行了修订。该决定要求，由各级人民代表大会和县级以上人大常委会选举或任命的国家工作人员，以及各级人民政府、监察委员会、人民法院、人民检察院任命的国家工作人员，在就职时应当公开进行宪法宣誓，宣誓要在庄重、严肃且悬挂国旗或国徽的场所中举行。集体宣誓时，领誓人需要左手抚按《宪法》、右手举拳，其他宣誓人整齐排列、右手举拳，领诵誓词：“我宣誓：忠于中华人民共和国宪法，维护宪法权威，履行法定职责，忠于祖国、忠于人民，恪尽职守、廉洁奉公，接受人民监督，为建设富强民主文明和谐美丽的社会主义现代化强国努力奋斗！”

在任职时向宪法宣誓有助于使国家工作人员忠于宪法、遵守宪法、维护宪法、增强宪法认同、弘扬宪法精神、履行宪法使命。宣誓不仅是一种仪式，更是一份责任、一种担当，是在国家工作人员中开展的一次生动的法治教育，也是国家工作人员向国家和人民作出的一份庄严承诺。

此外，我国的宪法性法律——《香港特别行政区基本法》也明确规定了香港特别行政区公职人员的就职宣誓制度。该法第 104 条规定：“香港特别行政区行政长官、主要官员、行政会议成员、立法会议员、各级法院法官和其他司法人员在就职时必须依法宣誓拥护中华人民共和国香港特别行政区基本法，效忠中华人民共和国香港特别行政区。”

第三章 法律体系与科学立法

* 法律体系
* 法律部门
* 法律的对象效力
* 法律位阶
* 法律冲突的解决
* 从《民法典》的诞生看科学立法
* 民主立法与公众参与

▶ 一、法律体系

在日常的社会生活中,我们时常会面临不同领域的问题,有时这些问题需要用法律加以解决。比如,当我们在公园里散步时,一只突然出现宠物狗将我们咬伤,宠物狗的主人应该对我们承担什么样的责任?当我们在篮球场上打球时,放置在看台上的手机、钱包等物品不翼而飞,应该怎样维护自己的财产权益?可见,生活中我们可能面临各种各样的问题,有时这些问题在种类和性质上差别很大,很难用一部完整而又齐全的法律解决,因此有必要将法律进行分类,把处理相同或相似问题的法律归纳为一类,使我们遇到此类问题时能够准确地知道寻找哪一类法律。分类是为了更好地"分流",为了最大限度地提升法律处理社会生活中各种纷繁复杂问题的效率。比如,当我们遇到贵重物品丢失的情形,就应该想到去公安机关报案,寻求刑法的保护。每一类法律都有其各自的功能。面对纷繁复杂的社会现象,不同的领域需要有不同的规则,国家治理和社会治理不能仅仅依靠某一部或某一类法律,而需要许多部法律的协调配合,进而形成一个法的集合,这个集合就是法律体系。因此,法律体系就是由一个国家的全部现行法律规范所构成的整体。①

法律体系有以下特点:首先,法律体系中囊括了一个国家现行有效的全部法律规范,其中任何法律部门都是不可或缺的,只有各个法律部门之间各司其职、相互配合,才能实现法律体系内部的协调统一,进而使法律体系在社会治理过程中发挥最大的效力。其次,法律体系不是单纯的各个法律部门的组合和堆砌,而是各个法律部门按照一定的逻辑和顺序进行排列所形成的合力,进而产生了体系化的法律整体。换句话说,法律体系并不是各个法律部门的"收纳筐",而是各个法律部门的"排列板",在这个"排列板"上,按照各个法律部门的特点、功能进行排列,相互配合,形成合力,才能产生"1 + 1 > 2"的效果。最后,法律体系是由一国在该历史阶段的经济基础决定的,当然在法律体系形成的过程中,也离不开人的意志、意识形态和文化传统等主观性因素。

此外,我们还需要注意法律体系与相关概念的区分。比如,我们也时常听到"法治体系"这个词语,那么"法律体系"与"法治体系"有什么区别呢?实际上,二者是包含的关系。"法治体系"的外延更广一些,其主要指代法治运转机制的全部环节,涵盖立法体系、执法体系、司法体系、守法体系以及法治监督体

---

① 参见张文显主编:《法理学》(第5版),高等教育出版社2018年版,第99页。

系等各个方面,而“法律体系”仅指静态的各个部门法的法律条文所形成的体系,并不包括法在实践中是如何运行的这种动态的过程。再如,我们也时常听到“大陆法系”“英美法系”这类词语,那么其中的“法系”是什么意思呢?其实,“法系”就是指不同国家或地区历史上形成的相同的法的结构以及法的表现形式。[①] 相较于“法律体系”而言,在时间层面,“法系”是历史上形成的,而“法律体系”仅指一个国家现行法律规范的集合;在空间层面,“法系”是指不同国家所形成的相同或相近的法律体系,而“法律体系”仅限于一个主权国家内部的部门法集合。综合来看,“法系”是跨越历史和国度的,而“法律体系”仅限于某一主权国家内部现行有效的法律规范。在人类历史上公认的法系有五类,分别是中华法系、伊斯兰法系、印度法系、大陆法系和英美法系。

▶ 二、法律部门

2011 年 3 月 10 日,时任全国人大常委会委员长吴邦国同志庄严宣布,中国特色社会主义法律体系已经形成。[②] 中国特色社会主义法律体系立足中国国情和实际,适应了改革开放和社会主义现代化建设需要,并集中体现党和人民的意志。中国特色社会主义法律体系以宪法为核心,以宪法相关法(宪法性法律)、民商法、行政法、经济法等多个法律部门的法律为主干,由法律,行政法规,地方性法规与自治条例、单行条例等多个层次的法律规范所构成。目前,中国特色社会主义法律体系可以划分为以下 9 个主要法律部门,分别为:宪法及宪法相关法、民商法、行政法、经济法、社会法、环境资源法、军事法、刑法、诉讼与非诉讼程序法。

(一)宪法及宪法相关法(宪法性法律)

宪法在中国特色社会主义法律体系中居于核心地位,宪法及其相关法是我国法律体系的主导法律部门。它们从总体上规定了我国的政治制度、经济制度、社会制度、公民的基本权利等。由此可见,其所规定的都是关系国家和社会生活的根本问题,不仅反映了我国社会主义法律的本质和基本原则,还确立了其他各项法律的基本原则。比如,我国《宪法》第 33 条中明确规定了“中华人

① 参见张文显主编:《法理学》(第 5 版),高等教育出版社 2018 年版,第 102 页。

② 参见新华社:《吴邦国在十一届全国人大四次会议上作的常委会工作报告(摘登)》,载《人民日报》2011 年 3 月 11 日,第 2 版。

民共和国公民在法律面前一律平等”，这一基本原则在《刑法》第4条中体现为刑法的基本原则之一，即“对任何人犯罪，在适用法律上一律平等。不允许任何人有超越法律的特权”。再如，我国《宪法》第33条中规定了“国家尊重和保障人权”，其在《刑事诉讼法》中体现为该法第2条所规定的“中华人民共和国刑事诉讼法的任务”之一。

除《宪法》本身之外，我国现行法律体系中还有一些宪法相关法，这些法律虽然在效力层级上仍属于全国人民代表大会及其常委会制定的法律，但其所规定的内容具有特殊性，其调整对象的性质与宪法具有相似性，因此与宪法划入同一法律部门。这些法律主要规定以下六个方面的内容，分别为：(1)有关国家机构的规定。主要确立了各类国家机关的基本体制、职责权限、运作方式、工作原则和议事程序等。[①] 比如《全国人民代表大会组织法》、《人民法院组织法》和《人民检察院组织法》等。(2)有关民族区域自治的法律。民族区域自治制度是我国《宪法》规定的国家基本政治制度之一，具体规定民族区域自治制度的《民族区域自治法》当然属于宪法相关法。(3)特别行政区基本法。“一国两制”是为实现国家和平统一而提出的基本国策，在此基础上形成了《香港特别行政区基本法》和《澳门特别行政区基本法》。(4)具体规定立法程序的法律，即《立法法》。(5)保障人民民主、促进基层民主方面的法律。我国是人民民主专政的社会主义国家，保障人民民主是由我国国家性质决定的，基层群众自治制度是我国的基本政治制度之一，与之相伴的《全国人民代表大会和地方各级人民代表大会选举法》、《村民委员会组织法》和《居民委员会组织法》等都属于宪法相关法。(6)有关国家领土、主权、象征等方面的法律。具体包括《领海及毗连区法》和《国籍法》等法律。

（二）民商法

民法主要调整平等的自然人、法人之间的人身关系和财产关系，商法主要调整作为商事主体的自然人、法人之间在商事经济往来过程中所产生的财产关系。鉴于民法和商法在调整对象性质方面的相似性以及我国采用“民商合一”的立法体例，可以将二者划入同一个法律部门。2021年1月1日，我国《民法典》正式施行。《民法典》共有1260条，分为7编及附则，每一编又由多个章节组成（如表3－1所示）。

---

① 参见张文显主编：《法理学》（第5版），高等教育出版社2018年版，第105页。

表 3－1 《民法典》的体系结构

《民法典》体系结构	
第一编　总则	第一章　基本规定 第二章　自然人 第三章　法人 第四章　非法人组织 第五章　民事权利 第六章　民事法律行为 第七章　代理 第八章　民事责任 第九章　诉讼时效 第十章　期间计算
第二编　物权	第一分编　通则 　　第一章　一般规定 　　第二章　物权的设立、变更、转让和消灭 　　第三章　物权的保护 第二分编　所有权 　　第四章　一般规定 　　第五章　国家所有权和集体所有权、私人所有权 　　第六章　业主的建筑物区分所有权 　　第七章　相邻关系 　　第八章　共有 　　第九章　所有权取得的特别规定 第三分编　用益物权 　　第十章　一般规定 　　第十一章　土地承包经营权 　　第十二章　建设用地使用权 　　第十三章　宅基地使用权 　　第十四章　居住权 　　第十五章　地役权 第四分编　担保物权 　　第十六章　一般规定 　　第十七章　抵押权 　　第十八章　质权 　　第十九章　留置权 第五分编　占有 　　第二十章　占有

续表

《民法典》体系结构	
第三编　合同	第一分编　通则 第一章　一般规定 第二章　合同的订立 第三章　合同的效力 第四章　合同的履行 第五章　合同的保全 第六章　合同的变更和转让 第七章　合同的权利义务终止 第八章　违约责任 第二分编　典型合同 第九章　买卖合同 第十章　供用电、水、气、热力合同 第十一章　赠与合同 第十二章　借款合同 第十三章　保证合同 第十四章　租赁合同 第十五章　融资租赁合同 第十六章　保理合同 第十七章　承揽合同 第十八章　建设工程合同 第十九章　运输合同 第二十章　技术合同 第二十一章　保管合同 第二十二章　仓储合同 第二十三章　委托合同 第二十四章　物业服务合同 第二十五章　行纪合同 第二十六章　中介合同 第二十七章　合伙合同 第三分编　准合同 第二十八章　无因管理 第二十九章　不当得利
第四编　人格权	第一章　一般规定 第二章　生命权、身体权和健康权 第三章　姓名权和名称权 第四章　肖像权 第五章　名誉权和荣誉权 第六章　隐私权和个人信息保护

续表

《民法典》体系结构	
第五编　婚姻家庭	第一章　一般规定 第二章　结婚 第三章　家庭关系 第四章　离婚 第五章　收养
第六编　继承	第一章　一般规定 第二章　法定继承 第三章　遗嘱继承和遗赠 第四章　遗产的处理
第七编　侵权责任	第一章　一般规定 第二章　损害赔偿 第三章　责任主体的特殊规定 第四章　产品责任 第五章　机动车交通事故责任 第六章　医疗损害责任 第七章　环境污染和生态破坏责任 第八章　高度危险责任 第九章　饲养动物损害责任 第十章　建筑物和物件损害责任
附则	

第一编为总则部分，主要规定了民法的基本原则和基本制度等。第二编是对物权的规定，主要用于解决物权的设立、变更、转让和消灭等问题，当然这里的物既包括可以随时移动的动产，也包括诸如土地、房屋等不动产。第三编对合同的有关问题作了详尽的规定，包括合同的订立、履行和违约责任等问题以及各种合同类型的相关规则。第四编专门规定了公民的人格权，将我们作为一个"人"所必备的生命权、身体权、健康权、姓名权、肖像权、名誉权、荣誉权、隐私权和个人信息保护等有关问题作了明确规定，当我们遇到自己的上述权益受到侵犯时，应首先想到通过《民法典》来维护自己的权益，同时在日常生活中，我们也应该尊重他人的人格权。第五编对有关婚姻家庭的问题作了规定，具体包括有关结婚、离婚和收养的问题。此外，第六编对有关继承的问题作了规定，明确了继承的方式主要包括遗嘱继承和法定继承两大类。最后，第七编还对侵权责任的问题作了规定，这里的侵权仅限于民事领域的侵权，比如，当我们购买到了质量有缺陷的产品并因此遭受人身、财产损害时，我们可以依据《民法典》

追究生产者或者销售者的民事赔偿责任;再如,当我们行走在马路上,被飞驰而来的机动车撞伤,我们也可以依据《民法典》追究驾驶者的机动车交通事故民事责任。值得注意的是,《民法典》第1260条规定,随着《民法典》的生效实施,原《婚姻法》《继承法》《民法通则》《收养法》《担保法》《合同法》《物权法》《侵权责任法》和《民法总则》等法律同时废止。

商法所调整的关系主要立足于商事交易领域,商事交易不同于民事交易,民事交易是以生活需要为基础的,比如购买日常生活所需要的食品、衣服、书籍等,而商事交易主要服务于生产以及宏观的经济发展,比如《公司法》、《企业破产法》和《合伙企业法》等,主要在生产领域等宏观层面维护市场经济运行秩序、促进经济健康发展。

(三)行政法

行政法调整的是国家的行政管理活动,其以法律的形式规定了国家机关有哪些职权和职责,对于公权力机关而言"法无授权不可为",由此诞生了"权力清单"制度;而对于普通民众而言,则是"法无禁止即自由",即如果没有法律明确禁止公民做某事,公民就可以这么做。行政法涉及的范围非常广泛,有人形容行政法调整的事项是"上管天、下管地、中间管空气"。其中,有规定行政机关组织及其工作人员的《地方各级人民代表大会和地方各级人民政府组织法》和《公务员法》;有规定行政许可、行政处罚、行政强制等行政行为的《行政许可法》《行政处罚法》《行政强制法》;也有不同行业领域的相关法律制度,如社会治安领域有《治安管理处罚法》等。其中,《治安管理处罚法》是针对实施了扰乱公共秩序、妨害公共安全、侵犯公民人身权利、侵犯公民和法人财产权利、妨害社会管理秩序等行为的行为人,在其尚不构成犯罪的情况下,通过对其处以行政处罚的方式,规制其行为、要求其承担相应的法律后果,最终实现维护社会秩序的目的。治安管理处罚的种类主要包括警告、罚款、行政拘留以及吊销公安机关发放的许可证,其中,对于违反治安管理的外国人,可以附加适用限期出境或驱逐出境。公民对行政行为不服的,可以通过行政复议或者行政诉讼寻求救济。行政复议是指公民、法人或者其他组织如果认为行政机关对其作出的具体行政行为侵犯了其合法权益,可以向行政机关提出申请,请求改变或撤销该行政行为。行政诉讼即"民告官",是指公民、法人或者其他组织认为行政机关及其工作人员的行政行为侵犯其合法权益,可以向人民法院起诉。申请行政复议和提起行政诉讼都是救济途径,但在选择时还需要具体问题具体分析,对于部分法定情形,只能先申请行政复议,对复议结果不服才可以向人民法院提起行政诉讼。在通常情况下,既可以先申请行政复议,也可以不经过复议程序而直接向人民法院提起行政诉讼。

(四)经济法

经济法主要包括了市场规制法和宏观调控法两个部分。在市场规制的法律制度方面,主要包括《反不正当竞争法》《反垄断法》《消费者权益保护法》《产品质量法》等法律,其目的在于规范市场秩序,形成诚信经营、注重质量的市场经济环境。在宏观调控的法律制度方面,主要包括《中国人民银行法》《商业银行法》《价格法》等法律,其主要通过财政和税收等制度实现对国民经济的整体调控。当然,这一调控仅限于宏观层面,在宏观调控的过程中要处理好政府与市场的关系。

(五)社会法

在我们社会生活中,有一类法律专门对弱势群体以及需要帮助的人作出倾斜保护的规定,这类法律不同于民法商法所保护的主体具有平等性,而是通过对社会生活中处在比较弱势地位的群体予以特殊保护,保障其生存权和发展权等基本权利,维护社会的和谐稳定,这一类法律被统称为社会法。社会法主要用于调整劳动关系、社会保障关系以及社会福利关系,保障劳动者、失业者、丧失劳动能力的人和其他需要帮助的人的合法权益。社会法具有明显的“不对等性”,国家往往为了保障弱势群体的基本权利而花费了大量的人力、物力和财力,但不求弱势群体对国家回报,具有很强的公益性,这集中体现了中国特色社会主义法律制度的优越性。这类法律主要包括《未成年人保护法》《残疾人保障法》《慈善法》等。

(六)环境资源法

习近平总书记多次强调:“绿水青山就是金山银山。”保护环境,建设美丽中国,法治不能缺位。环境资源法所规制的内容主要包括保护和合理开发自然资源,保护环境,维护生态平衡。我们现有的环境资源法主要包括以下几类:其一,有关环境保护和污染防治的法律,如《环境保护法》《野生动物保护法》《水污染防治法》等。其二,有关资源保护和合理利用的法律,如《矿产资源法》《森林法》《土地管理法》等。其三,针对特定领域或特别的环境保护事项的立法,如《清洁生产促进法》《可再生能源法》《环境保护税法》等。环境资源法同样具有强制力,其强制力体现在与行政法、刑法的交叉上,即绝大部分环境资源法都规定了一定的法律责任，对于破坏环境、违法利用自然资源等行为，情节较轻的会受到行政处罚，情节严重构成犯罪的，将依照《刑法》追究刑事责任。

（七）军事法

习近平总书记指出，坚持走中国特色强军之路，全面推进政治建军、改革强军、科技强军、人才强军、依法治军，把人民军队建设成为世界一流军队①。依法治军，有法可依是前提，因此，军事法也是中国特色社会主义法律体系的重要组成部分。所谓军事法，就是有关国防和军队建设的法律规范的总称。军事法作为独立的法律部门，对于构建系统完备、严密高效的军事法规制度体系和提高国防和军队建设法治化水平具有重要意义。军事法既包括军事法律，也包括军事法规，军事法律由全国人民代表大会及其常委会制定和修改，国务院和中央军委可以联合制定军事行政法规，中央军委也可以独立制定军事法规。我国现行法律体系中，军事法主要包括《国防法》《兵役法》《现役军官法》《预备役军官法》《军事设施保护法》等。

（八）刑法

刑法与每个人的生活息息相关。我们先来看一个与学生有关的案例：

学生许某在高考后为了寻找暑期兼职，便联系朋友为其介绍工作。朋友介绍其办理银行卡和手机卡供他人使用，每张银行卡可以获得 100 元报酬，最后许某共办理了 7 张银行卡和 1 张电话卡，其将银行卡交给朋友时，朋友告诉他这些卡是用于协助他人转移赃款的，许某得知后并未采取补救措施。案发后，上述银行卡共帮助转移涉案赃款 22 万余元。许某的这一行为构成了帮助信息网络犯罪活动罪。②

本案中，学生许某在高考后想利用假期时间打工赚钱，其渴望经济独立的想法值得肯定。然而，对于涉世未深的学生而言，日常生活中有太多的风险和陷阱需要我们擦亮双眼、提高警惕，最有效的方式就是主动学习法律，特别是学习《刑法》可以帮助我们准确识别可能构成犯罪的风险和陷阱。电信网络诈骗

① 参见习近平：《在庆祝中国共产党成立 100 周年大会上的讲话》，载《人民日报》2021 年 7 月 2 日，第 2 版。

② 参见《在校学生涉“两卡”犯罪典型案例》，载最高人民检察院网，https://www.spp.gov.cn/xwfbh/wsfbt/202106/t20210623_522065.shtml#3。

犯罪是近年来高发的案件类型,也是司法机关打击的重点。许多媒体都在宣传电信网络诈骗的防范策略等知识,多关注这些宣传报道也是学习法律的重要途径,能够帮助我们树立个人信息保护、银行卡和手机卡不外借的意识,防止自己的身份被电信诈骗分子所利用,降低自身被骗的风险及刑事法律风险。

由此可见,刑法是规定犯罪及其法律后果的法律。刑法不仅告诉我们哪些行为是犯罪行为,还明确告诉我们实施何种犯罪行为对应何种法律后果。犯罪的法律后果以刑罚为主,刑罚主要包括主刑和附加刑。主刑有 5 种,由轻到重分别为:管制、拘役、有期徒刑、无期徒刑和死刑;附加刑有 3 种,分别为:罚金、剥夺政治权利和没收财产。

当然,刑法在惩罚犯罪的同时,也赋予我们一定的防卫权利,最典型的就是刑法中的正当防卫制度。所谓正当防卫,其本质就是"正义对抗邪恶"。也就是说,当国家利益,公共利益或者我们个人的人身、财产等权利遭受正在进行的不法侵害时,我们有权利采取必要的措施制止这类侵害行为,由此对侵害人造成损害的,我们不需要承担刑事责任。但值得注意的是,权利与义务是统一的,刑法在赋予我们防卫权的同时,还要求我们在一定限度内行使这一权利,因而我们为制止不法侵害行为所采取的防卫措施不能超过必要的限度。那么什么是必要的限度呢?简言之,如果我们所采取的防卫行为,在一般人看来是为了制止不法侵害所必需的,就没有超过必要的限度;反之,则超过了必要的限度。但我们也不必为此过度担心,我国刑法对防卫过当的规定是比较宽松的,即使防卫行为超过了必要限度,也不等同于必然要为此承担刑事责任。只有当我们采取的防卫行为明显超过必要限度,还造成了重大损害,即这两个条件同时满足时,才需要为此承担防卫过当的刑事责任,但是在处罚上应予以减轻或者免除。

(九)诉讼与非诉讼程序法

大家是否对法庭如何审理案件产生好奇?当我们想要"打官司"时,如何撰写诉状、向谁提交诉状?当司法程序启动后,作为当事人享有哪些权利、应当履行哪些义务……面对诸如此类的问题,有这样一类法律专门对其进行规定,这就是诉讼法与非诉讼程序法。

诉讼与非诉讼程序法所调整的是因诉讼活动和非诉讼活动而产生的法律关系,具体包括刑事诉讼、行政诉讼、民事诉讼和仲裁等。

刑事诉讼解决的是如何查明与犯罪有关的案件事实,依照现有的证据犯罪嫌疑人、被告人是否构成犯罪,如果构成犯罪应按照何种程序对其定罪量刑的问题；行政诉讼主要处理的是“民告官”的案件，这里的“民”在行政法上被称为行政相对人，这里的“官”仅指行政机关，行政相对人对行政机关向其作出的行政行为有异议时，可以将行政机关诉至人民法院，请求人民法院撤销行政机关已经作出的行政行为；民事诉讼是关于如何解决民事纠纷、查明与民事活动有关的案件事实，并依照何种程序定分止争的问题。

除诉讼外，还可通过非诉讼的方式解决民事纠纷，这些非诉讼方式也伴随着相应的程序法规范。比如，相较于诉讼，仲裁的程序更为简便，解决问题的效率大大提高，有关仲裁的程序性规定集中体现在《仲裁法》中。此外，《人民调解法》等法律法规对调解的程序作出了规定。

生活和工作中，可以通过全国人民代表大会的网站（中国人大网）或者中央人民政府网站（中国政府网）查找某部法律或者行政法规的具体规定。中国人大网建立了国家法律法规数据库（如图 3－1 所示），中央人民政府网站（中国政府网）建立了行政法规库（如图 3－2 所示）。通过这两个数据库，我们可以方便快捷地查找相关法律和行政法规。

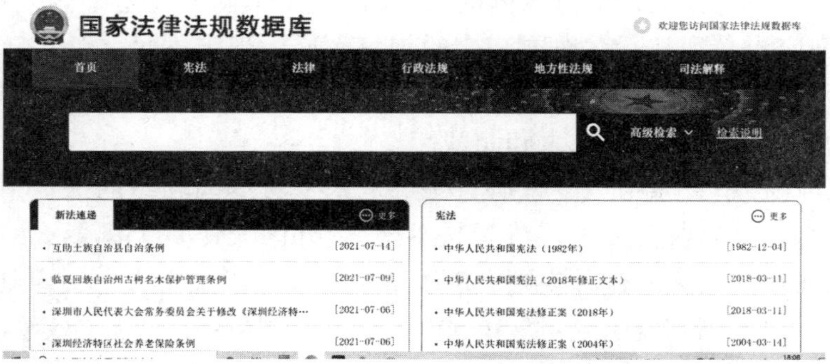

图 3－1　国家法律法规数据库

图 3－2　行政法规库

三、法律的对象效力

法的对象效力实际上就是指法律对哪些人发生作用的问题。法律应当适用于全体公民是我们追求的理想状态,然而社会生活是纷繁复杂的,有时需要依据不同的规则对法的对象范围作出不同的解释。

在法的对象效力方面,不同国家有不同的规定,但概括起来分为 4 种:

第一,属人主义原则。这一原则在历史上形成较早,其以行为人的国籍作为确定法律适用对象范围的标准,凡是具有该国国籍的人,无论是在该国境内,还是在该国境外,均要受到其国籍国法律的约束,即便是在本国境外,也不能做违反其国籍国法律的事情。这一原则虽然有助于最大限度地约束本国公民的行为,但倘若外国公民进入该国,则无须受到该国法律的约束,仅遵守自己国籍国的法律即可,这不利于对行为人所在地国家主权的维护。

第二,属地主义原则。即完全依照行为人的所在地来划分法律对人的适用范围,凡是在一国领土管辖范围内的人,无论其是本国人还是外国人抑或是无国籍人,都应当受到其所在地国法律的拘束。这一规定不足之处在于,其不够尊重国籍国法律对本国公民的管辖权,容易导致一部分本国公民在国外实施的违法行为不受本国法律的约束和制裁。

第三,保护主义原则。该原则的诞生是基于对本国利益的保护,具体规则为,只要有碍本国利益,无论违法者是本国人、外国人还是无国籍人,都应当受到受害国法律的约束。这种规则突破了属地主义原则和属人主义原则的界限,当然有利于对本国利益的绝对保护,但没有对其他国家的司法主权给予足够的尊重,倘若所有国家都采用这一原则,必然导致适用的混乱。

第四,综合主义原则。该原则以属地主义为主,综合了属人主义和保护主义原则。这一原则为世界上绝大多数国家所认可,因为其在维护本国主权与尊重他国主权之间实现了良好的平衡,有利于国际交往,我国也采纳了这一原则。在我国法律上具体表现为:凡是我国公民,无论是在国内还是在国外,都受我国法律的保护,也都应当遵守我国的法律;同时,基于对他国司法主权的尊重,在外国的我国公民,不仅要遵守我国的法律,还应当遵守所在地国家的法律。此外,对于在我国领域外的外国人对我国国家或公民实施了较严重的犯罪行为的,原则上可以依照我国《刑法》对上述不法行为人进行制裁,但基于对其所在地国法律的尊重,如果这种行为依照其所在地国的法律不应受到处罚,则不再适用我国《刑法》对其予以制裁。

▶ 四、法律位阶

我国的法律位阶如图 3－3 所示。

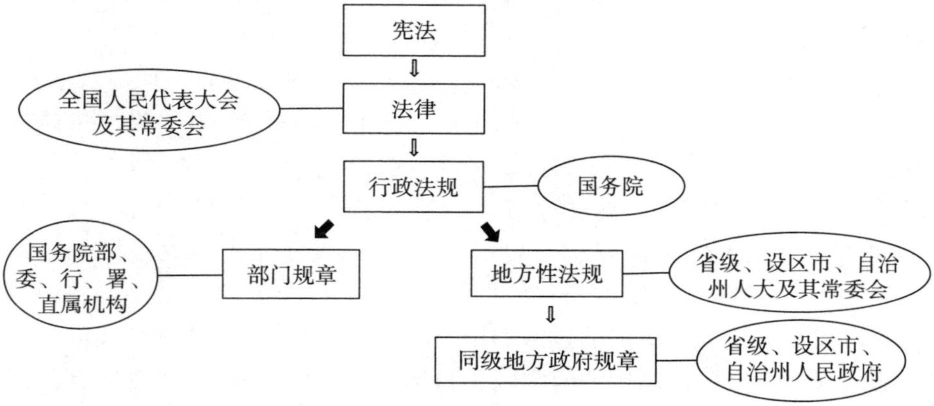

图 3－3　我国法律体系的效力位阶

宪法是我国的根本大法，具有最高的法律地位和法律效力，其规定了国家的根本制度和公民的基本权利，是治国安邦的总章程。因此，与其他法律相比，宪法规定的内容更具有根本性和全局性，其制定和修改程序相较于一般法律而言也更为严格。

狭义上的法律是由全国人民代表大会及其常委会制定并修改的，其效力仅次于宪法。法律是宪法的具体化，是将宪法中较为原则和纲领性的规定落实为具体可操作的法律制度，以便于司法适用。像《民法典》《刑法》《治安管理处罚法》等常见的法律都由全国人民代表大会及其常委会制定并修改。法律规定了事关人民群众日常生活的重大事项和重要政策，如刑法关乎人的尊严、财产、自由乃至生命，民法关乎人格尊严和作为公民基本权利的财产权，行政法更是直接涉及公民与政府的关系问题，这些都是事关人民群众日常生活的重要领域。

位于法律之下的是国务院制定的行政法规。值得注意的是，行政法规只能由国务院制定，国务院各部门和地方各级人民政府不能制定行政法规。因此，行政法规是由我国最高行政机关制定的法律规范，其也居于较高的效力位阶。行政法规的适用范围及于全国，但其所作出的规定不得与宪法和法律相抵触。行政法规的名称通常表述为《××条例》或《××办法》，如《生产安全事故应急条例》《保障农民工工资支付条例》《报废机动车回收管理办法》等。

地方性法规的制定主体有两个：一为省、自治区、直辖市的人民代表大会及其常委会；二为设区的市的人民代表大会及其常委会。地方性法规在形式上多表述为《××省(区、市)××条例/规定》，如《北京市保守国家秘密条例》和《北京市反食品浪费规定》等。地方性法规主要是为了处理地方性事务，促进国家法律和行政法规在地方落实，结合地方实际而制定的法律政策，其适用范围也仅限于地方，且规定的内容不得与国家法律和行政法规相抵触。我国《立法法》第89条第1款规定地方性法规的效力高于本级和下级地方政府规章。

规章分为两类：一类为国务院部门制定的部门规章，是为了执行法律或者国务院的行政法规、决定和命令而制定，因此，其内容专业性较强。另一类为省、市级地方人民政府制定的规章，其所规定的内容仅限于为执行法律、行政法规、地方性法规的规定而需要制定规章的事项，以及属于本行政区域的具体行政管理事项。《立法法》第89条第2款规定了省、自治区的人民政府制定的规章的效力高于本行政区域内的设区的市、自治州的人民政府制定的规章。

部门规章在法律体系中的效力较为特殊。《立法法》第91条规定部门规章之间、部门规章与地方政府规章之间具有同等效力，在各自的权限范围内施行；第95条第1款第2项规定了地方性法规与部门规章之间对同一事项的规定不一致而不能确定如何适用时的相关处理程序。

五、法律冲突的解决

法律之间时常发生“冲突”，即当不同法律对同一事项作出不同规定时，到底应当适用哪一部法律来处理这一问题，需要遵循法律冲突的解决规则。具体来说，法律冲突的解决规则主要包括以下四个方面：

第一，根本法优先于普通法。宪法是国家的根本法，在法律体系中居于最高地位，其法律地位和法律效力当然要高于《民法典》《刑法》《行政诉讼法》等普通法律。无论是普通法律、行政法规，还是地方性法规、规章，其所规定的内容都不能与宪法相抵触。如果与宪法相抵触，其所规定的内容无效，且司法机关不得将与宪法规定相抵触的法律条文作为司法裁判的依据。

第二，上位法优先于下位法。这里所说的“上位法”，就是指法律位阶相对较高的法，同理，“下位法”就是指法律位阶相对较低的法。所谓的“法律位阶”，实际上就是法的地位。那么对于同一个问题上位法和下位法都有规定时，在下位法符合上位法规定的前提下，应当优先适用下位法。下位法如果违背上位法的规定，则要遵循“上位法优先于下位法”的原则。

第三，新法优先于旧法。这是指就相同位阶的法律而言，当新施行的法律规定与旧有的法律规定相抵触时，优先适用新的规定。对于相同位阶的法律，不存在上位法与下位法这一法的效力层级划分，鉴于其制定主体相同，新的规定反映了这一主体最新的意志，属于在事实上对这一主体先前意志的修正。比如，同样是属于第二位阶的“法律”，其制定主体都是全国人民代表大会及其常委会，当《民法总则》于2017年10月1日施行后，旧有的《民法通则》虽然没有立刻被明示废止，但当《民法通则》与《民法总则》发生冲突时，应当优先适用《民法总则》的规定；而当《民法典》自2021年1月1日开始施行后，无论是《民法通则》还是《民法总则》，都已经失去效力，统一以《民法典》的规定为准。

第四，特别法优先于一般法。特别法是针对特定事项所制定或颁布的法律规范，而一般法是针对通常的、较为宏观的、具有普遍性的现象所作出的规范，二者是具体和抽象的关系。当具体和抽象二者发生冲突时，由于特别法是专门针对这一特定事项加以规范的，其能够更具体地解决这一问题，而一般法尽管对解决此类问题有宏观的规定，但相较于特别法而言，不够具体，难以准确做到“对症下药”，因此，应当优先适用特别法的规定。例如，相较于《教育法》而言，《高等教育法》就是特别法，在涉及高等教育等相关问题上，应优先适用后者。

▶ 六、从《民法典》的诞生看科学立法

法谚有云：“正义不但要伸张，而且必须眼见着被伸张。”人民群众对于法律的信仰和认可不仅源于法律内容的正义性，也源于立法程序的公平和正义。科学严密的立法程序，能够使法律更充分地体现公平正义，也更容易为民众所接受。

我国狭义的法律由全国人民代表大会及其常委会制定，主要程序包括：提出立法议案，审议法律草案，表决、通过法律草案和公布法。以《民法典》为例，《民法典》于2020年5月28日通过，其诞生过程充分展现了我国立法程序的科学性。与普通单行法的立法过程略有不同，编纂民法典是一项复杂的系统工程。根据党中央的决策部署，全国人大常委会明确了“两步走”的编纂工作计划：第一步为出台《民法总则》；第二步为编纂民法典各分编，并将修改完善的各分编草案同《民法总则》合并为完整的民法典草案，由全国人大常委会提请全国人民代表大会审议。《民法总则》和作为各分编草案基础的各部民事单行法都经历了确定立法项目、提出立法议案、审议法律草案、表决通过法律草案、公布法律、最终被废止并纳入《民法典》的过程。

（一）立法前准备

在正式进入立法程序和正式开展立法活动之前，需要进行确定立法项目、编制立法规划和立法计划、起草法律草案等立法准备工作。立法准备活动是否充分、科学，直接影响未来立法的效果。

立法项目指准备进行立法的项目，它主要包括拟立法的名称、拟立法调整的社会关系、拟通过立法解决的主要问题、拟通过立法确定的主要制度、相关的立法进度等内容。① 在提出立法项目时，还要梳理国家已有的相关法律规定、拟立法与相关法律的关系以及可能给社会带来的影响，进行立法成本分析，并提出保障立法活动顺利进行的措施。② 确定立法项目的过程也是对立法工作的科学性进行分析的过程，只有确保了立法的可行性与必要性，才能最大限度地保障立法的成效，这是科学立法原则的要求。

《立法法》第 52 条对确定立法项目以及编制立法规划、年度立法计划进行了规定。在提出立法项目后，有关部门会对立法项目进行审查，根据社会实际发展状况编制立法规划草案，并将立法规划草案提请有权机关审议、批准。全国人民代表大会常务委员会的立法规划经委员长会议讨论，提请常务委员会会议审议通过。国务院的立法计划由国务院法制机构拟订，报国务院审批后实施。地方人民代表大会常务委员会的立法规划先由本级人民代表大会常务委员会的法制委员会提出，报常务委员会批准后实施。地方政府的规章立法则由法制工作机构提出，报本级人民政府批准后实施。审议、批准立法计划后，立法项目就被正式纳入年度立法计划，相关机关或部门将会开展相应的立法活动。立法项目、立法规划以及立法计划的制定和编制，需要充分遵循科学立法原则，回应社会发展的需要和经济社会发展的状况，遵循立法的基本规律。基于民主立法原则和科学立法原则，编制立法规划的机构或部门通常会通过各种途径听取民众的意见和专家的建议。

在立法准备阶段，除确定立法项目、编制立法规划和立法计划外，还会开展起草法律草案的工作。以《民法典》的编纂为例，中华人民共和国成立后，我国先后 4 次启动民法典的制定工作。第一次开始于 1954 年，到 1956 年 12 月完成草案，计 525 条，包括总则、所有权、债、继承四编，主要参考 1922 年的《苏俄民法典》。第二次开始于 1962 年，到 1964 年完成草案试拟稿，计 262 条，包括总

① 参见陈光：《立法学原理》，武汉大学出版社 2018 年版，第 26 页。

② 参见杨临宏：《立法学：原理、程序、制度与技术》，中国社会科学出版社 2020 年版，第 343 页。

则、所有权和财产流转三编。这两次民法典的起草，由于各种原因未能取得实际成果。改革开放以后，第三次民法典起草工作拉开帷幕。1979 年 8 月，全国人大常委会组建民法起草小组，到 1982 年 5 月，完成了《民法（草案）》第四稿，包括 8 编，43 章，465 条。《继承法》《民法通则》《担保法》《合同法》都在这种背景下制定。2001 年，第九届全国人大常委会组织起草了《民法（草案）》，并于 2002 年进行了一次审议，继续采取分别制定单行法的办法。2003 年以来，又先后制定了《物权法》和《侵权责任法》等民事法律。每一部单行法都经历了确定立法项目、被编入立法规划的过程，符合当时社会发展需要和经济发展条件。一部部民事单行法进行修改后，形成民法典各分编的草案，为编纂《民法典》奠定了良好的基础。

经过多年努力，我国不断出台民事单行法（如图 3－4 所示），逐步形成了比较完整的民事法律规范体系，为编纂民法典奠定了良好的基础。2014 年 10 月，党的十八届四中全会通过《中共中央关于全面推进依法治国若干重大问题的决定》，作出了编纂民法典的重大决策。2015 年 3 月，民法典编纂正式启动。民法典的编纂过程历经多年，其启动与中止是对当时社会实际情况和经济发展状况作出的回应。在"成熟一个通过一个"的工作思路的指导下，一部部单行法的出台是科学立法的体现，最终为民法典的编纂提供了充足的准备。

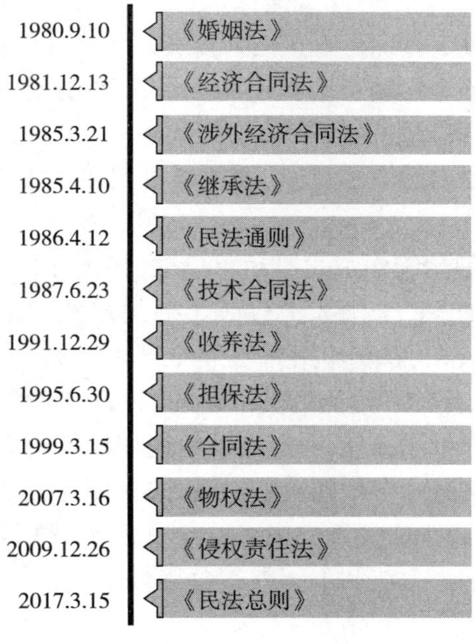

图 3－4 我国出台民事单行法的时间

(二)提出立法议案

1. 立法议案与法律草案

在立法准备工作完成后,立法活动进入了由法律草案转化为正式的法的阶段。提出立法议案,意味着正式开启制定或修改某一法律的程序。与法律草案不同,立法议案是依照法定程序提出的制定或修改法的书面提议,只能由依法能够行使提案权的机关、组织或个人提出。而作为可能被通过并正式施行的法律的雏形,法律草案的起草可以由任何机关、组织甚至个人进行。在提出立法议案时,享有立法提案权的主体可以只提出立法建议、附带立法框架,也可以同时提交具有完整法律条文的法律草案。①

各提案主体通常会在提出立法议案时附带提交成文的法律草案。在立法议案被列入议程后,法律草案会进入下一阶段的审议、表决程序,并有可能最终成为在全国施行的法律。在审议法律草案的阶段,公众可以通过多种途径表达自己的意见。

2. 立法议案的提出及列入议程

《立法法》规定的相关立法提案主体应当在法定时间内向法律规定的受案主体提出在其职权范围内的立法议案,并经过程序决定是否被纳入议程、进行审议。全国人民代表大会主席团或全国人民代表大会常委会委员长会议提出的立法议案,不必经过审查即可直接列入议程。享有立法提案权的国家机构如国务院、常委会以及各专门委员会提出的立法议案,须经过程序性审查方可列入议程。享有立法提案权的非国家机构如代表团、30 名以上的代表或常委会组成人员 10 人以上提出的立法议案,则须经过实质性审查方可决定是否列入议程。

2015 年,民法典编撰工作正式启动,并于 2019 年 12 月形成统一完整的《民法典(草案)》。在这期间,全国人大代表不断提出相关的立法议案,为《民法典》的出台建言献策。在 2019 年第十三届全国人大第二次会议上,32 件议案提出的建议涉及全国人大常委会正在审议的《民法典(草案)》各分编,包括修改土地经营权、住宅建设用地使用权、宅基地使用权等相关规定,增加住房租赁保障的相关规定,明确网约车侵权责任,完善夫妻债务规则,明确非法收养的法律责任等内容。对于在立法议案中提出的各项意见和建议,全国人大宪法和法律委员会、全国人大常委会法制工作委员会进行了认真研究,并在《民法典(草

① 参见徐向华:《立法学教程》,北京大学出版社 2017 年版,第 166 页。

案)》审议修改工作中吸收采纳。

(三)审议法律草案

在立法议案被列入议程后,全国人民代表大会及其常务委员会将对立法议案所附带的法律草案按照法定程序进行审查和辩论,最终决定该法律草案是否能够成为正式的法律。我国审议法律草案采取"审次"制度,人民代表大会实行当场审议、当场表决的"一审制",人大常委会实行经 3 次常务委员会会议审议后再交付表决的制度。

根据《立法法》的相关规定,在全国人民代表大会中,法律草案的审议权主要由小组代表、代表团代表、专门委员会和法律委员会委员、主席团成员以及人大代表等主体行使;在全国人大常委会中,法律草案的审议权主要由小组委员、专门委员会和法律委员会委员、常委会全体会议成员等主体行使。全国人民代表大会审议法律草案的具体步骤为:第一,在首次审议某一法律草案的全体会议上,由提案人负责说明法律草案的基本精神、内容及立法意图等;第二,各代表团、有关专门委员会和法律委员会进行充分讨论,发表修改意见;第三,法律委员会根据各代表团和有关专门委员会的审议意见,对草案进行统一审议,并向主席团提出审议结果报告和草案修改稿,对重要的不同意见应在报告中说明;第四,主席团审议和通过上述报告与修改稿后,印发会议,并将修改后的法律草案提请大会全体会议表决。① 根据《立法法》第 29 条的规定,全国人大常委会审议法律草案的步骤为:第一次审议,在全体会议上听取提案人的说明,由分组会议进行初步审议;第二次审议,在全体会议上听取法律委员会关于法律草案修改情况和主要问题的汇报,由分组会议进一步审议;第三次审议,在全体会议上听取法律委员会关于法律草案审议结果的报告,由分组会议对法律草案修改稿进行审议。经过 3 次审议后,将法律草案交付表决。

《民法典(草案)》先经过了全国人大常委会的审议,再提交全国人民代表大会审议。2018 年 8 月 27 日,第十三届全国人大常委会第五次会议首次审议《民法典各分编(草案)》。全国人大常委会法工委主任沈春耀表示,此次全国人大常委会初次审议时,将民法典各分编草案作为一个整体提出;之后,根据实际情况将草案各分编分拆几个单元分别进行若干次审议和修改完善;最后将之前已经出台的《民法总则》同经过常委会审议和修改完善的民法典各分编合并为一部完整的民法典草案,提请全国人民代表大会审议。

① 参见徐向华:《立法学教程》,北京大学出版社 2017 年版,第 182 页。

在2018年12月、2019年4月和2019年6月，全国人大常委会会议分别对《民法典各分编（草案）》进行第二次审议。2019年8月和10月，全国人大常委会会议对人格权编草案、侵权责任编草案、婚姻家庭编草案进行第三次审议。2019年12月，完整的民法典草案被提请第十三届全国人大常委会第十五次会议审议。第十三届全国人大常委会第十五次会议通过了全国人大常委会关于提请审议《民法典（草案）》的议案，决定于2020年3月将《民法典（草案）》提请第十三届全国人大第三次会议审议。

（四）表决、通过法律草案

经过了审议法律草案的阶段，需要对是否通过法律草案进行表决。表决与通过不同，通过法律草案是表决程序的一种结果。享有表决权的立法者通过对法律草案表示最终赞成、反对或弃权的态度进行表决，若法律草案获得法定数目以上的赞成票，则法律草案通过。① 在民主立法原则的要求下，通过法律草案必须采取多数表决制，并指定参与表决的法定人数，确定多数决的比例规则和范围规则。

根据《全国人民代表大会议事规则》第4条和《全国人民代表大会常务委员会议事规则》第4条的规定，全国人民代表大会会议和全国人大常委会会议可以举行的前提是"三分之二以上的代表"和"全体组成人员的过半数"出席。全国人民代表大会及其常委会在表决时均以全体组成人员作为计票基数，宪法修改以全体代表2/3以上的多数（特别多数）赞成通过，法律草案以全体人大代表或者常委会全体组成人员的过半数（绝对多数）赞成通过。在地方人民代表大会及其常委会的议事规则中，会议能够举行的法定出席人数也须达到"三分之二以上的代表"和"全体组成人员的过半数"；会议通过或批准地方性法规草案，也需全体组成人员的过半数赞成通过。我国的多数决制度充分体现了民主立法的原则。在适用多数决制度的同时，区分表决的绝对多数和特别多数，并划定会议举行的法定人数要求，是在贯彻民主理念的同时兼顾立法表决的效率。

（五）公布法律

未公布之法律，无遵守之义务。在现代社会，未公布的法律不具有约束民众的效力。只有将通过的法律草案以法定程序和方式进行公布，才能真正使其

① 参见徐向华：《立法学教程》，北京大学出版社2017年版，第185页。

变为生效的法。

全国人大及其常委会表决通过的法律，由国家主席公布，如图 3－5 所示。国家主席以发布主席令的方式在特定载体上公布法律，即在《中华人民共和国全国人民代表大会常务委员会公报》及全国公开发行的报纸上刊登法律文本。根据《立法法》第 78 条，地方人民代表大会及其常委会制定的地方性法规分别由大会主席团、常务委员会发布公告予以公布；自治条例和单行条例由自治区、自治州、自治县的人民代表大会常务委员会发布公告予以公布。法律文本刊登在本级人民代表大会常务委员会公报和本级行政区域内公开发行的报纸上。在互联网时代，除上述公布法的法定方式外，民众可以通过媒体、网络等多种途径了解最新出台的法律并进行学习，以在法律正式施行之后更好地适应新法。

全国人民代表大会
The National People's Congress of the People's Republic of China
首页 | 宪法 | 人大机构 | 栗战书委员长 | 代表大会会议 | 常委会会议 | 委员长会议 | 权威发布 | 立法 | 监督 | 代表
对外交往 | 选举任免 | 法律研究 | 理论 | 机关工作 | 地方人大 | 图片 | 视频 | 直播 | 专题 | 资料库 | 国旗 | 国歌 | 国徽
当前位置：首页

中华人民共和国主席令（第四十五号）

来源：新华网　浏览字号：大 中 小　2020年05月28日 21:09:17

新华社北京5月28日电

中华人民共和国主席令

第四十五号

《中华人民共和国民法典》已由中华人民共和国第十三届全国人民代表大会第三次会议于2020年5月28日通过，现予公布，自2021年1月1日起施行。

中华人民共和国主席　习近平

2020年5月28日

图 3－5　我国国家主席通过发布主席令的方式公布法律

▶ 七、民主立法与公众参与

为贯彻民主立法原则，立法程序自始至终都要保障人民通过多种途径参与立法活动。立法中的公众参与不仅是民主立法原则的体现,更是科学立法原则的要求。我国是人民民主专政的社会主义国家,作为反映统治阶级意志的法律应当充分体现人民意志、回应人民要求并保障人民利益,在立法程序中保障公民参与则成为确保法律科学性和正义性的必要方式。党的十八大报告提出要“完善中国特色社会主义法律体系,加强重点领域立法,拓展人民有序参与立法途径”;党的十九大报告提出要“扩大人民有序政治参与,保证人民依法实行民主选举、民主协商、民主决策、民主管理、民主监督”,“推进科学立法、民主立法、依法立法,以良法促进发展、保障善治”。公众参与是科学立法、民主立法和依法立法的要求,保障与加强公众参与立法已成为推进法治建设工作的重要任务。大学生作为国家公民,有资格、有能力参与到立法程序中去。无论是参与国家立法程序,还是在学校内部参与高校规章的制定,都是参与立法活动的体现。

(一)大学生参与国家立法程序

作为国家公民,大学生可以通过多种途径和方式参与到国家立法中去。在人民代表大会主导立法的过程中,通过人大代表、基层立法联系点、立法研究咨询服务机构、行业组织等的配合与协助,公民在立法的立项、法律草案起草、法律草案审议、法律制定后评估的全过程都可以提出建议,为立法活动建言献策。在立项阶段,立法主体会公开征求对发布的立法项目的意见;在起草法律草案、向社会征求意见的阶段,公民可以针对具体的法律条文提出立法建议;在审议法律草案的阶段,公民可以通过立法听证会、座谈会和论证会充分表达意见;在法律制定完成后,公众还可以参与立法后评估工作,为法律的修订和完善提供建议。①

网络与技术的快速发展使公民参与立法的方式更加便捷,参与也更具有实效。在法律的制定过程中,公民可以通过电子邮件、中国人大网等网站直接对法律草案的起草、审议提出建议。除直接向有关工作部门提出建议外,公民还可以通过与人大代表联系的方式提出立法建议。公民可通过互联网、电子邮件、公众号媒体等方式向人大代表提出自己对立法或相关法律草案的意见,人大代表会在吸纳公众意见的基础上,向立法主体提出立法议案。

除直接对立法工作提出建议外,保障公民对法律的监督权也是促进公民参与立法活动的有效方式。公民在立法规划的建议、具体立法项目的征集、法律

---

① 参见李林:《立法过程中的公众参与》,中国社会科学出版社2009年版,第12页。

草案意见征集等过程中，都有权对立法机关及其工作人员的行为进行监督。而在法律制定后，对立法成果及其实施效果所进行的监督，则是公民参与立法的后盾。[①]《立法法》第 99 条第 2 款规定，社会团体、企业事业组织以及公民认为行政法规、地方性法规、自治条例和单行条例同宪法或者法律相抵触的，可以向全国人民代表大会常务委员会书面提出进行审查的建议。若公民认为法律不适宜社会经济条件和发展状况，也可以向人大代表提出修改或废止法律的建议，再由人大代表依照程序提出相关议案。

（二）大学生参与高校规章制定

高校规章作为学校与学生管理的直接规范依据，与学生的权利与义务息息相关。学生参与高校规章的制定是其作为大学主体的固有权利，也是学生受高校规章约束、有权参与规章制定的正当程序原则的要求。[②] 高校规章的制定作为高校的一种“立法”活动，其制定程序也应符合正当性要求。学生享有对学校和自身事务的管理权，应当参与到高校规章的制定中去。

根据我国《普通高等学校学生管理规定》第 6 条的规定，学生在校期间依法享有在校内组织、参加学生团体的权利，并可以适当方式参与学校管理，对学校与学生权益相关事务享有知情权、参与权、表达权和监督权。对于影响学生切身权益的高校规章，学生享有自身事务的管理权。《普通高等学校学生管理规定》第 65 条规定，学生认为学校制定的规章制度与法律法规和本规定抵触的，可以向学校所在地省级教育行政部门投诉。通过对已制定的高校规章进行监督，大学生可以充分发挥参与学校事务管理的权利，使高校自治更具有民主性。

《高等教育法》第 41 条则规定，校长拥有制定具体规章制度的职权。针对高校规章的制定，通常由各主管部门提出立项意见和规章草案，报校长办公会议审议决定。在此过程中，学校会通过座谈会、听证会等形式征求学生意见、听取学生建议。学生也可通过学校的建议机制向学校提出制定或修改高校规章的意见。

---

① 参见孙晓东：《立法后评估的原理与应用》，中国政法大学出版社 2016 年版，第 94 页。

② 参见金一超：《大学生参与高校管理的思考——从大学规章制定的视角》，载《浙江工业大学学报（社会科学版）》2011 年第 1 期。

延伸阅读

习近平总书记在庆祝中国共产党成立100周年大会上的讲话中指出,坚持依规治党、形成比较完善的党内法规体系。① 百年来,中国共产党之所以能够团结带领中国人民,实现全面建成小康社会的宏伟目标,一个很重要的原因在于注重自身建设,永葆党的先进性和纯洁性。党内法规体系是实现依法依规治党的重要保障,依法治国与依法依规治党相结合,党内法规体系与国家法律体系相互协调,凸显了中国特色社会主义法律制度的特点和优势。

中国共产党党内法规体系建设经历了艰难曲折的过程,在探索中不断发展和完善。在1987年召开的党的十三大上,我们党明确提出在新的历史条件下,要切实加强党的制度建设,实现在党的建设上走出一条"不搞政治运动,而靠改革和制度建设"的新路。1990年,中共中央颁布《中国共产党党内法规制定程序暂行条例》,该条例中明确界定了"党内法规"的概念,这是中国共产党首次以党内立法的形式来规范党内法规,首次规定了党内法规的概念、名称、适用范围和制定程序等,标志着党内法规制定工作从此走上了规范化轨道。1992年党的十四大将"党内法规"正式写入《中国共产党章程》(以下简称《党章》)。党的十八大以来,以习近平同志为核心的党中央坚持全面从严治党,不仅进一步突出制度建设的重要性,而且对党内法规的独特作用进行了突出和强调,在治国理政实践中总结了一系列推动党内法规体系建设的规律性认识。实践的推进和理论的发展,使全党上下对党内法规的认识更加深入,逐渐形成治国必先治党、治党务必从严、从严必依法度、法度必求完备的共识。2019年,党的十九届四中全会提出了"加快形成完备的法律规范体系、高效的法治实施体系、严密的法治监督体系、有力的法治保障体系,加快形成完善的党内法规体系"②。

中国共产党现行的党内法规体系主要包括以下方面。首先,《党章》是党内法规体系的核心,在党内法规体系中居于最高地位。《党章》明确规定了党员的义务和权利,党的组织制度,党的中央、地方和基层组织,党的干部选拔和任用制度,党的纪律和纪律检查制度,还规定了什么是党组,中国共产党和中国共产主义青年团的关系,党徽党旗等事项。其次,是有关党内法规的制定和执

---

① 参见习近平:《在庆祝中国共产党成立100周年大会上的讲话》,载《人民日报》2021年7月2日,第2版。

② 《中共中央关于坚持和完善中国特色社会主义制度 推进国家治理体系和治理能力现代化若干重大问题的决定》,载《人民日报》2019年11月6日,第1版。

行、党内法规体系自身建设的规定。例如,《中国共产党党内法规制定条例》对党内法规制定的条件、权限和程序等问题作了系统的规定,相当于国家法律体系中的《立法法》。中共中央印发的《关于加强党内法规制度建设的意见》,对党内法规建设的总体任务和进程作了明确规划。此类党内法规还包括《中国共产党党内法规和规范性文件备案审查规定》和《中国共产党党内法规执行责任制规定(试行)》等。接下来,是具体规定党内组织、领导、自身建设和监督保障等事项的法规。在党的组织法规方面,主要包括《中国共产党党组工作条例》、《中国共产党党和国家机关基层组织工作条例》以及《中国共产党国有企业基层组织工作条例(试行)》等,使党的集中统一的组织制度更加完善。在党的领导法规方面,主要出台了《中国共产党宣传工作条例》《中国共产党政法工作条例》《中国共产党机构编制工作条例》《中国共产党农村工作条例》等,把坚持和加强党的全面领导贯彻到各项事业中。在党的自身建设法规方面,制定或修订了《党政领导干部选拔任用工作条例》《中国共产党党员教育管理工作条例》《中国共产党党校(行政学院)工作条例》等,为落实新时代党的建设总要求和新时代党的组织路线提供有力制度保障。在党的监督保障法规方面,制定或修订了《中国共产党问责条例》和《党政领导干部考核工作条例》等,有助于更好推动各级党组织和党的领导干部牢记初心使命、勇于担当作为。① 党内法规体系的建立和完备,不仅是依法依规治党的重要保证,也是对国家法律体系的重要补充。党纪严于国法,党内法规体系的完备有助于约束党员“以遵纪,促守法”。完善的党内法规体系与国家法律体系相辅相成、相得益彰,共同服务于中国特色社会主义法治建设事业。

---

① 参见姜洁、江琳:《以习近平同志为核心的党中央二〇一九年推进党内法规制度建设综述》,载《人民日报》2020 年 3 月 18 日,第 1 版。

第四章
法治政府
与依法行政

* 法无授权不可为
* 法定职责必须为
* 让权力在阳光下运行
* 公民获取政府信息的途径及方法
* 诚信者，天下之结也
* 国家赔偿

一、法无授权不可为

无数历史事实证明:行政权力在运作中一旦失去限制,就会导致权力由行政领域溢出,渗透社会生活的方方面面。[①] 对此,习近平总书记强调:“权力是一把双刃剑,在法治轨道上行使可以造福人民,在法律之外行使则必然祸害国家和人民。把权力关进制度的笼子里,就是要依法设定权力、规范权力、制约权力、监督权力。”

法治政府是职权法定的政府,即政府在行使权力过程中应当遵守法治原则,坚持“法无授权不可为”,严格依法行政,保证各项权力都在法治轨道上运行。“法无授权不可为”,是指没有法律的授权和规定,公权力不得做出侵害公民权益的行为。简单来说,政府及其工作人员行使公权力时应该受到严格限制,必须依法行政,谨慎运用每一份权力,还必须尊重公民的每一份权利。这也意味着:

应当通过法律设定政府的权力范围。现代意义的法治政府,首先,政府行政权力是规范的,在一定范围内。其次,政府行使权力不能超越法律的授权,必须依法而行。政府及其职能部门的行政权,是从属于法律、执行法律的权力,它应当根据法律、法规的规定行使。行政权力必须服从法律,政府机关制定的法规、规章等行政立法,应当符合全国人民代表大会及其常委会制定的法律;同时,要保障法制的统一,必须使法律、法规、规章之间保持一致,下位法不得违背上位法。

结合中国实际,需要在法律上明确政府该做什么、不该做什么,能做什么、不能做什么。因此,权力清单制度作为实现职权法定原则的辅助机制,应运而生。权力清单制度,是指各级政府及其职能部门对它们所行使的行政职权、行使主体、运行流程、对应的责任等,以清单方式进行列举和图解,公之于众,并接受社会监督。通过建立权力清单制度,大力推动简政放权,加快形成边界清晰、分工合理、权责一致、运转高效、依法保障的政府职能体系和科学有效的权力监督、制约、协调机制。根据《法治政府蓝皮书:中国法治政府评估报告(2020)》,绝大多数地方政府贯彻落实了中央“晒”出权力清单的要求,权力行使的法治化程度得以提高。[②] 政府通过权力清单使社会公众可以明确知晓其职权范围,

---

① 参见杨海坤、樊响:《法治政府:一个概念的简明史》,载《法律科学(西北政法大学学报)》2016年第1期。

② 参见中国政法大学法治政府研究院:《法治政府蓝皮书:中国法治政府评估报告(2020)》,社会科学文献出版社2020年版,第21页。

在清单之外，政府不能够为所欲为，法律没有赋予的权力，不可以行使。

我国第一张市长权力清单：①

2005年8月，《南方周末》报道了河北省创新权力监管方式，选取邯郸市开展权力清单试点工作，向社会公开了全国第一份市长权力清单，权力清单从此进入了公共视野。河北省权力清单设计的导火线是李某某贪污受贿案，主管外贸的李某某通过进口汽车配额进行“权力寻租”，其受贿数额之大，令人瞠目结舌。河北省政府对这起震惊全国的贪腐案件进行了深刻的检讨和反思，希望从制度完善的角度弥补现有权力监管漏洞，加大政府权力公开力度，防止此类案件再次发生。邯郸市政府作为第一个试点地区，在对其权力进行梳理后，从所属57个部门一共清理出2084项行政权力，此外，还特别对邯郸市市长的权限进行了规范。最后，邯郸市政府将2084项行政权力和权力运行流程图都上传至政府官网，作为邯郸市政府权力清单向社会公布。

▶ 二、法定职责必须为

法治政府也应当是责任政府，要求“有权必有责、有责要担当、失责必追究”。权力的本质就是责任，执掌行政权力的政府必定是责任型政府；责任型政府意味着政府对权力行使的后果负责，这是对政府权力运用结果的阐述。然而，这对时刻都可能突破法律边界的权力而言是异常艰难的。法律赋予行政机关的职权，实际上也是行政机关的义务和责任；行政机关必须采取积极的措施和行动依法履行其职责，不得擅自放弃、不履行其法定职责，不得违法、不当行使其职权，不得推诿或者转嫁他人，同时还要对“失责”行为承担相应的法律责任。

目前，在建设责任政府过程中存在的主要问题是权责严重不对称——权大于责的情况下出现的是乱作为，责大于权的情况下出现的是不作为。有权无责、有责无权、权责不对称都是责任政府不允许的；②从权力与责任的关系视角，应当以现代的民主法治精神，建构权责一致的责任型政府。权责统一，要求行政机关及其工作人员违法或者不当行使职权时承担法律责任，做到“有权必有责”，其目标是“权力是责任的保障，责任是权力的目的；权力与责任在量上

① 参见徐彬：《国内首份“市长权力清单”》，载《南方周末》2005年8月25日，A04版。

② 参见陈国权、徐露辉：《责任政府：思想渊源与政制发展》，载《政法论坛》2008年第2期。

对等,在质上匹配”。[①]

树立“有权必有责、违法须担责”的法治理念。在许某某诉某区政府房屋行政强制及行政赔偿案中,[②]某区政府主张涉案房屋系历史遗留问题形成的老房,由于年代久远且与其他待拆除房屋毗邻,因此由改造工程指挥部委托 M 建筑公司予以拆除,政府并未组织人员进行强制拆除。M 建筑公司在拆除过程中因施工不当导致涉案房屋坍塌,属于民事侵权引发的民事纠纷,政府不应该承担法律责任。然而,根据《国有土地上房屋征收与补偿条例》第 28 条的规定,有且仅有市、县级人民政府才具有依法申请人民法院强制执行的职权。市、县级人民政府既不能委托建筑公司等民事主体强制执行;也不能以房屋被拆除系民事侵权为由,要求产权人通过民事诉讼解决争议。[③] 最高人民法院再审时指出,M 建筑公司拆除涉案房屋的行为,其法律责任应由委托其拆除的改造工程指挥部承担;而改造工程指挥部系由某区政府组建并赋予行政管理职能的临时机构,不具有独立承担法律责任的能力,因此,某区政府应当作为被告,并承担相应的法律责任。

▶ 三、让权力在阳光下运行

法治政府崇尚透明行政,强调约束公权,如法谚所说,“阳光是最好的防腐剂,灯光是最好的警察”。透明公开是约束行政权力、防止权力腐败、建设法治政府的良方;政府信息公开的方式,有助于公民实现其知情权、监督权,政府自觉接受监督制约更容易建立起“合作治理”的现代政治文明。透明政府还可以减少社会交易成本;通过信息共享,政府能够及时发现经济运行中的问题,从而提出相应措施。

为保障公民知情权、参与权、表达权、监督权的实现,我国制定了《政府信息公开条例》,对需要公开的信息的范围、政府主动公开信息和依申请公开信息等方式进行了规定。政府信息,是指行政机关在履行行政管理职能过程中制作或者获取的,以一定形式记录、保存的信息。行政机关公开政府信息以“公开为常态,不公开为例外”,遵循公正、公平、合法、便民的原则。以“公开为常态,不公开为例外”原则要求对法定应该主动公开的信息,政府应当主动公开;对未主动

---

① 参见梁栋:《责任机制与提高政府执行力》,载《东岳论丛》2011 年第 5 期。

② 参见最高人民法院行政判决书,(2017)最高法行再 101 号。

③ 参见马怀德:《法无授权不可为　法定职责必须为》,载《人民法院报》2018 年 1 月 31 日,第 2 版。

公开的信息，除非具有法定不予公开的理由，一旦公民、法人或者其他组织提出获取相关政府信息的申请，行政机关要予以公开。①

但信息公开的范围也并非无穷无尽，存在可豁免公开的政府信息，即依法不予公开的信息。根据《政府信息公开条例》第 14～16 条的规定，我国对以下信息不予公开：一是依法确定为国家秘密的政府信息；二是法律、行政法规禁止公开的政府信息；三是公开后可能危及国家安全、公共安全、经济安全、社会稳定的政府信息；四是公开会对第三方合法权益造成损害的政府信息。同时，行政机关内部事务信息、过程性信息、行政执法案卷信息，行政机关可以不予公开。

信息公开工作须遵循公正、公平、合法、便民的原则。公正原则要求行政机关在公开政府信息时不偏私、不歧视，尽可能排除一切不合理的因素，如公开信息时涉及第三人合法权益的，应当书面征求第三人的意见。公平原则要求行政机关在公开政府信息时要一视同仁，对相同的人采取一致的公开标准。合法原则要求行政机关公开的政府信息以及公开的方式、过程应符合相关法律要求，比如应该按规定及时、准确地公开政府信息。便民原则要求行政机关在公开政府信息时，遵守法定时限要求，提高法定效率，为公民获得政府信息提供各种便利，比如设立信息公告栏、电子信息屏等，方便公民了解政府信息。

四、公民获取政府信息的途径及方法

信息公开主要有行政机关主动公开以及行政机关依申请公开两种。主动公开，是指行政机关及其他有权组织机构无须申请、主动地公开其在履行公共事务过程中所产生、获得、制作的政府信息；对于此类信息，公民只需要通过（各省、市）政府网等官方信息发布平台检索即可。依申请公开的政府信息，则需要公民、法人或者其他组织自行向政府信息公开工作机构提出，并采用包括信件、数据电文在内的书面形式；书写有困难的，申请人可以口头提出并由受理机构代为填写。需要注意的是，根据《政府信息公开条例》第 29 条第 2 款、第 33 条的规定，书面申请应当包括申请人的身份信息及联系方式、对政府信息的特征

① 参见最高人民法院行政审判庭编：《中国行政审判指导案例》（第 1 卷），中国法制出版社 2010 年版，第 117 页。

性描述、申请获取信息的方式和途径三项。① 行政机关在收到政府信息公开申请书后，能够当场答复的，应该当场予以答复；不能当场答复的，无特殊情况应在 20 个工作日内予以答复。②

对于大学生来说，想要获得一项政府信息，都有哪些方法和途径呢？简单来说，由易到难包括：网络检索、网络平台咨询、电话咨询、书面信息公开申请。其中，网络检索对于大学生来说是最为简单、快捷、有效的方式。通过网络检索一项政府信息时，直接使用“百度”等搜索引擎得来的信息可能过于繁杂且权威性不足。一般来说，从中央到地方，每级政府（国、省、市、县）都有专门的政府门户网站；近些年在国务院的统一指导下，政府门户网站已经趋于统一化、标准化。我们登录任何一个政府门户网站，都可以先通过其内置搜索引擎进行检索（如图 4 – 1 所示）；当然，目前各地区的信息化建设程度尚有差异，如果通过内部检索查找不到我们需要的信息，还可以通过线上咨询等方式，直接向具体单位提出申请（如图 4 – 2 所示）；也可通过门户网站的“政府信息公开指南”栏目，具体了解申请信息公开的方式、途径和流程，通过该栏目也可以查到各个行政机关的办公地址、联系方式等。政府通过建设互联网信息平台，极大地便利了群众获取政府掌握的可以公开的信息。

---

① 《政府信息公开条例》第 29 条规定：公民、法人或者其他组织申请获取政府信息的，应当向行政机关的政府信息公开工作机构提出，并采用包括信件、数据电文在内的书面形式；采用书面形式确有困难的，申请人可以口头提出，由受理该申请的政府信息公开工作机构代为填写政府信息公开申请。政府信息公开申请应当包括下列内容：（1）申请人的姓名或者名称、身份证明、联系方式；（2）申请公开的政府信息的名称、文号或者便于行政机关查询的其他特征性描述；（3）申请公开的政府信息的形式要求，包括获取信息的方式、途径。

② 《政府信息公开条例》第 33 条规定：行政机关收到政府信息公开申请，能够当场答复的，应当当场予以答复。行政机关不能当场答复的，应当自收到申请之日起 20 个工作日内予以答复；需要延长答复期的，应当经政府信息公开工作机构负责人同意并告知申请人，延长的期限最长不得超过 20 个工作日。行政机关征求第三方和其他机关意见所需时间不计算在前款规定的期限内。

图4-1 北京市人民政府网"政务公开"栏目"检索功能"

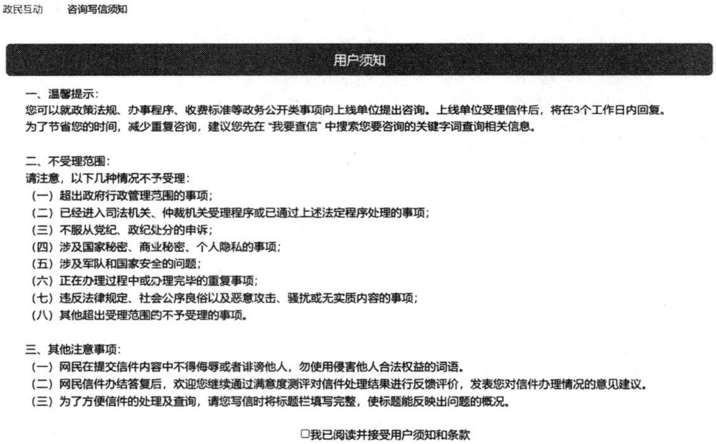
政民互动 咨询写信须知

用户须知

一、温馨提示:
您可以就政策法规、办事程序、收费标准等政务公开类事项向上线单位提出咨询。上线单位受理信件后,将在3个工作日内回复。
为了节省您的时间,减少重复咨询,建议您先在"我要查信"中搜索您要咨询的关键字词查询相关信息。

二、不受理范围:
请注意,以下几种情况不予受理:
(一)超出政府行政管理范围的事项;
(二)已经进入司法机关、仲裁机关受理程序或已通过上述法定程序处理的事项;
(三)不服从党纪、政纪处分的申诉;
(四)涉及国家秘密、商业秘密、个人隐私的事项;
(五)涉及军队和国家安全的问题;
(六)正在办理过程中或办理完毕的重复事项;
(七)违反法律规定、社会公序良俗以及恶意攻击、骚扰或无实质内容的事项;
(八)其他超出受理范围的不予受理的事项。

三、其他注意事项:
(一)网民在提交信件内容中不得侮辱或者诽谤他人,勿使用侵害他人合法权益的词语。
(二)网民信件办结答复后,欢迎您继续通过满意度测评对信件处理结果进行反馈评价,发表您对信件办理情况的意见建议。
(三)为了方便信件的处理及查询,请您写信时将标题栏填写完整,使标题能反映出问题的概况。

□我已阅读并接受用户须知和条款

图4-2 北京市人民政府网"政民互动"栏目"咨询写信须知"

此外,权利的不合理行使则是政府信息公开申请制度下的衍生问题。不合理利用政府信息公开申请权的行为会浪费政府资源;不仅无法保障政府信息公开申请权的实现,还会动摇信息公开制度之根本。因此,《政府信息公开条例》第35~36条对此种行为进行了一定规范,对于个别申请人反复多次申请政府信息公开的情况,规定了不予重复处理、要求说明理由等措施;第39条规定,对于申请人以政府信息公开申请的形式进行信访、投诉、举报等活动的,行政机关应当告知申请人通过相应渠道解决。

▶ 五、诚信者，天下之结也

既然政府的权力源于公民的委托，那么作为人民公仆的公务员，在接受、承担了公民所交付的任务后，理应尽职尽责、全心全意地努力完成任务。也就是说，政府与公民之间委托关系的存在既产生了政府权力，也明确了政府义务。政府基于委托关系必须按照诚信原则的要求，兑现其承诺：对人民负责，忠诚于民，取信于民。政府在行使国家行政权力、实施社会公共管理职能的过程中，应当奉行诚实守信的原则，规范和约束自身行为；这既是法治政府的必然要求，也是建设诚信社会的重要基础。公民出于对政府机关的信任，按照政府机关的意愿去行动，难免付出一定代价，也会形成一种信赖利益。这种信赖利益应当受到政府机关的尊重和保护；一旦受损，应予补救。这也是提高政府管理有效性的重要方面。①

所谓信赖保护原则，是指国家应该努力维护社会秩序的稳定，当公民信赖政府的行政行为并且这种信赖值得保护时，政府不得随意撤销、变更已经生效的行政决定；因国家利益、公共利益或者其他法定事由确实需要撤回或者变更行政决定的，应当依照法定权限和程序进行，并对因此受到财产损失的公民依法予以补偿。政府应遵守诚实信用原则，努力使其行为具有连续性、可预测性，不能随意改变已经颁布的政策。

只有政府讲诚信，政策才能够得到很好的执行，政令才能畅通，公众才能信赖政府，双方才能真诚合作、良性互动；如果政府诚信缺失，就会导致整个社会信用大厦的根基不牢，个人诚信和企业诚信也将偏离诚信之本。② 因此，政府应当率先垂范，树立诚信形象，建立政府与公民之间的信任关系，保护公民的信赖利益；这对推动整个社会信用的构建至关重要。

▶ 六、国家赔偿

国家赔偿制度最初起源于冤狱赔偿。1994 年 5 月 12 日，第八届全国人大

---

① 参见莫于川：《有限政府・有效政府・亲民政府・透明政府——从行政法治视角看我国行政管理体制改革的基本目标》，载《政治与法律》2006 年第 3 期。

② 参见石佑启：《论民法典时代的法治政府建设》，载《学术研究》2020 年第 9 期。

常委会第七次会议通过了《国家赔偿法》,标志着我国国家赔偿制度的正式建立。该法经过了2010年和2012年两次修改,已经趋于完善。国家赔偿,是指国家依照法律的规定,通过法定赔偿义务机关对国家机关工作人员违法行使职权,侵犯公民、法人和其他组织的合法权益所造成的损害进行的赔偿。国家赔偿主要包括行政赔偿、刑事赔偿以及非刑事司法赔偿。

国家赔偿责任构成要件,是指国家在什么情况下,具备什么样的条件,而应当向谁承担特定的赔偿责任。构成国家赔偿责任的一般要件如下:

第一,侵权主体必须是一定范围内的国家机关和国家机关工作人员。国家机关是广义的,不仅包括行政机关、司法机关,还包括法律、法规授权的组织(如律师协会、会计师协会等)和受行政机关委托的组织。

第二,侵权行为必须是在行使国家职权中发生的行为,即国家机关及其工作人员积极行使职权的行为或怠于履行职责的行为(不作为);[①]只有这样,受害人才能依法请求国家赔偿。例如,公安民警下班后,穿着制服去集贸市场买菜,后以小摊贩缺斤少两为由,与其发生口角,并殴打对方致其受伤。该民警的行为属于职务以外的个人行为,个人行为致他人受害的,不属于国家赔偿范畴。

第三,必须有法定的损害事实发生。国家负责赔偿的是合法权益的损害,通过不合法途径或者手段获得的非法利益(如走私车、违章建筑)不受法律保护;公权力行使造成非法利益损害的,国家不承担赔偿责任。[②] 换言之,在某些情况下,如果致害行为是合法的(如拆除违章建筑),即使公民、法人和其他组织的权益受到损害,受害人也不能请求国家赔偿。

第四,损害事实必须是国家机关或国家机关工作人员在行使职权中的行为所造成的。这一要件的实质是职权行为与损害事实之间必须具有因果关系。因果关系是任何侵权赔偿责任的要件之一,否则,致害人就不应承担赔偿责任。

延伸阅读

(一)行政审批制度改革

计划经济时期,行政审批曾经是政府管理职能最集中的体现。改革开放以

---

① 参见沈岿:《国家赔偿法:原理与案例》(第2版),北京大学出版社2017年版,第125页。

② 参见沈岿:《国家赔偿法:原理与案例》(第2版),北京大学出版社2017年版,第147页。

来,传统的行政审批制度已经不能满足经济快速发展的需要,无法与社会主义市场经济体制相匹配,因此,必须进行相应的体制革新。党中央和国务院通过厘清政府与市场的关系,还权于市场;通过行政审批制度改革,不断削减行政审批事项,约束权力,减少行政干预,防止权力滥用。约束权力的过程也是保障权利、赋权于民的过程,通过削减行政审批事项让公民和市场主体更自由,有利于激发市场活力和民众的创造力,真正实现“大众创业,万众创新”。

党的十八大以来,我国行政审批制度改革取得了一系列进展。① 与此同时,为全面激发市场和企业的活力,政府改“先证后照”为“先照后证”,将注册资本实缴登记制改为认缴登记制,同时,还将企业年检制度改为年度报告制度,并放宽了工商登记的条件。2017 年国务院开始推行“多证合一改革”,2021 年又在全国范围内实施涉企经营许可事项全覆盖清单管理,按照直接取消审批、审批改为备案、实行告知承诺、优化审批服务等四种方式分类推进审批制度改革。

大学生毕业后,无论是选择创业,还是选择成为企业职员,都会明显感受到简政放权给市场带来的活力与便捷,也能感受到政府优化营商环境的决心和努力。例如,注册资本改为认缴登记制,极大地减轻了大学生创业者进入市场的资金负担。

(二)“减证便民”行动

作为转变政府职能的重要举措,“减证便民”行动将一律取消没有法律法规依据的证明事项,进一步推动法治政府建设。2020 年,国务院开始全面推行“证明事项告知承诺制”,行政机关在办理有关许可登记等事项时,以书面形式将法律法规规定证明的义务或者证明条件一次性告知当事人,由申请人书面承诺已经符合这些条件、标准和要求,同时也愿意承担承诺不实的法律责任,行政机关就不再索要证明,直接予以办理。这意味着企业和群众可以免受各种“奇葩证明”的困扰,只要符合办事的前置条件,对相关证明事项作出承诺,就可以更便捷地把事情办好,既节约办事时间,也节约办事成本。

“无证明城市”改革

一些地方以告知承诺为核心,通过大数据支撑,探索打造“无证

① 参见《图表:白皮书:我国深入推进行政审批制度改革》,载中国政府网,http://www.gov.cn/xinwen/2017-12/15/content_5247416.htm。

明城市”。“无证明”不等于“零证明”,而是通过直接取消、告知承诺、数据查验和部门核验四种方式来实现“无证明”办理。金华市作为全国首个全面实施“无证明城市”的地级市,在其市域范围内,凡是需要居民、企业自己去政府部门、公用事业单位、服务机构开具的证明,一律免提交,金华市的“无证明城市”改革成效显著,如图 4－3 所示。①

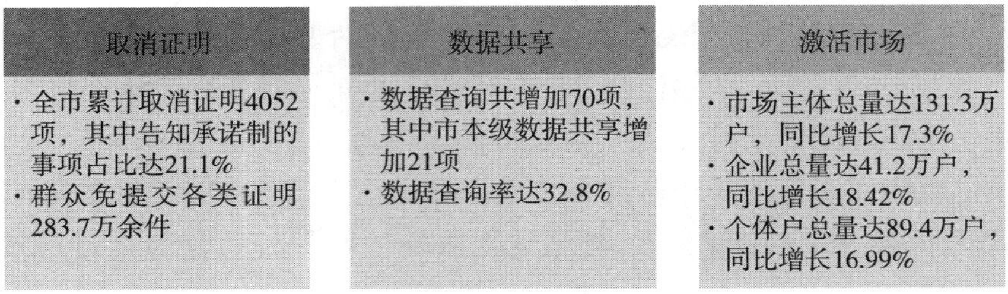

图 4－3　金华市开展“无证明城市”改革的成果

(三)有事找政府:线下“一站式”服务,线上“12345”

在线下,政府服务事项推行“一站式”服务。2014 年开始,国务院要求各地区各部门集中办理行政审批,实行一个部门一个窗口对外、一级地方政府“一站式”服务,减少环节,提高效率。各级政府针对投资审批、生产经营活动审批、资质资格许可和认定、评比达标表彰、评估等,依据《行政许可法》等有关法律规定,能省则省。《优化营商环境条例》第 36 条第 1 款将上述成果进一步规范化,要求政府及其有关部门办理政务服务事项,应当根据实际情况,推行当场办结、一次办结、限时办结等制度,实现集中办理、就近办理、网上办理、异地可办。

浙江省“最多跑一次”改革

2016 年年底,浙江省首次提出“最多跑一次”改革。它是通过“一窗受理、集成服务、一次办结”的服务模式创新,让企业和群众到政府办事实现“最多跑一次”的行政目标。浙江大学副校长罗建红亲历过“最多跑一次”带来的便利,2017 年夏天,他在杭州办理不动产转移登记业务,“原来需要跑 3 个窗口、至少 3 小时,现在 1 个窗口、不到半小

① 参见《大数据支撑“无证明城市”》,载中国经济网,http://www.ce.cn/cysc/tech/gd2012/202105/16/t20210516_36560622.shtml。

时就办好了”。“我们总投资23.9亿,35万方厂房,按照常例,过去至少要3年才能完成这样一个智能化工厂的建设。但是我们到全面投产仅用了短短15个月时间。”奥克斯集团有限公司董事长郑坚江就“最多跑一次”说:“良好的政府效能,营造出崇商、爱商、亲商的环境,激发了企业的奋斗精神和内驱力。”①

在线上,以“12345”为代表的市民服务热线蓬勃发展。发展至今,绝大部分城市已开通“12345”市民服务热线(有的地方叫“市长热线”“政府服务热线”),大部分省、市级政府制定出台“12345”市民热线的政策文件和实施方案,建立起管理制度、工作考核制度和监督问责制度等一系列制度体系。市民拨打“12345”,可以足不出户咨询政务服务办理流程,提出需要政府解决的合理诉求,对政府的相关工作提出意见和建议,对政府部门及其工作人员提出批评、投诉。

北京市“接诉即办”改革②

“接诉即办”依托“12345”市民服务热线,同时对其业务、功能、流程和机制进行全面变革,使之成为超大城市治理中政府与民众有效互动的北京样本。“一号响应”是“接诉即办”最大特点,2019年以来,北京市已经整合51条全市政府服务热线,将全市16个区、338个街道乡镇、市级部门和公共服务企业全部接入“12345”热线平台系统,实现了企业和群众诉求全口径的统一。在“一号响应”的基础之上,“接诉即办”通过直接派单在事件办理上下功夫,让民众的诉求得到有效解决。北京市通过“12345”市民热线电话,建立了一个民众直接找政府、一次找政府的渠道和机制,这是更深层次的“以人民为中心”。

(四)电子政务服务平台

针对群众办事来回跑、环节多、材料多、政府服务效率低等问题,由国务院办公厅牵头出台了建立政务服务“好差评”制度,实现公安、市场监管、住房和城乡建设、税务、司法行政、民政等部门信息共享集成。在产业服务方面,政府

① 《聚焦浙江“最多跑一次”:“刀刃向内”造就改革样本》,载中国新闻网,http://www.chinanews.com/sh/2018/03-30/8479945.shtml。

② 参见李文钊:《“接诉即办”的北京经验》,载《北京日报》2020年12月21日,第13版。

积极推动“互联网+”的民生服务体系，积极促进民生服务领域的改革。大力发展养老、托幼、家政和“互联网+教育”“互联网+医疗”等服务。在“放管服”改革过程中，以电子政务平台为代表的现代化政务信息服务网络提升了政府服务社会的能力，电子政务平台正在蓬勃发展。

第五章
我和政府

* 我需要办证：行政许可
* 我需要救助：行政给付
* 违法要被罚：行政处罚
* 违建被强拆：行政强制

▶ 一、我需要办证：行政许可

公民、法人或者其他组织如果希望从事特定的活动，则需要获得政府的批准。那么，哪些从业资格需要政府批准以及如何取得批准？我国《行政许可法》对此专门作出了规定。行政许可，是指行政机关根据公民、法人或者其他组织的申请，经依法审查，准予其从事特定活动的行为。行政许可在社会生活中广泛存在，是行政主体管理经济社会事务的一项重要手段。

常见的行政许可有以下几类：

1. 准予公民、法人或者其他组织从事直接涉及国家安全、公共安全、经济宏观调控、生态环境保护以及直接关系到人身健康、生命财产安全等特定活动的事项，如机动车驾驶证、旅行社经营许可证。

2. 赋予公民、法人或者其他组织从事有限自然资源开发利用、公共资源配置以及直接关系公共利益的特定行业的市场准入等权利的事项，一般情况下可以称为“特许”，如高速公路经营许可、采矿权和探矿权许可。

3. 有关确定资格、资质方面的事项，如法律职业资格证、注册会计师证书。

4. 对特定物的检测、检验和检疫的事项。例如，我们在电梯轿厢内可以看到对于该部电梯的“特种设备使用标志”。

5. 有关组织的设立需确定主体资格的事项。这是有关企业或者社会组织（如社会团体）设立的行政登记制度，最典型的便是企业营业执照。

行政许可的获取需要公民、法人或者其他组织通过法定程序进行申请。行政许可的一般程序按照先后顺序分为申请、受理、审查、决定。在政府及其部门的网站上，通常都可以看到行政许可的流程图。

▶ 二、我需要救助：行政给付

社会生活中，难免遇到困难。如果我们遇到困难，在哪些情况下可以获得政府的帮助呢？这涉及行政给付制度。我国常见的行政给付制度主要包括行政救助、行政补助、行政保障。

（一）行政救助

行政救助制度分为灾害救济制度和社会救济制度两大类。

灾害救济制度，包括洪涝灾害救济、防震减灾救济、地质灾害救济、森林火灾救济、突发公共卫生事件救济等。例如,《防洪法》第47条第1款规定:“发生洪涝灾害后,有关人民政府应当组织有关部门、单位做好灾区的生活供给、卫生防疫、救灾物资供应、治安管理、学校复课、恢复生产和重建家园等救灾工作以及所管辖地区的各项水毁工程设施修复工作。水毁防洪工程设施的修复,应当优先列入有关部门的年度建设计划。”其中,在生活供给、卫生防疫、救济物资供应、恢复生产和重建家园方面,有关人民政府及其相关部门承担大量行政给付职责。最典型的便是新冠肺炎疫情期间,各级财政对于突发公共卫生事件的财政投入。正如《抗击新冠肺炎疫情的中国行动》白皮书中披露的那样,实施患者免费救治,及时预拨疫情防控资金,确保患者不因费用问题影响就医,确保各地不因资金问题影响医疗救治和疫情防控。截至2020年5月31日,全国各级财政共安排疫情防控资金1624亿元。及时调整医保政策,明确确诊和疑似患者医疗保障政策,对确诊和疑似患者实行“先救治,后结算”。对新冠肺炎患者(包括确诊和疑似患者)发生的医疗费用,在基本医保、大病保险、医疗救助等按规定支付后,个人负担部分由财政给予补助。异地就医医保支付的费用由就医地医保部门先行垫付。截至2020年5月31日,全国确诊住院患者结算人数5.8万人次,总医疗费用13.5亿元,确诊患者人均医疗费用约2.3万元。其中,重症患者人均治疗费用超过15万元,一些危重症患者治疗费用几十万元甚至上百万元,全部由国家承担。①

社会救济制度,主要包括对城市生活无着的流浪乞讨人员救助和农村特困户救济。例如,根据《城市生活无着的流浪乞讨人员救助管理办法》第2条、第7条的规定,县级以上地方人民政府应当根据需要设立流浪乞讨人员救助站。救助站对流浪乞讨人员的救助是一项临时性社会救助措施。它应当提供符合食品卫生要求的食物和符合基本条件的住处;对在站内突发急病的,及时送医院救治,帮助与其亲属或者所在单位联系;对没有交通费返回其住所地或者所在单位的,提供乘车凭证。农村特困户救济包括对“五保户”的生活保障。特困人员可以申请救助供养,具体流程见图5-1。

---

① 参见国务院新闻办公室:《抗击新冠肺炎疫情的中国行动》,载中国政府网,http://www.gov.cn/zhengce/2020-06/07/content_5517737.htm。

· 办事流程：

（一）申请特困人员救助供养，由本人向户籍所在地乡镇人民政府（街道办事处）提出书面申请，按规定提交相关材料；本人申请有困难的，可以委托村（居）民委员会或者他人代为提出申请。申请人及其法定义务人应当履行授权核查家庭经济状况的相关手续。

（二）乡镇人民政府（街道办事处）应当自受理申请之日起15个工作日内，通过入户调查、邻里访问、信函索证、信息核对等方式，对申请人的经济状况、实际生活状况以及赡养、抚养、扶养状况等进行调查核实，提出初审意见。初审意见在申请人所在村（社区）公示后，无异议的，报县级人民政府民政部门。申请人及有关单位、组织或者个人应当配合调查，如实提供有关情况。

（三）县级人民政府民政部门应当全面审核乡镇人民政府（街道办事处）上报的申请材料、调查材料和初审意见，按照不低于30%的比例随机抽查核实，并在15个工作日内提出确认意见。对符合条件的申请予以确认，建立救助供养档案，从确认之日下月起给予救助供养待遇，并通过乡镇人民政府（街道办事处）在申请人所在村（社区）公布；对不符合条件、不予同意的，应当在作出决定3个工作日内，书面告知申请人或者其代理人并说明理由。

图 5－1　特困人员救助供养申请流程①

（二）行政补助

行政补助制度由行政补贴制度、行政助长制度两大类组成。前者包括对不可移动文物保护的补贴、扑救森林火灾人员医疗与抚恤、粮食生产补贴、增加农民收入的补贴、促进就业补贴。例如，《文物保护法》第 21 条规定，非国有不可移动文物有损毁危险，所有人不具备修缮能力的，当地人民政府应当给予帮助。其中的财物性帮助属于行政给付。后者包括国家助学贷款、义务教育经费。例如，《义务教育法》第 42 条第 1 款规定，义务教育经费全面纳入财政保障范围，由国务院和地方各级人民政府依照该法规定予以保障。

（三）行政保障

行政保障制度，是指行政机关在相对人存在年老、疾病或丧失劳动能力等情况，以及其他特殊情况下，依照有关法规规定，赋予其实质利益的制度。这是我国目前法律法规数量最多并且较成熟的制度。但是我国尚没有统一的保障法，各类制度渊源分散于《残疾人保障法》《妇女权益保障法》《老年人权益保障法》《国务院关于安置老弱病残干部的暂行办法》《国务院关于工人退休、退职的暂行办法》《国务院关于老干部离职休养的暂行规定》《城市居民最低生活保障条例》等规范之中。

---

①　参见《特困人员救助供养申请》，载民政一体化政务服务平台，https://zwfw.mca.gov.cn/#/minutia?_modulePartId_=1&azkx5000=18498303490c4f71bbbb9f0dc3a8162a&changeText=%E6%B0%91%E6%94%BF%E9%83%A8%E4%B8%AA%E4%BA%BA%E6%9C%8D%E5%8A%A1&index=2，最后访问时间：2021 年 7 月 10 日。

行政保障制度是当前行政给付制度中较成熟的部分。行政保障的形式种类较多、分类较细，一般包括：发给牺牲、病故的军人、警察以及国家公务人员家属的抚恤金；革命残疾军人的抚恤金；烈军属、复员退伍军人的生活补助费等；退职人员的离退休金；对低于最低生活保障标准的城市居民提供生活保障费；对于工伤人员工伤保险给付等。例如，退休金，即我们社会保障制度中的“养老保险制度”，便是行政保障制度中的重要组成部分。党的十八大以来，我国基本建成覆盖全民、城乡统筹、权责清晰、保障适度、可持续的多层次社会保障体系。截至 2021 年 3 月底，我国基本养老保险参保人数达 10.07 亿人，基本养老保险参保率超过 90%。①

三、违法要被罚：行政处罚

（一）什么是行政处罚

《行政处罚法》于 1996 年 3 月 17 日第八届全国人民代表大会第四次会议通过，而后经 2009 年、2017 年两次修正以及 2021 年修订，是我国最早的以行政行为命名的法律，与其他两部以行政行为命名的《行政许可法》《行政强制法》并称为我国“行政三法”。

行政处罚的方式包括：（1）警告、通报批评；（2）罚款、没收违法所得、没收非法财物；（3）暂扣许可证件、降低资质等级、吊销许可证件；（4）限制开展生产经营活动、责令停产停业、责令关闭、限制从业；（5）行政拘留；（6）法律、行政法规规定的其他行政处罚。以下选取常见的四种行政处罚予以介绍。

1. 警告

L 公司未在其经营场所大厅内显著位置悬挂警示标志并注明公安部门举报电话，B 市 C 区公安分局根据《娱乐场所管理条例》，决定对 L 公司处以警告的行政处罚。②

警告按照学理分类属于申诫罚，即通过对违法行为人声誉、荣誉、信誉等施

① 参见《健全多层次养老保险体系》，载人力资源和社会保障部网，http://www.mohrss.gov.cn/xxgk2020/fdzdgknr/zcjd/zcjdwz/202107/t20210713_418347.html。

② 参见北京市公安局朝阳分局行政处罚决定书，京公朝行罚决字〔2021〕56162 号。

加影响，引起其精神上的警惕，使其不再违法的处罚形式，如上述案例中 B 市 C 区公安分局根据《娱乐场所管理条例》作出的处罚。根据《治安管理处罚法》第 91 条的规定，警告的治安管理处罚决定既可以由县级以上公安机关作出，也可以由派出所作出。该法第 97 条规定，公安机关作出治安管理处罚决定的，应当向被处罚人宣告治安管理处罚决定书，并当场交付被处罚人；无法当场向被处罚人宣告的，应当在 2 日内送达被处罚人；有被侵害人的，公安机关应当将决定书副本抄送被侵害人。

2. 罚款

张某未采用牵引绳牵等方式约束犬只，携犬出户散步，Z 省 H 市 C 县综合行政执法局根据《H 市文明行为促进条例》，决定对 Z 某处以罚款 60 元的行政处罚。[①]

阿里巴巴集团利用市场支配地位，没有正当理由对交易相对人进行排他性限制，国家市场监督管理总局根据《反垄断法》，决定对阿里巴巴集团处以罚款 182.28 亿元的行政处罚。[②]

罚款按照学理分类属于财产罚，即针对违法行为人财产权益的处罚措施，通过削减其财产进行惩处。如上述案例中，Z 省 H 市 C 县综合行政执法局根据《H 市文明行为促进条例》作出的处罚和国家市场监督管理总局根据《反垄断法》作出的处罚。[③] 对于罚款，《行政处罚法》中有如下特别规定：第一，第 29 条规定，对当事人的同一个违法行为，不得给予两次以上罚款的行政处罚。同一个违法行为违反多个法律规范应当给予罚款处罚的，按照罚款数额高的规定处罚。这是“一事不再罚”的具体体现。第二，第 67 条第 1 款规定，作出罚款决定的行政机关与收缴罚款的机构分离，即作出行政处罚的行政机关及其执法人员不得自行收缴罚款，当事人应当到指定的银行或者通过电子支付系统缴纳罚款。当然，在特殊情况下，执法人员可以当场收缴罚款：(1)依法给予 100 元以下罚款的；(2)不当场收缴事后难以执行的。为了方便当事人，在边远、水上、交通不便地区，当事人到指定的银行或者通过电子支付系统缴纳罚款确有困难，经当事人提出，行政机关及其执法人员可以当场收缴罚款。行政机关及其

---

① 参见浙江省湖州市长兴县综合行政执法局行政处罚决定书，湖长综执〔2021〕罚决字第 11－0193 号。

② 参见国家市场监督管理总局行政处罚决定书，国市监处〔2021〕28 号。

③ 参见国家市场监督管理总局行政处罚决定书，国市监处〔2021〕28 号。

执法人员当场收缴罚款的,必须向当事人出具国务院财政部门或者省、自治区、直辖市人民政府财政部门统一制发的专用票据;不出具财政部门统一制发的专用票据的,当事人有权拒绝缴纳罚款。

3. 吊销许可证件

吊销许可证件按照学理分类属于行为罚,即针对违法行为人某种行为能力的处罚措施,对此种行为能力进行限制或剥夺,使其不能进行某种行为。在生活中,驾驶证是一种典型行政许可证件。根据《道路交通安全法》第 91 条的规定,机动车驾驶人因饮酒后驾驶机动车被处罚,再次饮酒后驾驶机动车的,吊销机动车驾驶证。此处的吊销机动车驾驶证即是一种吊销许可证件的行政处罚。我国《行政处罚法》对吊销许可证或者执照,《治安管理处罚法》对吊销许可证,分别规定了听证程序,以确保慎重使用该处罚形式,保护相对人的合法权益。

4. 行政拘留

刘某在道路上驾驶机动车超过规定时速 50% 行驶,Z 省 H 市 J 区公安分局根据《道路交通安全法》,决定对 L 某处以行政拘留 7 日的行政处罚。①

行政拘留按照学理分类属于人身自由罚,即针对公民人身自由权利的处罚措施,能在一定时间内限制或剥夺公民人身自由,如上述案例中 Z 省 H 市 J 区公安分局根据《道路交通安全法》作出的处罚。② 行政拘留是最严厉的一种行政处罚,通常适用于严重违反治安管理但不构成犯罪,而警告、罚款处罚不足以惩戒的情况。行政拘留裁决权属于县级以上公安机关。拘留期限一般为 10 日以内,较重的不超过 15 日;拘留处罚合并执行的,最长不超过 20 日。行政拘留决定宣告后,在申请行政复议和行政诉讼期间,被处罚的人及其亲属找到担保人或者按规定交纳保证金的,可申请行政主体暂缓执行行政拘留。

(二)哪些机关有权处罚

行政处罚的实施机关是法定的。也就是说,行政处罚的实施者必须是法律

---

① 参见浙江省杭州市公安局江干区分局行政处罚决定书,杭江公(高杭直)行罚决字〔2016〕14328 号。

② 参见浙江省杭州市公安局江干区分局行政处罚决定书,杭江公(高杭直)行罚决字〔2016〕14328 号。

规定有处罚权的机关。同时，各机关亦应当各司其职，在法律规定的权限范围内履职；而不能越俎代庖，行使其他机关的处罚权。例如，税务部门对交通违法行为进行处罚，便是超出权限行使处罚权，违反了实施主体法定原则。行政处罚的实施机关分为三类：

1. 具有行政处罚权的行政机关实施行政处罚。这是行政处罚的常态，如各级人民政府、公安部门、环境行政部门等。根据《行政处罚法》第18条的规定，国家在城市管理、市场监管、生态环境、文化市场、交通运输、应急管理、农业等领域推行建立综合行政执法制度，相对集中行政处罚权。国务院或者省、自治区、直辖市人民政府可以决定一个行政机关行使有关行政机关的行政处罚权。限制人身自由的行政处罚权只能由公安机关和法律规定的其他机关行使。

2. 法律、法规授权的具有管理公共事务职能的组织实施行政处罚。这些组织，是指非国家行政机关的组织，它们只有在行使法律、法规所授行政职能时，才享有国家行政权力和承担行政法律责任；在非行使法律、法规所授行政职能时，它们只是一般的社会公权力组织或一般的民事主体。① 根据我国现行法律、法规授权的情况，大致有以下组织可以实施行政处罚：基层群众自治组织、行业组织、工青妇等社会团体、事业单位与企业组织、行政机关的内设机构和派出机构。

3. 行政机关依照法律、法规、规章的规定委托符合条件的组织实施行政处罚。受委托组织必须符合以下条件：第一，依法成立并具有管理公共事务的职能；第二，有熟悉有关法律、法规、规章和业务并取得行政执法资格的工作人员；第三，需要进行技术检查或者技术鉴定的，应当有条件组织进行相应的技术检查或者技术鉴定。委托行政机关应当对受委托组织实施行政处罚的行为负责监督，并对该行为的后果承担法律责任。受委托组织在委托范围内，以委托行政机关名义实施行政处罚；委托行政机关不得再委托其他组织或者个人实施行政处罚。

（三）当事人的权利要保障

在行政处罚实施过程中，国家机关需要充分保障当事人的合法权利，包括陈述权、申辩权、申请复议权、提起诉讼权以及赔偿、补偿请求权等。对行政机关而言，这是一种义务，也是对行政权力的限制。例如，当事人的听证权利。行政机关拟作出下列行政处罚决定，应当告知当事人有要求听证的权利，当事人

① 参见姜明安主编：《行政法与行政诉讼法》（第6版），北京大学出版社2015年版，第112页。

要求听证的,行政机关应当组织听证:(1)较大数额罚款;(2)没收较大数额违法所得、没收较大价值非法财物;(3)降低资质等级、吊销许可证件;(4)责令停产停业、责令关闭、限制从业;(5)其他较重的行政处罚;(6)法律、法规、规章规定的其他情形。当事人不承担行政机关组织听证的费用。

听证应当依照以下程序组织:(1)当事人要求听证的,应当在行政机关告知后5日内提出。(2)行政机关应当在举行听证的7日前,通知当事人及有关人员听证的时间、地点。(3)除涉及国家秘密、商业秘密或者个人隐私依法予以保密外,听证公开举行。(4)听证由行政机关指定的非本案调查人员主持;当事人认为主持人与本案有直接利害关系的,有权申请回避。(5)当事人可以亲自参加听证,也可以委托1~2人代理。(6)当事人及其代理人无正当理由拒不出席听证或者未经许可中途退出听证的,视为放弃听证权利,行政机关终止听证。(7)举行听证时,调查人员提出当事人违法的事实、证据和行政处罚建议,当事人进行申辩和质证。(8)听证应当制作笔录。笔录应当交当事人或者其代理人核对无误后签字或者盖章。当事人或者其代理人拒绝签字或者盖章的,由听证主持人在笔录中注明。

王某饮酒后驾驶机动车被查获,经查酒精呼气值为52mg/100ml,H县交警大队遂告知王某拟作出罚款1300元的行政处罚,但最终的行政处罚决定为罚款1300元,暂扣机动车驾驶证6个月。于是,王某以交警大队告知处罚内容错误为由提起诉讼。法院认为,行政处罚决定书上的处罚内容与行政处罚前事先告知的不一致,剥夺了王某对实际处罚事项的知情权,视为未告知王某陈述和申辩权,故交警大队作出的行政处罚违反法定程序,依法应予撤销。①

在此案例中,虽然王某饮酒后驾驶机动车是违法行为,但因为交警部门作出的行政处罚决定书上的处罚内容与其事先告知的不一致,所以行政处罚最终被撤销。告知义务是正当程序原则的要求,同时也是《行政处罚法》规定的行政机关作出行政处罚时的法定程序义务。告知义务要求行政机关作出行政处罚前准确告知违法行为、处罚依据和拟作出的处罚决定,以充分保障相对人陈述、申辩的权利;行政机关不履行告知义务可能影响行政处罚决定的公正性,因此属于程序违法。具体的行政处罚事先告知书见图5-2。

① 参见福建省泉州市鲤城区人民法院行政判决书,(2020)闽0502行初321号。

行政处罚（处理）事先告知书

编号：____教罚各字〔　〕第____号

______________________：

你（单位）因____________________，违反了《××法》第×条、第×款、第X项____________________的规定，依据《中华人民共和国行政处罚法》第三十一条和《××法》第×条、第×款、第×项，本机关拟对你（单位）作出行政处罚（处理），处罚（处理）的事实、理由、依据及处罚内容如下：

根据《中华人民共和国行政处罚法》第六条第一款、第三十二条的规定，你（单位）有权进行陈述和申辩。请你（单位）自收到本告知书之日起____日内向本机关提出陈述和申辩，逾期未提出的，视为放弃此权利。

行政机关名称（印章）

年　月　日

单位地址：____________________邮政编码：______________

联 系 人：____________________联系电话：______________

图 5－2　江苏省教育厅公布的行政处罚事先告知书（样式）

▶ 四、违建被强拆：行政强制

（一）什么是行政强制措施

如果被处罚人企图毁灭证据或者转移财产，拒绝执行处罚决定，行政机关可以采取行政强制。《行政强制法》于2011年6月30日第十一届全国人民代表大会常务委员会第二十一次会议通过，规范行政强制的设定和实施，保障和监督行政机关有效实施行政管理，维护公共利益和社会秩序，保护公民、法人或者其他组织的合法权益。

行政强制包括行政强制措施和行政强制执行。行政强制措施包括：（1）限制公民人身自由；（2）查封场所、设施或者财物；（3）扣押财物；（4）冻结存款、汇款；(5)其他行政强制措施。《行政强制法》的分类标准是行政强制措施的对象；其中，限制公民人身自由的对象是人体或人身自由，例如，公安机关对于有非法出境入境嫌疑的人员实施拘留审查。

我国法律上有四种类型的拘留，分别是行政处罚、行政强制措施、刑事拘留和司法拘留（如表 5－1 所示），其区别主要在于性质和目的。从行为性质看，作为行政处罚和行政强制措施的拘留是行政行为，实施机关是行政机关；而刑事拘留和司法拘留是司法行为，实施机关是公安机关、检察机关、审判机关等司法机关。从行为目的看，作为行政处罚的拘留和司法拘留均体现出惩戒性：作为行政处罚的拘留是对违反行政管理秩序的行为的惩戒，司法拘留则是对违反诉讼秩序的行为的惩戒，例如，人民法院对拒不协助人民法院执行生效判决的“老赖”实施司法拘留。与之相反，作为行政强制措施的拘留和刑事拘留并不具有惩戒性，而是在相应的行政违法行为或刑事犯罪行为的事实尚未查清，尚不足以作出下一步决定时，为方便查清事实、防止危害扩大而采取的暂时性控制。

表 5－1　法律上的四种拘留

类型	实施机关	依据	期限	救济
行政处罚	行政机关	《行政处罚法》	依照法律规定	行政复议、行政诉讼
行政强制措施	行政机关	《行政强制法》	依照法律规定	行政复议、行政诉讼
刑事拘留	公安机关、检察机关（人民检察院）	《刑事诉讼法》	一般为 14 日，最长不超过 37 日	申诉、控告
司法拘留	审判机关（人民法院）	《民事诉讼法》 《行政诉讼法》 《刑事诉讼法》	15 日以下	司法复议

查封场所、设施或者财物，扣押财物，冻结存款、汇款的对象是公民的各种财产和所有物，如厂房、生产设备、驾驶证、银行存款等。实施这三种类型的行政强制措施的前提是对象与违法行为具备关联性。

温某未取得水上水下施工作业许可证，非法从事水上施工活动，在 Y 市地方海事局先后以责令改正通知书、停改通知、行政处罚事前告知书等责令温某停止作业后，温某仍继续违法作业，Y 市地方海事局遂作出行政强制措施决定书，决定对温某用于作业的浮吊实施暂扣

1 个月的行政强制措施。但 Y 市地方海事局的执法人员在执法过程中还暂扣了浮吊船员的手机。①

在此案例中，温某非法从事水上施工活动，从事施工活动的浮吊属于与违法行为相关的设备，因此，Y 市地方海事局在实施法定程序后可以依法予以暂扣。但是，一方面，Y 市地方海事局并未对浮吊船员的手机实施行政强制措施的法定程序，另一方面，浮吊船员的手机与温某非法从事水上施工活动并无关联；因此，暂扣手机的行为违法。

（二）行政强制执行

行政强制执行的方式包括：（1）加处罚款或滞纳金；（2）划拨存款、汇款；（3）拍卖或者依法处理查封、扣押的场所、设施或者财物；（4）排除妨碍、恢复原状；（5）代履行；（6）其他强制执行方式。其中需要特别注意的是加处罚款或滞纳金和代履行。

1. 加处罚款或滞纳金

加处罚款或滞纳金是最常见的行政强制执行方式（见图 5－3），是指通过对逾期不履行缴纳罚款等金钱给付义务的当事人施加额外的金钱惩罚，督促相对人尽快履行义务的执行方式。在理论上，这种方式被称为“执行罚”，但执行罚因其目的在于督促履行义务而非惩戒违法行为，其只是实现目的的手段，因此区别于行政处罚。

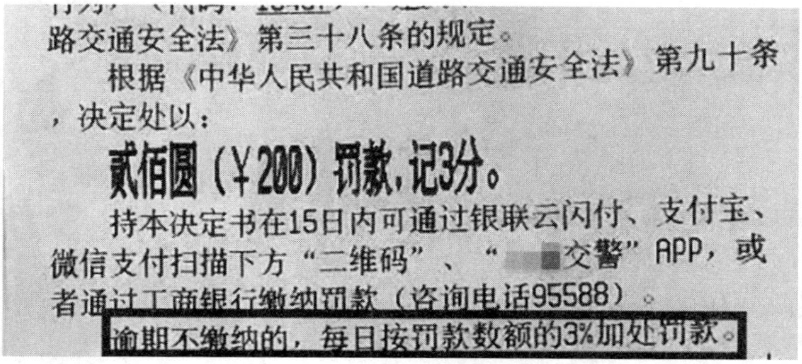
路交通安全法》第三十八条的规定。
根据《中华人民共和国道路交通安全法》第九十条，决定处以：
贰佰圆（￥200）罚款，记3分。
持本决定书在15日内可通过银联云闪付、支付宝、微信支付扫描下方“二维码”、“交警”APP，或者通过工商银行缴纳罚款（咨询电话95588）。
逾期不缴纳的，每日按罚款数额的3%加处罚款。

图 5－3　交通行政处罚决定书上的加处罚款条款

① 参见武汉海事法院行政判决书，（2018）鄂 72 行初 72 号。

2006 年 7 月，郑州市 49 万元天价滞纳金案引发了全国热议。一辆号牌为豫 A×××××的吊车，自 2003 年 2 月 1 日被查扣起，应缴纳养路费本金 59,040 元、罚款 177,120 元，交客附加费本金 22,960 元，运管费本金 7872 元、罚款 1000 元。但上述款项一直未缴纳，直至 2006 年再次被查获时，上述三项本金共产生了 49 万元的滞纳金，是应缴本金和罚款的 1.5 倍之余。①

加处罚款或滞纳金的特点在于持续性，因此，当相对人持续不履行金钱给付义务时，加处罚款或滞纳金的数额会随时间累加。但是，执行罚仅为一种督促手段。在加处罚款或滞纳金的数额不断累加的情况下，如果相对人仍然不履行金钱给付义务，行政强制执行明显无法通过外部督促的方式实现；此时，行政机关应当及时通过直接强制或申请人民法院强制执行的方式完成执行（见图 5－4）。这也是法治政府的内在要求。2011 年通过的《行政强制法》第 45 条第 2 款亦规定，加处罚款或者滞纳金的数额不得超过金钱给付义务的数额。将加处罚款或滞纳金的数额限制在金钱给付义务的数额之内，体现了加处罚款或滞纳金作为执行方式而非处罚方式的本质。

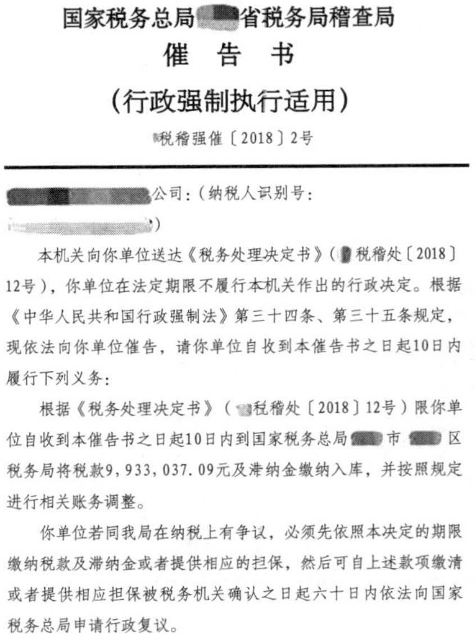

国家税务总局[redacted]省税务局稽查局

催　告　书

（行政强制执行适用）

[redacted]税稽强催〔2018〕2号

[redacted]公司：（纳税人识别号：[redacted]）

本机关向你单位送达《税务处理决定书》（[redacted]税稽处〔2018〕12号），你单位在法定期限不履行本机关作出的行政决定。根据《中华人民共和国行政强制法》第三十四条、第三十五条规定，现依法向你单位催告，请你单位自收到本催告书之日起10日内履行下列义务：

根据《税务处理决定书》（[redacted]税稽处〔2018〕12号）限你单位自收到本催告书之日起10日内到国家税务总局[redacted]市[redacted]区税务局将税款9,933,037.09元及滞纳金缴纳入库，并按照规定进行相关账务调整。

你单位若同我局在纳税上有争议，必须先依照本决定的期限缴纳税款及滞纳金或者提供相应的担保，然后可自上述款项缴清或者提供相应担保被税务机关确认之日起六十日内依法向国家税务总局申请行政复议。

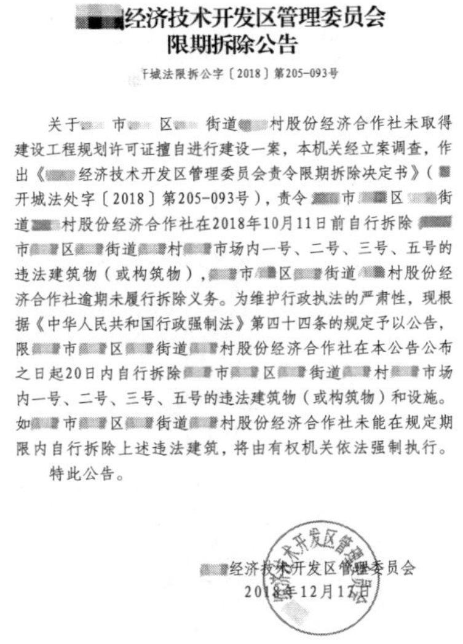

[redacted]经济技术开发区管理委员会
限期拆除公告

[redacted]开城法限拆公字〔2018〕第205-093号

关于[redacted]市[redacted]区[redacted]街道[redacted]村股份经济合作社未取得建设工程规划许可证擅自进行建设一案，本机关经立案调查，作出《[redacted]经济技术开发区管理委员会责令限期拆除决定书》（[redacted]开城法处字〔2018〕第205-093号），责令[redacted]市[redacted]区[redacted]街道[redacted]村股份经济合作社在2018年10月11日前自行拆除[redacted]市[redacted]区[redacted]街道[redacted]村[redacted]市场内一号、二号、三号、五号的违法建筑物（或构筑物），[redacted]市[redacted]区[redacted]街道[redacted]村股份经济合作社逾期未履行拆除义务。为维护行政执法的严肃性，现根据《中华人民共和国行政强制法》第四十四条的规定予以公告，限[redacted]市[redacted]区[redacted]街道[redacted]村股份经济合作社在本公告公布之日起20日内自行拆除[redacted]市[redacted]区[redacted]街道[redacted]村[redacted]市场内一号、二号、三号、五号的违法建筑物（或构筑物）和设施。如[redacted]市[redacted]区[redacted]街道[redacted]村股份经济合作社未能在规定期限内自行拆除上述违法建筑，将由有权机关依法强制执行。

特此公告。

[redacted]经济技术开发区管理委员会
2018年12月17日

图 5－4　行政强制执行催告书（左）和房屋限期拆除公告（右）

① 参见韩俊杰：《郑州 49 万元天价滞纳金引发争议》，载中国青年报网，http://zqb.cyol.com/content/2006－08/08/content_1471336.htm。

2. 代履行

代履行，是指相对人不履行行政法义务时，行政机关自己或委托第三人代为履行，再向相对人征收代履行费用的执行方式。

D公司未经许可私自搭建违法建筑，侵占河道蓝线及实体河道，影响河道安全，S市P区Z镇人民政府立即实施代履行，将D公司的违法建筑拆除。①

从此案例可以看出，行政机关实施代履行的条件是，首先，相对人应当履行的义务是排除妨碍、恢复原状等行为义务；其次，该项义务由他人代为履行可以达到与相对人自己履行相同的目的；最后，相对人不履行义务可能带来危害交通安全、造成环境污染或者破坏自然资源的后果，如果遗洒物、障碍物、污染物在道路、河道、航道或者公共场所需要立即清除的，行政机关可以决定立即实施代履行。

不过，在实践中，个别行政机关为规避房屋强制拆除的公告程序，以代履行之名实施行政强制执行。

2011年，D某未经规划审批搭建亭棚一座。2020年，Q市综合行政执法局在先后向D某作出限期拆除违法建设决定书、代为拆除违法建设催告书、履行代为拆除违法建设决定催告书后，未经公告即组织相关人员对案涉亭棚予以拆除。②

在此案例中，Q市综合行政执法局主张其依据代履行的强制执行权强制拆除房屋，且已经履行催告义务，因此强制拆除行为合法。然而，D某的亭棚于2011年搭建，Q市综合行政执法局直至2020年才实施代履行，D某的亭棚即使属于违法建筑，从客观上看也并不具备“危害交通安全、造成环境污染或者破坏自然资源”的风险，因此，对案涉亭棚进行强制拆除时仍应按照《行政强制法》的规定履行公告义务，Q市综合行政执法局未履行此义务构成程序违法。

① 参见上海市浦东新区人民法院行政判决书，(2016)沪0115行初887号。

② 参见江苏省南通市中级人民法院行政判决书，(2021)苏06行终124号。

延伸阅读

比例原则是行政法的基本原则。我国尚未在立法层面上确定比例原则，但其在行政执法和行政诉讼过程中被广泛运用，并且一般被运用于对损益行政行为的合理性判断中。比例原则的确立，是行政行为从形式合法性到形式合法性兼实质合理性的标志，也是我国法治建设从形式法治迈向实质法治的缩影。

学理上一般认为，比例原则有广义和狭义之分，广义的比例原则包括三项子原则，即适当性原则、必要性原则和均衡性原则。适当性原则，是指行政机关为了实现特定行政目的或目标而实施的行政行为必须有助于实现特定行政目的；必要性原则，是指行政机关在数种可供选择的行政行为中，应当选择对相对人权益损害最小的行政行为，因此，必要性原则也被称为“最小损害原则”；均衡性原则，是指行政机关在实施行政行为前，应当在行政行为可以实现的行政目的与其可能对相对人权益造成的损害间进行衡量，只有可能实现的利益大于可能造成的损害时才能实施。均衡性原则即狭义的比例原则。①

在汇丰公司与哈尔滨市规划局行政处罚决定纠纷一案中，②最高人民法院在二审判决中指出，汇丰公司未全部取得建设工程规划许可证即建设房屋，对哈尔滨市中央大街保护建筑“外文书店”造成遮挡，影响了哈尔滨市城市总体规划，应予处罚；哈尔滨市规划局作出的行政处罚决定中确定的拆除面积明显超过可能对哈尔滨市中央大街保护建筑“外文书店”造成遮挡的面积，虽未违反法律规定，但不符合“以达到行政执法目的和目标为限，尽可能使相对人的权益遭受最小的侵害”的要求。因此，黑龙江省高级人民法院变更处罚决定、减少拆除面积并无不当。最高人民法院在本案中并未提及“比例原则”或“最小损害原则”，但一般认为，本案是最高人民法院就“最小损害原则”适用所确立的重要判决，此后许多讨论比例原则的文章亦从本案展开。因此，本案也被视为“比例原则”的里程碑式判决。③

---

① 参见姜明安主编：《行政法与行政诉讼法》（第6版），北京大学出版社2015年版，第73～74页。

② 参见最高人民法院行政判决书，（1999）行终字第20号。

③ 参见章剑生、胡敏洁、查云飞主编：《行政法判例百选》，法律出版社2020年版，第23页。

第六章 不打官司 也能解决争议

* 选择合适的争议解决方式
* 仲裁
* 行政复议
* 申诉
* 调解
* 行政裁决
* 投诉

▶ 一、选择合适的争议解决方式

“救济走在权利之前，无救济即无权利。”在现代法治社会，权利与义务构成了我们行为模式的基本内容，其中，权利更是具有核心地位，贯穿我们从尚未出生时的胎儿权益保护到死亡后的遗体保护全过程。然而，在一个高度分化的社会中，人与人之间的相互依赖可能夹杂着利益冲突，而利益冲突是导致纠纷发生的直接原因，因此，我们的权利随时有可能受到威胁或侵害。在大学期间，在校园内外，当我们遭遇侵权时，应如何应对？如何维权？一般而言，争议解决方式包括诉讼方式和非诉讼方式两大类。

诉讼方式以人民法院为争议解决机关。当事人权利受到不法侵害或与他人产生权利义务纠纷时，由公民个人或公诉机关提请人民法院进行审判。人民法院依照法定程序审理案件，解决当事人之间的争议、确认法律责任并作出裁判。依据争讼内容不同，具体可分为刑事诉讼、民事诉讼和行政诉讼三种方式。诉讼方式的核心是人民法院。人民法院作为司法机关，其作出的判决、裁定具有公正性、权威性和终局性，因此，诉讼方式被认为是解决争议最可靠的方式。相较于非诉讼方式，诉讼方式具有兜底性，是维护社会公平正义、保护民众合法权益的最后一道防线。

非诉讼方式，是指诉讼以外的其他纠纷解决方式，是当事人请求有关行政机关或社会机构等各类主体解决争议的方式，包括投诉、申诉、调解、仲裁、行政裁决、行政复议等类型。非诉讼方式相较于诉讼方式，程序简便、方式多样、耗时少、效率高，是诉讼方式的重要补充。

选择合适的争议解决方式，应当遵循以下基本步骤：

首先，要准确判断当事人之间的争议属于哪种类型。只有对纠纷类型进行准确识别后，才能够有针对性地选择恰当的解决方式，从而更好地化解纠纷，维护合法权益。

其次，在选择通过诉讼方式还是非诉讼方式解决争议时，要根据争议的具体情况，对比两种方式的优劣，选择更利于争议有效化解的方式。诉讼方式具有权威性，但耗时久，非诉讼方式程序简便，但权威性相对有限，因而进行选择时应综合考虑争议的复杂程度、不同方式的成本和效果等各种因素。

最后，在民事诉讼、刑事诉讼和行政诉讼三种不同诉讼方式的选择中，要根据案件的具体性质，结合法律规定选择其一；在非诉讼方式中，综合考虑案件的性质、复杂程度以及当事人之间的约定等情况，在投诉、申诉、调解、仲裁、行政裁决、行政复议等方式中进行选择。对运用非诉讼方式解决的结果不满意的,除法律有特别规定外,可以再向人民法院提起诉讼,通过诉讼方式最终解决争议。

二、调解

小王家里并不富裕,加上在大学里每年上万元的学费和生活费,小王家里更显拮据。为了能够减轻父母的负担,小王积极主动参加勤工俭学。2021 年 1 月,某服饰商场因特卖活动需要向外招聘短期工,包括小王在内的 5 名大学生经面试后成功受聘,并约定了劳务费用。但当特卖活动结束后,小王等人请求商场支付劳务费时,该商场工作人员以特卖活动期间丢失了 20 件货品为由,直接从原来约定的劳务费中扣除 2000 元作为丢失货品的补偿款,小王等人对此表示反对,认为该商场丢失商品与自身并无关系,商场在没有任何证据的情况下直接克扣劳务费,是违约和违法的行为。双方僵持不下,后一致同意申请人民调解委员会进行调解。

(一)什么是调解

调解是非诉讼方式中的重要组成部分,是人民调解委员会针对一定范围内的民事纠纷或者治安违法案件,在一方或者双方当事人提出申请后,以说服、劝导或者协商的方式引导当事人在平等自愿的基础上达成调解协议的争议解决方式。人民调解是我国一种传统的纠纷解决方式。人民调解委员会是群众性自治组织,其成员直接来自人民群众。人民调解不仅能够把纠纷解决在基层,还能起到预防纠纷、法治宣传和防止矛盾扩大的作用,既能定分止争,又体现了"以和为贵"的价值追求。

(二)哪些纠纷可以调解

适用调解的纠纷主要有两大类:一是一般的民事纠纷,包括发生在公民与公民之间、公民与法人和其他社会组织之间涉及民事权利义务的各种纠纷,如家庭暴力等家庭成员之间的矛盾、邻里间各种生活纠纷等;二是一般的治安违法案件,如情节比较轻微的打架斗殴等。

不适用调解的纠纷也有两大类:一是法律、法规规定只能由专门机关管辖处理的或者法律、法规禁止采用民间调解方式解决的;二是人民法院、公安机关或者其他行政机关已经受理或者解决的。

（三）去哪里调解

当事人选择人民调解的，可以到所在地区的村民委员会、居民委员会的人民调解委员会、乡镇街道调解委员会或者区人民调解中心进行调解，也可以选择在人民法院的人民调解工作室进行调解。

（四）调解的程序是怎样的

调解的程序如图 6－1 所示。

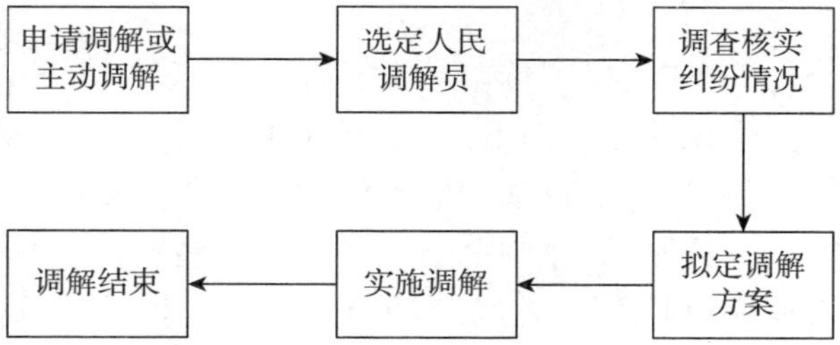

图 6－1　调解的程序

（五）调解后怎么办

经人民调解委员会调解后，会有两种结果，不同结果对双方权利义务有不同的影响：

1. 调解成功，双方当事人达成调解协议。调解协议具有民事合同性质，一方当事人反悔的，可以向人民法院起诉确认该调解协议的效力；调解协议经人民法院确认有效后，一方拒绝履行或者未全部履行的，对方当事人有权向人民法院申请强制执行。调解协议经人民法院确认为无效的，当事人可以通过人民调解达成新的调解协议，或者依法向人民法院提起诉讼。

2. 调解失败，双方当事人未达成调解协议。调解委员会应告知当事人可以选择向更高一级人民调解委员会申请调解、向基层人民政府申请处理或向人民法院起诉。对有经济困难的当事人，人民调解委员会可为其寻求法律援助。

三、仲裁

小王致力于发挥自己的专业特长，研究开发出一项游戏软件并成立科技公司。后某游戏公司认为该游戏软件存在大量的潜在用户，便与小王公司签订游戏软件买卖合同。双方在合同中约定，如果发生纠纷，应提交小王公司所在地的仲裁委员会仲裁。后来，该游戏公司在向市场推广游戏软件时，发现该软件存在严重的运行安全问题，大量用户数据泄露，严重影响公司声誉，便向小王公司要求赔偿。小王公司认为该软件交付时曾进行过大量测验，并未发现质量问题，现在出现的数据泄露问题有可能是该游戏公司擅自修改游戏软件造成的。双方各执一词，争执不下。该游戏公司便向合同约定的仲裁委员会申请仲裁。

(一)什么是仲裁

仲裁，是指发生争议的双方当事人，根据仲裁协议的约定，将该争议提交给中立的第三方即仲裁委员会进行裁判的争议解决方式。相较于诉讼程序，仲裁程序更加灵活，实行一裁终局、原则上不公开审理等制度，因而更加经济、便捷。相较于调解，仲裁程序更具有权威性，当事人不得就同一纠纷再申请仲裁或提起诉讼，且一方当事人不执行的，另一方当事人有权申请人民法院强制执行。

(二)申请仲裁需要满足什么条件

当事人向仲裁委员会申请仲裁，应当满足以下条件：

1. 合法有效的仲裁协议是申请仲裁的首要条件

仲裁协议，是指双方当事人在自愿、协商、平等的基础之上约定将双方当事人之间已经发生或者可能发生的争议通过仲裁解决的书面文件，一般应含有提交仲裁的意思表示、选定的仲裁委员会和明确的仲裁事项三项实质内容。仲裁协议无效的情形主要包括三类：一是约定的仲裁事项超出法律规定的仲裁范围；二是无民事行为能力人或者限制民事行为能力人订立的仲裁协议；三是一方采取胁迫手段，迫使对方订立仲裁协议。

2. 仲裁事项属于受诉仲裁委员会的受理范围

原则上来说，仲裁委员会的受理范围是平等主体的公民、法人和其他组织之间发生的合同纠纷和其他财产权益纠纷，但有两类纠纷不得仲裁：一是婚姻、收养、监护、抚养、继承纠纷；二是依法应当由行政机关处理的行政争议。

3. 有具体的仲裁请求、事实以及理由

具体的仲裁请求，是指仲裁申请人意图通过仲裁解决的具体问题或维护的具体权益；具体的事实和理由，是指纠纷发生的经过以及能证明自己主张的相关证据材料。

（三）去哪里申请仲裁

在仲裁委员会的设置方面，仲裁委员会可以在直辖市和省、自治区人民政府所在地的市设立，也可以根据需要在其他设区的市设立，不按行政区划层层设立。这是因为仲裁委员会具有民间性，独立于行政机关，并且仲裁委员会之间没有隶属关系。因此，相关法律规定仲裁不实行级别管辖和地域管辖制度，当事人必须向书面仲裁协议选定的仲裁委员会提出仲裁申请。

（四）仲裁程序是怎样的

仲裁程序如图6－2所示。

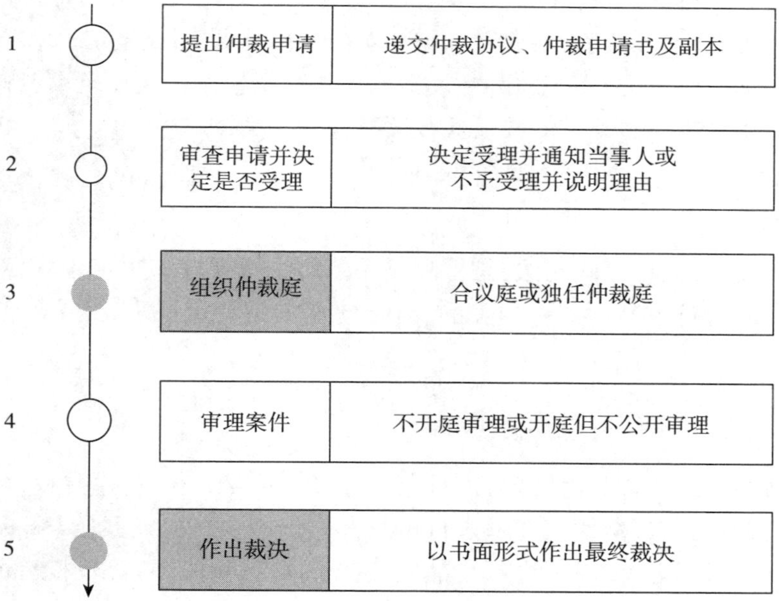

图6－2　仲裁程序

（五）仲裁结果有什么效力

仲裁实行一裁终局制度，即仲裁裁决作出后，当事人就同一纠纷再向仲裁委员会申请仲裁或向人民法院提起诉讼的，仲裁委员会或者人民法院不予受理。但一方或双方当事人有权向人民法院申请撤销裁决。人民法院经审查后认为仲裁裁决有法定无效情形的，应当裁定撤销或不予执行。仲裁裁决被人民法院依法裁定撤销或者不予执行后，当事人可以就双方重新达成的仲裁协议申请仲裁或者向人民法院提起诉讼。

仲裁裁决具有法律上的强制执行力。一方当事人不履行生效裁决时，对方当事人有权依法向人民法院申请强制执行，受理申请的人民法院应当予以执行。

▶ 四、行政裁决

小王的父亲王某与邻居李某，系同村住宅相邻的两户农民。多年来，两家关于宅基地划线问题一直争执不下。2021 年 1 月，李某翻新住宅，两家矛盾再次爆发。相关部门多次协调但未见成效。最后，县政府直接出面协调，并作出“关于王家与李家宅基地使用权中界线的处理决定”。然而，该决定作出后，两家均表示不服，便向当地人民法院起诉。但法院在立案时，对该案件应以民事案件立案还是以行政案件立案有不同意见。这就涉及行政裁决的相关知识。

（一）什么是行政裁决

行政裁决，又称行政司法，是行政机关依照法律授权和法定程序，对当事人之间发生的与行政管理密切相关的、与合同无关的特定民事、经济纠纷作出裁决的行政行为。

（二）向哪个机关申请行政裁决

行政裁决的主体具有法定性，即某行政机关只有获得法律授权，才能对授权范围内的民事、经济纠纷案件进行审查并作出裁决，例如，我国《商标法》《专利法》《土地管理法》《森林法》《食品安全法》《药品管理法》等授权有关行政机关对相关领域的权属争议或损害赔偿争议作出行政裁决。

（三）哪些纠纷可以申请行政裁决

行政裁决的民事、经济纠纷必须与行政管理有密切联系，这是行政裁决的前提。根据我国法律规定，行政裁决主要包括侵权纠纷、补偿纠纷、损害赔偿纠纷、权属纠纷、国有资产产权纠纷、专利强制许可纠纷、经济补偿纠纷和民间纠纷等类型。

（四）行政裁决的程序是怎样的

行政裁决的程序如图6－3所示。

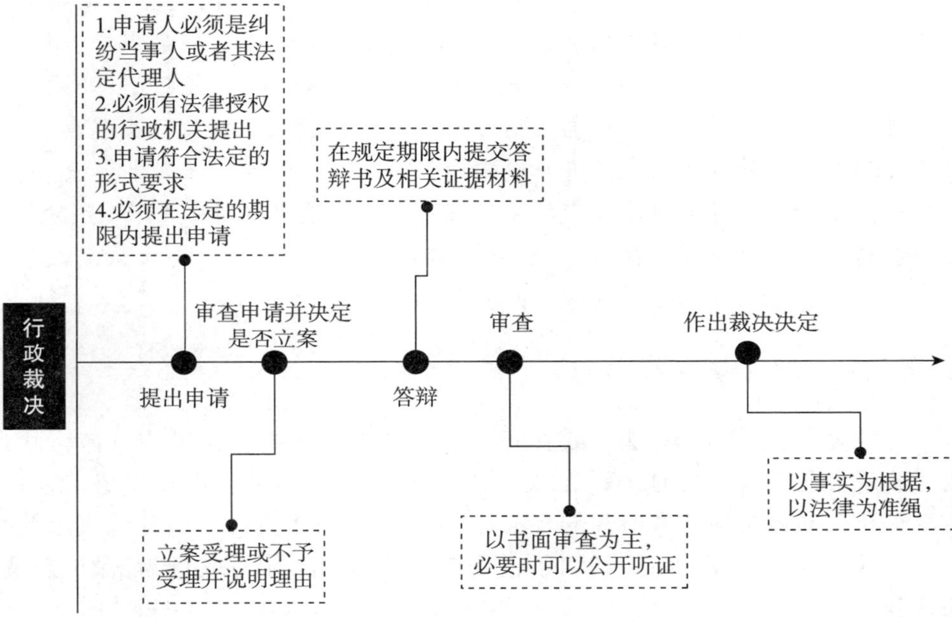

图6－3　行政裁决的程序

（五）行政裁决决定有什么效力

行政裁决决定具有强制性，满足下列条件的，可以向人民法院申请强制执行：一是负有义务一方的当事人无正当理由在法定期限内没有申请行政复议或者提起行政诉讼，也没有履行行政裁决决定；二是已经催告当事人履行义务；三是申请执行的时间在催告当事人履行义务10日后且在自当事人没有申请行政复议或者提起行政诉讼期限结束之日起3个月内。

通说认为，行政裁决是一种具体行政行为，是行政机关依照法律法规的授权针对特定的民事纠纷作出的决定，这种行政裁决具有具体行政行为的基本特征。因此，若行政相对人不服行政裁决决定而引起的纠纷应属于行政纠纷，除法定的一裁终局情形外，民事纠纷的当事人可以就该行政裁决决定申请行政复议或者提起行政诉讼。

五、行政复议

某地区为加强非机动车管理、规范道路交通安全行使，要求电动车必须上牌照后才能上路行使，且后座不可以承载他人。某周末，小王骑着未上牌照的电动车载舍友出校逛街，在路上被城管拦下，并被处以100元的罚款和暂扣电动车的处罚。后小王缴纳罚款后去取车，发现车辆被随意丢放在废弃车辆中间，车身多处刮损，小王越想越气，认为城管大队并没有在交通执法过程中实施行政处罚的权限，而且对扣留的车辆没有妥善保管，遂向相关部门提起行政复议，要求认定该行政处罚违法并赔偿相应损失。

（一）行政复议是什么

行政复议，是指公民、法人或者其他组织认为行政机关作出的具体行政行为违法或侵犯自身权益时，依照法定程序向行政复议机关提出复议申请，由行政复议机关对该具体行政行为的合法性、合理性进行审查并作出复议决定的制度。行政复议对于及时防止和纠正违法或者不当的具体行政行为，保护公民、法人和其他组织的合法权益，保障和监督行政机关依法行使职权具有重要意义。

（二）哪些情况可以申请行政复议

按照法律规定，有下列情形之一的，公民、法人或者其他组织可以依照《行政复议法》申请行政复议：

1. 对行政机关作出的警告、罚款、没收违法所得、没收非法财物、责令停产停业、暂扣或者吊销许可证、暂扣或者吊销执照、行政拘留等行政处罚决定不服的；

2. 对行政机关作出的限制人身自由或者查封、扣押、冻结财产等行政强制措施决定不服的；

3. 对行政机关作出的有关许可证、执照、资质证、资格证等证书变更、中止、撤销的决定不服的；

4. 对行政机关作出的关于确认土地、矿藏、水流、森林、山岭、草原、荒地、滩涂、海域等自然资源的所有权或者使用权的决定不服的；

5. 认为行政机关侵犯合法的经营自主权的；

6. 认为行政机关变更或者废止农业承包合同,侵犯其合法权益的;

7. 认为行政机关违法集资、征收财物、摊派费用或者违法要求履行其他义务的;

8. 认为符合法定条件,申请行政机关颁发许可证、执照、资质证、资格证等证书,或者申请行政机关审批、登记有关事项,行政机关没有依法办理的;

9. 申请行政机关履行保护人身权利、财产权利、受教育权利的法定职责,行政机关没有依法履行的;

10. 申请行政机关依法发放抚恤金、社会保险金或者最低生活保障费,行政机关没有依法发放的;

11. 认为行政机关的其他具体行政行为侵犯其合法权益的。

(三)如何申请行政复议

申请行政复议的程序如图 6 –4 所示。

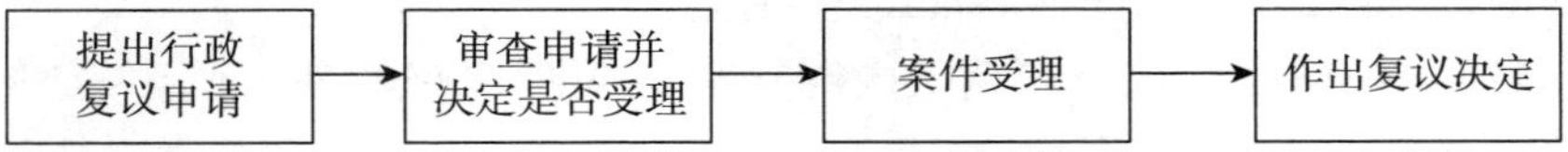

图 6 –4　申请行政复议的程序

1. 提出申请

申请人申请行政复议,既可以书面申请,也可以口头申请。书面申请的,应当递交行政复议申请书;口头申请的,行政复议机关应当当场记录申请人的基本情况,行政复议请求,申请行政复议的主要事实、理由和时间。

2. 审查申请并决定是否受理

收到行政复议申请后,行政机关应当在 5 日内进行审查,对不符合法定条件的申请,决定不予受理,并书面告知申请人;对符合受理条件,但是不属于本机关受理的行政复议申请,应当告知申请人向有关行政复议机关提出。除此之外,行政机关均应受理,且受理之日为行政复议机构负责法制工作的机构收到行政复议申请之日。

3. 案件审理

一般来说,案件审理主要包括五个步骤:第一步,送达行政复议书副本,并限期提出书面答复;第二步,审阅复议案件有关材料;第三步,调查取证、收集证据;第四步,通知行政复议双方当事人参加复议活动;第五步,确定复议案件的审理方式并进行审理。行政复议原则上采取书面审查的办法,但是申请人提出要求或者行政复议机构认为有必要时,可以向有关组织和个人调查情况,听取申请人、被申请人和第三人的意见。

4. 作出复议决定

行政复议机关应当自受理行政复议申请之日起 60 日内作出行政复议决定;但是法律规定的行政复议期限少于 60 日的除外。情况复杂,不能在规定期限内作出行政复议决定的,经行政复议机关负责人批准,可以适当延长,并告知申请人和被申请人,但延长期限最多不超过 30 日。

关于复议决定的种类及适用情形:

(1)决定维持具体行政行为。具体行政行为认定事实清楚,证据确凿,适用依据正确,程序合法,内容适当的,决定维持。

(2)决定撤销、变更或者确认原具体行政行为违法。有两种情况:一是认为原行政行为认定的主要事实不清、证据不足,适用依据错误,违反法定程序,越权或者滥用职权,具体行政行为明显不当的,决定撤销、变更或者确认该具体行政行为违法。二是被申请人不依法提出书面答复,提交当初作出具体行政行为的证据、依据和其他有关材料的,决定撤销。

(3)决定被申请人在一定期限内履行法定职责。有两种情况:一是拒绝履行。被申请人在法定期限内明确表示不履行法定职责的,责令其在一定期限内履行。二是拖延履行。被申请人在法定期限内既不履行,也不明确表示履行的,责令其在一定期限内履行。

(4)决定被申请人在一定期限内重新作出具体行政行为。决定撤销或者确认该具体行政行为违法的,责令被申请人在一定期限内重新作出具体行政行为。

(5)决定赔偿。行政复议机关在依法决定撤销、变更或者确认该具体行政行为违法时,申请人提出赔偿要求的,应当同时决定被申请人依法给予赔偿。

(6)决定返还财产或者解除对财产的强制措施。行政复议机关在依法决定撤销或者变更罚款,撤销违法集资、没收财物、征收财物、摊派费用以及对财产的查封、扣押、冻结等具体行政行为时,应当同时责令被申请人返还财产,解除对财产的查封、扣押、冻结措施或者赔偿相应的价款。

(四)行政复议决定有什么效力

《行政复议法》第 5 条规定,公民、法人或者其他组织对行政复议决定不服的,可以依照行政诉讼法的规定向人民法院提起行政诉讼,但是法律规定行政复议决定为最终裁决的除外。换言之,行政复议机关作出行政复议决定后,结果主要有以下两种:

1. 法律规定行政复议决定为最终裁决的，申请人不得向人民法院起诉。对于该决定，复议双方当事人均应依照决定履行。被申请人不履行或者无正当理由拖延履行行政复议决定的，行政复议机关或者有关上级行政机关应当责令其限期履行；申请人不履行或者拖延履行的，对维持具体行政行为的行政复议决定，由作出具体行政行为的行政机关依法强制执行或者申请人民法院强制执行；对变更具体行政行为的行政复议决定，由行政复议机关依法强制执行或者申请人民法院强制执行。

2. 法律未规定行政复议决定为最终裁决的，若此类行政争议属于行政诉讼受案范围，申请人可向人民法院提起行政诉讼，由法院作出判决来解决相关争议。

▶ 六、投诉

国庆节期间，小王一家去某著名景点自驾游。在某景点停车时，小王发现价格比平常高了整整一倍，便向工作人员询问原因。工作人员回复，到国庆假期车位需求量大，供不应求，不愿意支付费用的可以停在景区外面。小王觉得景点随意提高停车费的行为并没有征得相关部门的同意，属于乱收费行为，便向当地旅游局投诉，要求该景点停车场返还多收价款，并要求当地旅游局依照相关规定对其作出行政处罚。

（一）什么是投诉

投诉，是日常生活中最常见的一种争议解决方式，是公民就民事、经济或行政方面的违法违规行为，向有关主管机关、社会团体或群众自治性组织等有关单位反映并要求处理的行为。其中，消费者投诉占重要地位，即消费者为生活消费需要购买、使用商品或者接受服务时，与经营者之间发生争议后向有关单位投诉要求保护其合法权益的行为。

（二）消费者如何投诉

投诉的方式多种多样，比如电话、信函、互联网或者亲自到现场投诉，投诉时应说明以下情况：一是投诉人的基本情况，包括姓名、联系电话、联系地址等；二是被投诉人的基本情况；三是购买商品的相关情况，包括时间、地点、价格、数量等；四是受损害的具体情况及与经营者交涉的经过等；五是相关证据材料，如购物凭证、保修卡、合同等。

(三)哪些消费可以投诉

原则上,消费者协会(以下简称消协)受理以下三类投诉:

1. 消费者因我国《消费者权益保护法》规定的权利受到损害的投诉。

2. 消费者对经营者未履行我国《消费者权益保护法》规定的法定义务的投诉。

3. 农民购买、使用直接用于农业生产的种子、化肥、农药、农膜、农机具等生产资料而其权益受到损害的投诉。

但对于下列投诉,消协不予受理:

1. 经营者之间购、销活动方面的纠纷;

2. 消费者个人私下交易纠纷;

3. 商品超过规定保修期和保证期;

4. 商品超过标明是"处理品"的(没有真实说明处理原因的除外);

5. 未按商品使用说明安装、使用、保管、自行拆动而导致商品损坏或人身危害的;

6. 被投诉方不明确的;

7. 争议双方曾达成调解协议并已执行,而且没有新情况、新理由的;

8. 法院、仲裁机构或有关行政部门已受理调查和处理的;

9. 不符合国家法律、法规有关规定的。

▶ 七、申诉

小王自进入大学后,潜心开发游戏软件,经常无故旷课,迟到早退更是家常便饭。辅导员知晓后,几次劝说也没有什么效果。最后,学校决定对小王作劝退处理。小王认为,自己虽然没有准时上课,但学校每次考核都达到要求,劝退的处分过于严重。于是,向学校相关部门提出申诉,请求撤回劝退决定,给予改过机会。

(一)什么是申诉

申诉,是指公民、法人或其他组织,认为对某一问题的处理结果不正确,而向主管机关或部门申述理由,请求重新处理的行为。申诉包括两种类型:一是诉讼上的申诉,即诉讼当事人及其他公民认为已经发生法律效力的判决或者裁定确有错误时,依法向人民法院或者人民检察院提出的申诉;二是非诉讼上的申诉,是公民对行政处罚、党纪政纪处分等决定不服,向有关机关或单位提出申诉,要求重新处理的行为。

(二)非诉讼方式的申诉有哪些类型

依据相关法律规定,非诉讼上的申诉主要有以下五种类型:

1. 公民、法人或者其他组织的申诉:《行政复议法》第 8 条规定,不服行政机关作出的行政处分或者其他人事处理决定的,依照有关法律、行政法规的规定提出申诉;

2. 国家公务员的申诉:《公务员法》第 95 条规定,国家公务员对行政机关作出的涉及本人权益的特定人事处理决定不服的,可以依据相关法律规定提出申诉;

3. 党员申诉:《党章》第 43 条规定,党员对党组织作出的处分决定不服的,可以提出申诉;

4. 教师申诉:《教师法》第 39 条规定,教师对学校或者其他教育机构侵犯其合法权益的,或者对相关处理决定不服的,可以向教育行政部门提出申诉;

5. 学生申诉:《教育法》第 43 条规定,受教育者对学校给予的处分不服的,可以向有关部门提出申诉;对学校、教师侵犯其人身权、财产权等合法权益的行为,可以提出申诉或者依法提起诉讼。

(三)申诉有什么效力

申诉与投诉一样,申诉人对有关机关重新作出的处理决定不服的,可以根据事件性质向其他有权处理的机关申诉或者依法向人民法院提起诉讼,请求人民法院作出判决以维护自身合法权益。

延伸阅读

(一)酒店违约失信案

某日,某大学旁一酒店发布集赞换代金券免费吃大餐活动。小王与同学相约前往兑换时,酒店回复名额已满,不再接受兑换。然而,有同学敏锐地发现,该酒店发布通知时,明确表示兑换只有时间限制,没有名额限制。包括小王在内的 400 多名学生认为酒店拒绝兑换行为属于违约失信行为,便要求该酒店提出解决方案。然而,该酒店工作人员叫嚣“有本事你就举报我,你们又没消费”,态度十分强硬,不肯让步。眼见与对方协商和解不成,学生便通过报警方式寻求帮助。警察到来后展开调解,并组织在场学生有序登记。除了报警外,也有学生积极向工商局、消协等主管机关或机构举报,通过微信朋友圈、微博等平台向社会寻求支持。在与酒店交涉的过程中,学生们对酒店发布的通知、酒店工作人员的谈话通过截屏、录音、录像等方式予以保存,对还原事实起到了很好的证明作用。最终,在警方和消协的调解下,酒店答应按承诺兑换代金券,学生们依法有效地维护了自身合法权益。

(二)超市强制搜身侵权案

某高校学生小王在超市购物付款后,由于该超市收银员的疏忽,未将小王所购商品消磁,以致小王离店时电子报警装置铃声大作。保安人员随后对其进行检查,引起众多群众围观,值班经理也将其拉到办公室进行强制搜身,并强制扣留小王几个小时。后在搜查不出任何商品的情况下才将小王放走。经此一事,小王的身心受到极大伤害,并前往医院就诊。小王认为,超市的行为损害了自己的尊严,给自己造成了极大的精神压力,遂向人民法院提起诉讼,要求超市赔礼道歉、赔偿精神损失。后人民法院综合小王受损害的程度、加害人的支付能力、当地生活水平等多方面因素,判处超市向小王赔礼道歉,并支付精神损失赔偿金一万元。在日常生活中,当我们进入公共场所,遇到侵犯人格尊严权的情形时,要增强维权意识,积极寻求包括法律途径在内的争议解决方式,依法维护自己的合法权益。

第七章 公正司法与诉讼类型

* 惩罚犯罪的刑事诉讼
* 定分止争的民事诉讼
* 为民做主的行政诉讼
* 维护公共利益的公益诉讼
* 彰显人权保障的法律援助

作为典型的公力救济形式,诉讼,是指当事人权利受到不法侵害或与他人产生权利纠纷时,由公民个人或公诉机关提请人民法院按照法定程序审理案件,解决当事人之间权利纠纷、确认违法犯罪责任并作出裁判的活动。根据所解决纠纷性质的不同,诉讼方式可以分为刑事诉讼、民事诉讼和行政诉讼。

进入大学之后,小王认识了同班同学小刘,二人不久便成了好朋友。在2020年9月至12月期间,小王以家中有事为由多次向小刘借款,小刘碍于情面答应,第一次通过支付宝方式向小王转账19,500元,约定还款期限半年;第二次通过微信向小王转账4200元,约定还款期限半年。两笔借款到期后,小王还款18,700元并与小刘口头约定剩下的借款年利率24%,期限3个月。期限届满后,小刘多次索要无果。小王甚至说不再归还剩余借款,故小刘将小王起诉至法院,要求小王偿还剩余借款5000元及相应利息,并请求法院追究其诈骗罪。如果你是小刘,你会选择何种争议解决方式,非诉讼方式还是诉讼方式?如果选择诉讼方式,本案属于民事诉讼还是刑事诉讼?如果你是法官,你会如何裁判?

一、惩罚犯罪的刑事诉讼

在开学之前,小王接到一个陌生男子电话,声称“小王应当在3日内向某银行账户汇款8000元作为第一学年学费,否则便按照自动放弃入学资格处理”,小王没有怀疑便立即向该账户汇款。等到学校正式通知小王缴纳学费时,小王才得知自己被骗了,于是向当地公安局报案,公安局迅速破获这起电信诈骗团伙,将其移送至检察院审查起诉。后检察院作为公诉人,以诈骗罪向法院提起公诉,法院对此依法进行审判。

(一)新中国刑事诉讼简史

在日常生活中,一旦出现犯罪现象,刑事诉讼便会启动。刑事诉讼,是国家专门机关在当事人及其他诉讼参与人的参加下,依照法定程序依法处理犯罪案件,进行定罪量刑的活动。

新中国刑事诉讼法的立法和修法过程,大致过程如下:1954年9月,第一届全国人大第一次会议通过我国第一部《宪法》的同时,制定和颁布了《人民法院组织法》和《人民检察院组织法》，对若干刑事诉讼原则和制度作出规定，建立起刑事诉讼法的基本框架。1979 年 7 月 1 日，《刑事诉讼法》正式颁布，自 1980 年 1 月 1 日起实施，并先后于 1996 年、2012 年和 2018 年进行了 3 次修正，刑事诉讼程序越来越完善，在打击犯罪的同时，人权保护力度不断增强，推动实现程序设置的明确性、科学性和规范性。

自 1996 年至今，与《刑事诉讼法》相关的一些重要部门法陆续修改：修改后的《刑法》于 1997 年 10 月 1 日生效，其后全国人大常委会相继制定 11 个刑法修正案。刑法作为实体法，其规范体系的不断完善推动着作为程序法的刑事诉讼法的不断发展。此外，《未成年人保护法》和《律师法》等相关领域的重要法律相继出台，并适时进行修改，共同构建了一个逻辑严密、体系庞大的刑事诉讼网络。

此外，相关司法机关也针对《刑事诉讼法》的具体适用出台了相关规范，如《最高人民法院、最高人民检察院、公安部、国家安全部、司法部、全国人大常委会法制工作委员会关于实施刑事诉讼法若干问题的规定》《公安机关办理刑事案件程序规定》《最高人民法院关于适用〈中华人民共和国刑事诉讼法〉的解释》《人民检察院刑事诉讼规则》等，对具体实施刑事诉讼法律规范，提升其可操作性、实效性均具有重要的实践意义。

（二）法无明文规定不为罪

刑事诉讼的一个重要原则是罪刑法定，即如果法律没有明确规定某个行为属于犯罪行为并设置刑罚的，法院不得对其定罪处罚。《刑事诉讼法》第 12 条规定："未经人民法院依法判决，对任何人都不得确定有罪。"该原则一定程度上体现了无罪推定原则的精神和价值取向。

小王在大学期间，在女朋友不知情的情况下，用女方手机上的支付宝申请了 2 万元贷款，并欺骗女朋友说是其朋友的还款，让女方将钱转给他。女方对小王说的话信以为真，在收到该笔款项后，便将钱转给了小王。在这种情况下，小王对支付宝构成诈骗罪吗？小王对他的女朋友构成诈骗罪吗？法官审理案件后认为，小王对支付宝不构成诈骗罪，这是因为支付宝没有审核贷款人身份的义务，因此也就不存在受骗的问题，而且支付宝并非受害人，有权向贷款人要求偿还贷款。然而，小王对其女朋友构成诈骗罪，小王的行为让女方产生错误认识，并将自己占有的钱在错误的认识下转给了小王，因而构成诈骗罪。同一行为针对不同主体会导致不同的认定结果，这与诈骗罪的法定构成要件息息相关，是罪刑法定原则的具体体现。

(三)为什么要替犯罪嫌疑人辩护

刑事诉讼的一个重要原则是人权保障。《宪法》第33条和《刑事诉讼法》第2条都规定了要“尊重和保障人权”。在刑事诉讼中，公安、检察院、法院三大机关都必须切实尊重和保障公民的人身自由、人格尊严以及公民依法享有的各种实体和诉讼权利，我们每个人享有的合法权利不受国家机关以任何非法方式限制、剥夺。未经人民法院依法判决，对任何人不得确定有罪。

《宪法》第130条和《刑事诉讼法》第11条规定，被告人有权获得辩护。从现代刑事诉讼的理念来看，该原则是对当事人诉讼主体地位的尊重，对当事人诉讼参与权的有效保障，体现了人权保障的基本价值。

某男子到公安机关报案，声称其叔叔已离家失踪4个多月，并怀疑是被同村赵某杀害，公安机关当即立案并开始调查。在调查过程中，公安机关在挖井时发现一具高度腐烂的尸体，与失踪人身形相似，于是将赵某作为重大嫌疑人刑拘，并展开讯问。在这个过程中，赵某基于各种原因先后作了多次有罪供述。法院根据有关证据及被告人供述，作出有罪判决。时隔十几年，该案中上述失踪男子竟然又回到老家。据此，省高级人民法院启动再审程序，宣判赵某无罪，并启动赔偿程序，给予赵某国家赔偿及生活困难补助60余万元。从这一案例可以看出，我国刑事诉讼通过设置再审、国家赔偿程序等纠正冤案错案，最大限度地保护当事人法定权益。

(四)刑事诉讼程序

《刑事诉讼法》对刑事诉讼的程序作出了详细规定，根据程序开展进程，刑事诉讼程序流程如图7－1所示。

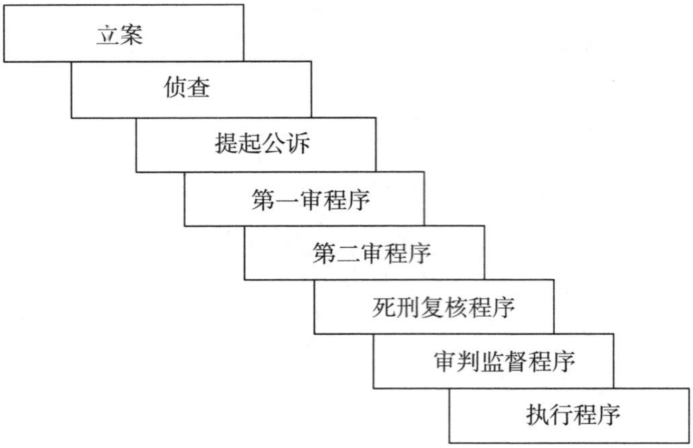

图 7－1　刑事诉讼程序

1. 立案

刑事立案作为刑事诉讼程序开始的标志，是每一个刑事案件必须经过的法定程序。公安机关或人民检察院发现犯罪事实或犯罪嫌疑人，应当按照管辖范围进行立案侦查。对于自诉案件，[①]被害人有权向人民法院直接起诉。除人民检察院管辖和人民法院直接受理的案件外，其他刑事案件由公安机关管辖。

2. 侦查

公安机关、人民检察院对已经立案的刑事案件，应当进行侦查，收集、调取犯罪嫌疑人有罪或者无罪、罪轻或者罪重的证据材料。侦查活动包括讯问犯罪嫌疑人，询问证人，勘验、检查，搜查，查封、扣押物证、书证，扣押、冻结存款、汇款，鉴定，技术侦查，通缉以及对犯罪嫌疑人采取必要的强制措施等。公安机关侦查终结的案件，应当做到犯罪事实清楚，证据确实、充分，并且写出起诉意见书，连同案卷材料、证据一并移送同级人民检察院审查决定。

3. 提起公诉

凡需要提起公诉的案件，一律由人民检察院审查决定。人民检察院认为犯罪嫌疑人的犯罪事实已经查清，证据确实、充分，依法应当追究刑事责任的，应当作出起诉决定，按照审判管辖的规定，代表国家依法向人民法院提起公诉，提请人民法院对被告人进行审判。

---

① 《刑事诉讼法》第 210 条规定，自诉案件包括：（1）告诉才处理的案件；（2）被害人有证据证明的轻微刑事案件；（3）被害人有证据证明对被告人侵犯自己人身、财产权利的行为应当依法追究刑事责任，而公安机关或者人民检察院不予追究被告人刑事责任的案件。

4. 第一审程序

第一审程序,是指人民法院按照级别管辖的规定受理公诉案件和自诉案件,对刑事案件进行初次审判的诉讼程序。具体程序包括开庭、法庭调查、法庭辩论、被告人最后陈述、评议和宣判。被告人、自诉人和他们的法定代理人,不服地方各级人民法院第一审的判决、裁定,有权用书状或者口头向上一级人民法院上诉。被告人的辩护人和近亲属,经被告人同意,可以提出上诉。不服判决的上诉和抗诉期限为10日,不服裁定的上诉和抗诉期限为5日,从接到判决书、裁定书的次日起算。

5. 第二审程序

第二审程序,是指上一级人民法院根据被告人上诉或检察院抗诉,对下一级人民法院作出的未经生效的判决或裁定进行第二次审理的诉讼程序。第二审程序实行全面审查原则,即对一审判决认定的事实和适用法律进行全面审查,不受上诉或抗诉范围的限制。基于两审终审制,二审判决和裁定具有终局性。

6. 死刑复核程序

死刑复核程序,是指人民法院对判处死刑(含死刑缓期二年执行)的案件进行复查核准所遵循的一种特别审判程序。所有判处死刑的案件都要经过死刑复核程序才能交付执行。报请复核死刑的案件,应当一案一报。

7. 审判监督程序

审判监督程序,是指人民法院、人民检察院对已经发生法律效力的判决和裁定,发现在认定事实或适用法律上确有错误,依法提起并对案件进行重新审判的程序。

8. 执行程序

执行程序,是指刑事执行机关为了实现已经发生法律效力的判决和裁定的内容而进行的司法活动。

▶ 二、定分止争的民事诉讼

恰逢周末假期,小王本想和女朋友小敏外出游玩,不料刚出校门便被摩托车撞倒在地,所幸小敏及时躲避,小王只是受了轻微伤。而后,小王与摩托车主小赵交涉未果。小赵不仅不道歉,还张口大骂“走路不长眼”。小王一气之下便将小赵诉至法院,请求法院判决其承担赔偿损失、赔礼道歉等侵权责任。

（一）民事诉讼是什么

在日常生活中，当我们和他人发生人身或财产关系争议时，我们可以向人民法院提起民事诉讼，由人民法院确定各方当事人的权利义务关系。民事诉讼，是审判机关在当事人及其他诉讼参与人的参加下，依照法定程序依法处理民事案件、解决民事纠纷的活动。

（二）新中国民事诉讼简史

新中国成立后，逐渐建立了民事诉讼制度。1979 年，最高人民法院制定了《人民法院审判民事案件程序制度的规定（试行）》，这一时期的民事诉讼制度结合了社会主义诉讼模式和中国传统法律文化的特色，以简便、非职业化、职权主义和注重调解为特征，具有鲜明的时代色彩。1982 年 3 月 8 日，《民事诉讼法（试行）》颁布，并于 1982 年 10 月 1 日实施，这是我国历史上第一部社会主义民事诉讼法典，其颁布标志着新中国的民事诉讼立法进入了一个新阶段。1991 年 4 月 9 日，《民事诉讼法》通过，这是我国正式的民事诉讼法典，对我国民事诉讼的基本原则、主要程序以及诉讼权利义务等方面作出了基础性规定。该法分别于 2007 年、2012 年、2017 年和 2021 年进行了 4 次修改，在遵循民事诉讼规律的基础上，适应了社会主义市场经济发展和人民群众保护自身合法权益的需要，为及时解决我们生活中的各种争议、维护社会的稳定与发展提供了基础、坚实的制度支撑。

（三）民事诉讼程序类型

根据《民事诉讼法》规定，我国民事诉讼程序主要包括第一审普通程序、简易程序、第二审程序、特别程序、审判监督程序、督促程序、公示催告程序等。

1. 第一审普通程序

第一审普通程序，是指人民法院审理民事案件时最基本的程序，是人民法院审理诉讼案件通常所适用的程序。分为起诉和受理、审前准备、开庭审理等环节。其中，开庭分为开庭准备、法庭调查、法庭辩论、评议与宣判四个阶段。我国民事诉讼实行两审终审制，第一审人民法院作出的裁判上诉期满后生效，第二审法院作出的裁判自作出之日起发生效力。

2. 简易程序

简易程序，是指基层人民法院和它的派出法庭审理事实清楚、权利义务关系明确、争议不大的简单民事案件所适用的审判程序。当事人双方可以约定适用简易程序。

3. 第二审程序

第二审程序，是指当事人不服第一审人民法院尚未发生法律效力的裁判，在法定期限内依法向上一级人民法院提出上诉，要求撤销或变更原裁判而引起的诉讼程序。

4. 特别程序

特别程序，是指人民法院审理法定的特殊案件所适用的审判程序，包括选民资格案件，宣告失踪案件、宣告死亡案件，认定公民无民事行为能力或者限制民事行为能力案件，认定财产无主案件，确认调解协议案件以及实现担保物权案件等所适用的程序。特别程序是一种独立的诉讼程序，凡是按照特别程序审查的案件均不能按照普通程序或者简易程序的规定进行审理。

5. 审判监督程序

审判监督程序，又称再审程序，是人民法院、人民检察院及当事人对已经发生法律效力的判决和裁定，发现或认为在认定事实或适用法律上确有错误，依法提起、提出、申请，并由人民法院对案件进行重新审判的程序。

6. 督促程序

督促程序，是指人民法院根据债权人的申请，以支付令的方式，催促债务人在法定期间内向债权人履行给付金钱和有价证券义务，如果债务人在法定期间内未履行义务又不提出书面异议，债权人可以根据支付令向人民法院申请强制执行的程序。

7. 公示催告程序

公示催告程序，是指人民法院根据丧失票据的当事人的申请，以公告的方式催告利害关系人在法定期间内申报权利，逾期无人申报即作出宣告票据无效的除权判决程序。

三、为民做主的行政诉讼

小王在写课堂作业时，需要收集一些数据来进行引用，但是在当地政府网站上并未查询到相关信息，事后得知当地政府并未公开相关文件。于是，小王便向当地政府有关部门申请信息公开。然而，该部门以“申请人申请公开与本人生产、生活、科研等特殊需要无关的政府信息”为由，不予提供。小王苦求无果，于是将该行政机关诉至法院，请求法院判决其公开相关信息。

(一)什么是行政诉讼

在日常生活中,如果政府的行为侵害了我们的合法权益,我们可以选择向法院提起行政诉讼。行政诉讼,是审判机关在当事人及其他诉讼参与人的参加下,按照法定程序依法解决行政纠纷的活动。其突出特点在于,行政诉讼的被告是作出行政行为的行政主体,包括作为行政主体的行政机关和法律、法规授权的组织。换言之,行政诉讼当事人双方诉讼地位是恒定的,即行政诉讼的主体具有特定性,不允许行政主体作为原告起诉行政相对方。除此之外,相较于民事诉讼、刑事诉讼而言,行政诉讼采取举证责任倒置的原则,由行政主体承担举证责任。原告不举证的,不免除被告的举证责任。但在特殊情况下,原告也需要承担部分举证责任。

(二)新中国行政诉讼简史

新中国成立后,我国进入行政法的初创阶段,《中国人民政治协商会议共同纲领》第 19 条对行政诉讼作出了原则性规定,但在这一时期,我国并没有制定系统的行政法体系,在实践中的可操作性不强。在 1957 年至 1977 年这段时期,行政法失去了存在的土壤,受到破坏。党的十一届三中全会后,于 1982 年颁布的《民事诉讼法(试行)》,同样也适用于行政诉讼案件,这标志着中国现代行政诉讼制度的诞生。1989 年,《行政诉讼法》的颁布实施,则标志中国的行政诉讼制度进入了一个专门化、系统化的新时期。全国人大常委会分别于 2014 年、2017 年对《行政诉讼法》进行修改,使其不断适应社会实践发展需要,以《行政诉讼法》为核心的行政诉讼法律体系,为解决国家公权力机关与私主体的争议,避免普通民众遭受国家机关的不当对待提供了救济途径。

(三)行政诉讼程序

根据《行政诉讼法》规定,我国行政诉讼程序主要包括第一审普通程序、简易程序、第二审程序、审判监督程序和执行程序,如图 7 - 2 所示。

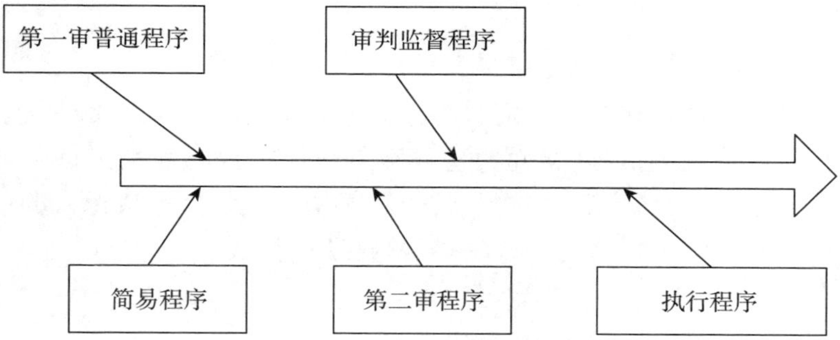

图 7-2 行政诉讼主要程序

1. 第一审普通程序

第一审普通程序，是人民法院审理行政案件的最初程序，它是行政诉讼的基本程序，包括起诉、审查、受理、审理、判决、执行等内容。一般的庭审程序包括开庭准备、开庭审理、法庭调查、法庭辩论、合议庭评议和宣读判决等阶段。行政诉讼的一审程序与民事诉讼的一审程序相类似。

2. 简易程序

根据《行政诉讼法》第 82 条的规定，人民法院审理下列第一审行政案件，认为事实清楚、权利义务关系明确、争议不大的，可以适用简易程序：(1)被诉行政行为是依法当场作出的；(2)案件涉及款额 2000 元以下的；(3)属于政府信息公开案件的。此外，当事人各方同意适用简易程序的，可以适用简易程序。

3. 第二审程序

我国行政诉讼实行两审终审制度。行政诉讼第二审程序，是当事人不服地方各级人民法院尚未生效的第一审判决或裁定，依法向上一级人民法院提起上诉，上一级人民法院据此对案件进行再次审理所适用的程序。第二审程序并非每一起案件的必经程序，但第二审程序是一种独立程序，可以为当事人提供更多救济机会，有助于上级人民法院对第一审程序进行检查和监督，及时发现偏差并纠正错误，从而保护当事人的合法权益。

4. 审判监督程序

审判监督程序，又称再审程序，是人民法院、人民检察院及当事人发现或认为已经发生法律效力的判决、裁定违反法律、法规规定，依法提起、提出、申请并由人民法院依法对案件再次进行审理的程序。审判监督程序不是每一起案件的必经程序，也不是第二审程序的继续，只有在生效裁判确有错误，需要进行再审时，才能适用审判监督程序，属于事后救济手段，目的在于贯彻审判工作实事求是、有错必纠的原则，及时纠正错案，保证人民法院的办案质量，切实保护当事人的合法权益。

5. 执行程序

执行程序，是法定执行组织对已生效的法院裁判，在一方当事人逾期拒不履行时，依法采取强制措施，从而使生效裁判得以执行的活动。行政诉讼执行必须由法定的执行主体实施。在我国，依法对司法裁判享有执行权的主体是人民法院和行政主体，但后者必须经法律、法规明确授权。

四、维护公共利益的公益诉讼

小王老家在饮用水水源保护区千丈岩水库旁边，后来有一家矿业公司在距该水库不足3公里的地方建立生产基地。小王所在村发现，自从该生产基地开工以来，千丈岩水库饮用水水源取水口的水质就出现异常，便向公安机关反映情况。后工商等部门多次与该公司协商无果。最后，人民检察院依法向法院提起公益诉讼，法院经审理后判决该矿业公司停止侵害，重新进行环境影响评价，并全部承担生态环境修复费用。这个案例可以看出，对于侵害社会公共利益的行为，提起公益诉讼是一种切实可行的解决方式。

（一）民事公益诉讼

1. 什么是民事公益诉讼

民事公益诉讼，主要是某个组织或者个人在取得法律法规授权的条件下，为了维护社会的公共利益，对违反法律、侵害社会公共利益的行为，向人民法院提起诉讼，由人民法院依法审判并追究违法者法律责任的一种诉讼类型。

2. 谁可以提起民事公益诉讼

《民事诉讼法》第58条规定，对污染环境、侵害众多消费者合法权益等损害社会公共利益的行为，法律规定的机关和有关组织可以向人民法院提起诉讼。在实践中，提起公益诉讼的主体主要包括人民检察院、行政机关、社会公益团体甚至个人。

3. 针对什么行为可以提起民事公益诉讼

根据上述规定，民事公益诉讼的范围包括但不限于污染环境、侵害众多消费者合法权益的行为，实质判断标准是该行为是否损害了“社会公共利益”，随着实践发展，民事公益诉讼的范围会不断拓宽。

4. 向什么法院提起民事公益诉讼

一般的民事公益诉讼案件,可以向侵权行为地或者被告住所地中级人民法院提起诉讼。因污染海洋环境提起的公益诉讼,可以向污染发生地、损害结果地或者采取预防污染措施地海事法院提起。经最高人民法院批准,高级人民法院也可以根据本辖区实际情况,在辖区内确定部分中级人民法院受理第一审民事公益诉讼案件,此时,也可以向这些人民法院提起民事公益诉讼。

5. 提起民事公益诉讼需要准备什么材料

以消费民事公益诉讼为例,国家机关、社会组织或者个人起诉时要提交以下材料:一是起诉状,其中应该写明双方当事人的基本情况、诉讼请求和所依据的事实及理由、相关证据及来源等内容;二是被告的行为侵害了社会公共利益的初步证据;三是消费者组织已经履行了相关公益性职责的证明材料。因此,在面对侵害社会公共利益的行为时,要有意识保存证据,并先联系主管行政部门或者社会团体解决,解决不成的,再向人民法院提起诉讼。

(二)行政公益诉讼

1. 什么是行政公益诉讼

行政公益诉讼,主要是人民检察院认为行政机关行使职权的行为是违法的,并且侵害了社会公共利益或者有可能侵害社会公共利益时,为了维护社会公共利益,向该行政机关提出检察建议,督促其依法行使职权。若该行政机关仍不依法履行职责的,人民检察院依法向人民法院提起诉讼的制度。

2. 针对什么行为可以提起行政公益诉讼

对哪些行政行为可以提起行政公益诉讼,现有法律并未作出明确规定。在实践中,行政公益诉讼在生态环境和资源保护领域、食品药品安全领域、英烈权益保护领域、国有财产领域以及国有土地使用权出让领域得到广泛适用。负有监督管理职责的行政机关违法行使职权或者不作为,致使国家利益、社会公共利益遭受损害的,人民检察院可以提起行政公益诉讼。

3. 提起行政公益诉讼有什么前置程序

提起行政公益诉讼的前置程序如图 7 – 3 所示。

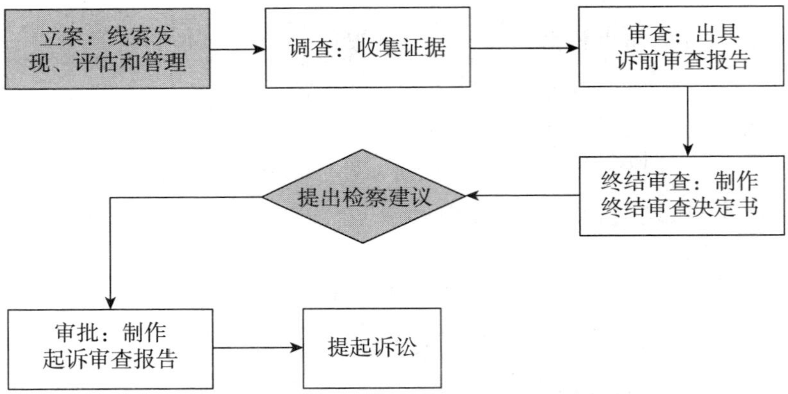

图7－3　行政公益诉讼的前置程序

4. 行政公益诉讼案件一般由哪个检察院管辖

一般来说，检察机关提起行政公益诉讼的案件，一般由违法行使职权或者不作为的行政机关所在地的基层人民检察院管辖。县级以上人民政府违法行使职权或者不作为的案件，由市级人民检察院管辖。在此基础上，上级人民检察院可以根据案件情况，在与人民法院沟通协商后，共同将行政公益诉讼案件指定给辖区内其他下级人民检察院或者跨区划人民检察院管辖。针对下级检察院管辖的重大、疑难、复杂案件，上级检察院可以直接办理，下级检察院也可以提请上级检察院办理。

五、彰显人权保障的法律援助

小王的姐姐离婚后独自抚养3岁的小孩。由于小王的姐姐生完小孩后就再没有出去工作，家里比较拮据，加上这一阵孩子突生重病，急需用钱，小王的姐姐不得不四处借钱，但仍然无法凑够治疗费用。小王的姐姐多次要求前夫适当提高抚养费用，但前夫直接拒绝给付。因此，小王的姐姐想向人民法院起诉，但一想到高昂的律师费用便打消了这个念头。后来，小王听说这件事后，告诉姐姐可以通过申请法律援助提起诉讼。

（一）什么是法律援助

法律援助，是国家建立的为经济困难的公民和符合法定条件的其他当事人无偿提供法律咨询、代理、刑事辩护等法律服务的制度,是公共法律服务体系的组成部分。法律援助的目的在于为社会上的弱势群体提供专业的法律服务,使其不因缺乏经济能力或处于弱势地位而无法利用法律机制维护自身合法权益。

(二)申请法律援助要满足什么条件

1. 申请事项属于法律规定的援助范围;
2. 有充分理由证明为保障自己合法权益确需获得法律援助;
3. 因经济困难,无能力或无完全能力支付法律服务费用;
4. 住所地在本市或持有本市暂住证。

(三)应向什么机构申请法律援助

1. 对诉讼事项的法律援助,由申请人向办案机关所在地的法律援助机构提出申请;
2. 对非诉讼事项的法律援助,由申请人向争议处理机关所在地或者事由发生地的法律援助机构提出申请;
3. 两个或两个以上法律援助中心对同一案件均有管辖权的,由最先接受申请的援助中心管辖。

(四)哪些事项可以申请法律援助

依据我国《法律援助法》的规定,下列案件或事项,可以申请法律援助或由人民法院指定辩护:

1. 依法请求国家赔偿的;
2. 请求给予社会保险待遇或者社会救助的;
3. 请求发给抚恤金的;
4. 请求给付赡养费、抚养费、扶养费的;
5. 请求确认劳动关系或者支付劳动报酬的;
6. 请求认定公民无民事行为能力或者限制民事行为能力的;
7. 请求工伤事故、交通事故、食品药品安全事故、医疗事故人身损害赔偿的;
8. 请求环境污染、生态破坏损害赔偿的;
9. 英雄烈士近亲属为维护英雄烈士的人格权益的;
10. 因见义勇为行为主张相关民事权益的;
11. 再审改判无罪请求国家赔偿的;

12.遭受虐待、遗弃或者家庭暴力的受害人主张相关权益的;

13.刑事案件的犯罪嫌疑人、被告人因经济困难或者其他原因没有委托辩护人的;

14.强制医疗案件的被申请人或者被告人没有委托诉讼代理人的;

15.刑事公诉案件的被害人及其法定代理人或者近亲属,刑事自诉案件的自诉人及其法定代理人,刑事附带民事诉讼案件的原告人及其法定代理人,因经济困难没有委托诉讼代理人的;

16.其他适用普通程序审理的刑事案件,被告人没有委托辩护人的;

17.当事人不服司法机关生效裁判或者决定提出申诉或者申请再审,人民法院决定、裁定再审或者人民检察院提出抗诉,因经济困难没有委托辩护人或者诉讼代理人的。

在刑事案件中,犯罪嫌疑人、被告人属于下列人员之一,没有委托辩护人的,人民法院、人民检察院、公安机关应当通知法律援助机构指派律师担任辩护人:(1)未成年人;(2)视力、听力、言语残疾人;(3)不能完全辨认自己行为的成年人;(4)可能被判处无期徒刑、死刑的人;(5)申请法律援助的死刑复核案件被告人;(6)缺席审判案件的被告人;(7)法律法规规定的其他人员。

(五)如何申请法律援助

1.提出申请

申请人向特定的法律援助中心提出申请,并填写法律援助申请表。

2.审查

法律援助机构对申请人提出的申请进行审查,符合条件的签发法律援助通知书;不符合条件的,作出不予援助的决定,通知申请人并说明理由。

3.指派律师提供法律援助

经审查后,对符合条件的申请人,法律援助机构指派在法律援助律师登记簿上登记的律师提供法律援助。

延伸阅读

大学生起诉某游乐园游客须知案

2019年1月30日,大学生王某某前往某游乐园游玩,并携带部分即食食品以备游玩时食用。在游乐园安检时,王某某被告知根据《某游乐园游客须知》,游客不得携带食品进入游乐园。经交涉未果,王某某自行处置食品后入园。同年3月15日,王某某将某游乐园诉至上海市某区人民法院,请求判令:(1)确认被告《某游乐园游客须知》中"不得携带以下物品入园"部分的"食品、酒精饮料、超过600毫升的非酒精饮料"条款内容无效;(2)被告赔偿原告因上述入园规则被迫丢弃的食品损失46.30元。在上海市某区人民法院审理案件期间,被告某游乐园对入园规则中相关条款内容进行了修改:除仍禁止携带少数特殊食品外,游客可携带供本人食用的食品及饮料进入某游乐园。2019年9月12日,经法院主持调解,原告、被告双方自愿达成调解协议:对原告的食品损失46.30元,被告补偿原告50元(当庭给付)。该调解协议已经双方当事人签收生效。

后来,某游乐园实施食品携带和安检新规,游客可携带供本人食用的食品及饮料进入游乐园,但不允许携带需加热、再加热、加工、冷藏或保温的食品及带有刺激性气味的食品。安检方面,某游乐园也将做出"优化",建议游客在安检时可以自己打开包袋,如安检人员有要求,游客可自行将可疑物品取出,并在完成检查后放回。

在消费领域,采取店大欺客做法的常为占据较多市场份额的经营者。一些知名文旅企业采取各种店堂告示或者单方禁止性规定侵犯消费者合法权益甚至人身权益的现象时有发生。在本案中,原告是一名法科学生,遇到自身权益受到侵害的情况没有选择忍气吞声,而是采用诉讼的方式依法维权,既维护了个人的合法权益,又捍卫了社会公众的切身利益,并且通过个案诉讼实现了督促企业守法经营的延伸效果,可谓一举多得。只有我们都行动起来,才能避免"公地悲剧"现象的重复发生,这也正是该私益诉讼折射出来的公益价值。

第八章
证据制度

* 法律上的证据
* 证据的作用
* 证据法的基本原则
* 证据的“三性”
* 证据的种类
* 证据的运用

《周礼》记载，以五声听狱讼，求民情。一曰辞听，二曰色听，三曰气听，四曰耳听，五曰目听。这要求司法官员审理案件时，注意当事人陈述是否有道理，陈述时神态是否从容，气息是否平和，精神是否恍惚，眼睛是否有神，据此综合判断言词是否属实。“五听”制度相当于现代证据制度中言词证据审查标准，司法官员具有自由裁量权，对证据进行综合审查判断，认定案件事实。“五听”制度、勘验技术、司法官员的自由证明等反映了中国古代对于证据制度的重视，在漫长的历史中形成了先进经验与典型制度，其中不少与现代证据制度不谋而合。证据制度发展至今，已经形成了物证、书证、证人证言、当事人陈述、鉴定意见、笔录、视听资料和电子数据等证据种类，证据收集、保全、举证、质证、认证和审查判断等证明程序，在查明事实、发现真相、解决争议和推进诉讼的过程中发挥着重要作用。

▶ 一、法律上的证据

证据既是一个生活概念，又是一个法律概念。证据法中的证据，指诉讼过程中，通过特定的载体，经过特定的程序用以证明案件事实真相的根据。在诉讼活动中，各方为了支持自身主张而提交证明事实发生的证据，可真可假，或有用或无用，可能被法院采信也可能不被采信。只有经过举证、质证、认证和审查程序，被法官认为符合证据的基本特征，对于待证事实具有足够的证明力，该证据才能成为定案的根据，该证据所证明的事实才会被承认。例如，《刑事诉讼法》第 50 条第 1 款规定，可以用于证明案件事实的材料，都是证据；第 3 款规定，证据必须经过查证属实，才能作为定案的根据。

证据制度，是一国法律中与证据有关的规定和规则的总和，系统地规定了证据的本质、证明方法、证据规则和证据程序等内容。目前，我国的证据规则主要体现于《民事诉讼法》《刑事诉讼法》《行政诉讼法》之中。《关于民事诉讼证据的若干规定》《关于知识产权民事诉讼证据的若干规定》《关于行政诉讼证据若干问题的规定》《关于办理死刑案件审查判断证据若干问题的规定》《关于办理刑事案件排除非法证据若干问题的规定》等也补充规定了证据规则。另外，《民法典》《刑法》《治安管理处罚法》《行政处罚法》中也有证据制度的相关内容。

二、证据的作用

（一）有证据，才能开展诉讼程序

诉讼活动的基本任务是正确查明事实、正确适用法律、保护合法权益、制裁违法犯罪、解决矛盾纠纷等。准确及时查明事实和正确地适用法律法规都需要建立在正确、充分和有证明力的证据基础上。证据是整个诉讼活动的基础和核心，一切诉讼程序的展开与推进都围绕着证据进行。当事人提起诉讼、证明争议事实的存在和自身主张的成立都需要足够的证据，只有充分的证据才能有效维护自身合法权益。法官面对从未接触过的案件、已经发生过的事实以及各执一词的当事人，需要以证据作为判断和裁决的基础。法官只能相信和认可具有证据支持的事实和主张，无论是开庭审理还是裁判文书，都是证据在先、事实其次、裁判最后。诉讼程序中的立案、受理、一审、二审和再审等不同阶段以及不同环节的转换与推进，都离不开证据的参与。在民事诉讼中，起诉时需要提交基本证据材料以证明符合起诉条件；法院受理后，审判人员审核诉讼材料，调查收集必要的证据；证据方面出现新情况的，可以重新进行法庭调查或延期开庭审理；出现新的证据或原判决、裁定中证据存在瑕疵或违法情形的，应当启动审判监督程序；等等。

（二）有证据，才有公正的司法

司法的生命在于公正，每一起司法案件中都应当让人民群众感受到公平正义。科学有效的证据制度能对司法公正起到重要作用。司法人员在办案中应坚持证据为本、实事求是，从客观存在的证据出发认定案件事实，不能先入为主、偏听偏信，更不能通过臆断、猜测和假设等方式认定事实，应克服司法专横与司法恣意。当事人、诉讼参与人和办案人员必须依据法定的证据规则收集和使用证据，否则，不但证据不具有法律效力，相关人员甚至还要承担法律责任。法官应当保证接触证据的中立性，维持诉讼过程中的合理负担与公平对抗，确保证据运行环节的程序公开。总之，在司法活动中应遵循平等和正当的原则以实现程序公正，进而实现案件处理或裁判结果的公正，即实体公正。

三、证据法的基本原则

(一)证据裁判原则:有证据,才有裁判

证据裁判原则要求,诉讼过程中的事实认定应当依据证据,没有证据不得认定事实。所有证据应当具有证据能力,经过严格法定证明程序,达到证明的要求或标准。没有任何证据、证据不充分、证据不全面或证据存在瑕疵时,不得认定相应事实。证据以外的任何内容如推测、猜测和妄想都不能作为认定事实的根据。证据裁判原则还要求,在公开的法庭上,法官听取当事人的举证、质证和辩论,对证据进行充分的核实检查并对纠纷作出权威性断定。有证据才有事实,有证据才有裁判,这一原则强调了证据制度在整个诉讼过程中的重要地位。

(二)程序法定原则:证据有证据的程序

证据是认定事实的基础,事实又是裁判的基础,因此,证据的运用必须严格遵守证据程序和证据规则,办案人员和当事人提供的证据应受到平等对待,只有符合证据程序与证据规则才能作为认定案件事实的根据。程序法定原则是正当程序原则在证据制度中的体现,也是司法公正对于证据制度提出的要求,由此避免先入为主、有罪推定、非法证据和制作伪证等破坏公平正义的情况。为了保证所有的证据来源正当、使用正当和证明正当,证据法对证据制度的各个环节都规定了严格的步骤、形式、顺序、时限以及不遵守程序的法律后果。例如,当事人应在举证期限内提交证据,因故意或重大过失逾期举证的,法院不予采纳;证据应当在法庭上出示,由当事人互相质证,否则不得作为认定案件事实的根据;证人出庭作证应当签署保证书并在法庭上宣读,否则不得作证并自行承担费用;等等。

(三)自由心证原则:证据怎么用,法官说了算

自由心证是法官自由裁量权的体现,法律不预先规定证据的证明力,法官在审判中依据自己的良知、理性和经验知识而形成内心确信,由此判断和选择证据进而认定案件事实。“自由”,是指判断证据证明力时,不受法定证据规则的约束,法官可以自由地判断,并在思想中形成内心的确信即“心证”。案件情况纷繁复杂,证据类型多种多样,法律不可能预先规定所有证据的证明力,因此,法律赋予法官一定的自由裁量权,依据证据规则,结合法官的知识和经验,

对于不同的证据灵活地判断与取舍,最大限度地实现个案的正义。当然,这要求法官具有充分的职业道德,并结合既有的证据规则,在有限和必要的范围内行使自由裁量权。最高人民法院《关于民事诉讼证据的若干规定》第 85 条规定,审判人员应当依照法定程序,全面、客观地审核证据,依据法律的规定,遵循法官职业道德,运用逻辑推理和日常生活经验,对证据有无证明力和证明力大小独立进行判断,并公开判断的理由和结果。

四、证据的"三性"

(一)客观性:证据是客观真实存在的

证据是客观存在的,而非人的主观想象、猜测、臆断。证据的客观性具有三个层面的含义:其一,证据的形式是客观的,无论是人、物或状态,证据本身都是一种客观的存在,是人们通过某种载体和方式可以感知到的东西。在起诉阶段提交的书证、笔录、鉴定意见,在法定调查阶段进行的证人作证、出示物证等都是以不同的方式展现不同形式的证据。其二,证据的内容是客观的,是对案件事实的客观反映。例如,主张民事侵权精神损害赔偿,需要提交相关的证据证明特定的法律权利、法律关系和具有特殊意义的物受到侵害的事实,而非证明个人精神受到何种打击、产生何种痛苦。心理上的变化既非客观内容也难以证明,但法律关系的变化却是客观存在的内容。其三,证据与案件事实的联系是客观的,通过一定的证明活动可以认定某一事实真实发生,而非由人为因素获得证据效力。以证人为例,证人的思考、回忆与想象在形式上不是客观存在的,因此不能成为证据;证人的猜测、推断或评论性语言在内容上不够客观中立,也不能成为证据,只有在法庭上客观陈述与案件有关、亲身感知的事实,才能成为有效的证人证言。

(二)合法性:合法的证据才能用

证据应当符合法律的要求。证据的合法性具有三个层面的含义:其一,从证据的外部来表明其符合法律的规定,具体体现在证据来源、表现形式和具体内容符合法律要求。其二,从正面引导和规范证据收集、审查的主体合法地使用证据,具体体现在证据的收集、固定、保全和适用程序符合法律的要求。其三,排除非法证据,限制和禁止以非法方法收集证据。例如,在刑事诉讼中,通过刑讯逼供和威胁、引诱、欺骗等非法方式收集的证据应当予以排除;在民事诉讼中,以侵害他人合法权益或违反法律禁止性规定取得的证据,不能作为认定案件事实的依据。总之,证据必须在主体、内容和程序上符合证据法的规定,才能在相应的证明活动中被采纳。证据的合法性不仅能够保障证据的客观性和关联性,还能保持法律的秩序性和稳定性。

(三)关联性:证据要与事实有联系

证据与案件事实之间必须具有实质性联系,具体通过证据与案件事实之间的证明性起作用,借助对案件事实证明力的大小或强弱、联系的紧密程序来体现。证据的关联性问题可以被分解为三个问题:一项证据能够证明什么事实?这个事实对解决案件中的争议问题有没有实质性意义?法律对这种关联性有没有具体要求?除此之外,评价证据关联性时,往往还会考虑时间和人力成本是否允许采纳该证据,采纳该证据是否给证明活动带来不必要的干扰或混乱。证据与案件事实之间可能存在直接联系或间接联系、必然联系或偶然联系、因果联系或非因果联系,各个证据之间也会存在一定的联系,审判人员应当对全部案件证据,从各证据与案件事实的关联程度、各证据之间的联系等方面进行综合审查判断。

证据的关联性可以引出证明力的概念,证明力是证据对案件事实证明是否具有作用以及作用力的大小,是证据本身所具有的自然效力和内在属性。证据的证明力一般由法官的自由心证决定,法律赋予法官一定范围的自由裁量权,并由其斟酌情形而作出决定。例如,《关于行政诉讼证据若干问题的规定》第54条规定,法庭应当对经过庭审质证的证据和无需质证的证据进行逐一审查和对全部证据综合审查,遵循法官职业道德,运用逻辑推理和生活经验,进行全面、客观和公正地分析判断,确定证据材料与案件事实之间的证明关系,排除不具有关联性的证据材料,准确认定案件事实。

五、证据的种类

法定证据的种类主要有物证、书证、证人证言、当事人陈述、鉴定意见、笔录、视听资料、电子数据八类。法定证据种类的主要形式与具体要求见表8-1。

表8－1　法定证据种类的主要形式与具体要求

证据种类	主要形式	具体要求
物证	人体特征物证、物体特征物证、文书特征物证	提交原物或复制件、照片等；在法庭调查环节出示；往往需要司法人员、专业人员的勘验、鉴定；结合其他证据、证明手段一同适用
书证	文字书证、符号书证、图形书证	提交原件或复制件；在法庭调查环节出示；不同制作主体制作的文书证明力不同；有证据证明控制某一书证的当事人应当主动提交，否则推定对方主张内容为真
证人证言	证人出庭作证、证人书写证言、证人询问笔录	证人了解案情，能够正确表达意思；证人有出庭作证的义务，并受到支持和保障；证人如实、客观、连续陈述；妨碍证人作证和作伪证承担法律责任
当事人陈述	被害人陈述、犯罪嫌疑人和被告人的供述和辩解、当事人陈述	主观性强，司法人员应当审慎判断；保持客观中立，既要避免轻视陈述，也要避免偏听偏信
鉴定意见	外表形态鉴定、物质成分鉴定、气味鉴定、行为习惯鉴定	鉴定人具有专门知识和鉴定资格；鉴定人由办案机关或当事人指派或聘请；鉴定人运用专门知识和技术手段形成基础判断性意见并作出书面结论
笔录	勘验笔录、检查笔录、辨认笔录、侦查实验笔录、现场笔录	办案人员或执法人员依职权记录；全面客观真实记录；遵循规范格式、规范用语和规范签名；与物证、鉴定意见等其他证据共同证明案件事实
视听资料	图像、音频、视频	提交原始载体；在法庭调查环节出示；辨别真伪，识别疑点
电子数据	网络平台信息、通信信息、过程信息、电子文件	提交原件和原始载体；在法庭调查环节出示；根据技术手段判断完整性、可靠性和真实性

（一）物证：物证看得见、摸得着

大学生邓某在大学校园内驾驶摩托车，横穿道路时与防护栏相撞，邓某与搭车人刘某摔倒在防护栏外，邓某受伤，于事后抢救无效死亡，刘某当场死亡。经交管部门认定，邓某无证驾驶无号牌摩托车上路行驶，未按规定戴安全头盔，并且车辆存在严重安全隐患，最终严重超速导致摩托车失控与防护栏相撞。公安部门物证鉴定中心对邓某的静脉血液进行检验，未检出乙醇、吗啡和甲基苯丙胺等；交通事故司法鉴定所对摩托车进行安全性能检验,发现摩托车后轮刹车失灵、制动无效。本案中,邓某的静脉血液与其所驾驶的摩托车是物证,前者用来检验邓某是否存在酒驾、毒驾等情形,后者检验摩托车发生事故的直接原因,最终发现摩托车存在严重故障。①

物证,是指通过自身的物质属性、外部特征或存在的位置、场所或状态等方式证明案件事实的物体或痕迹。物质属性是物证自身的物理属性或化学属性,如质量、成分、结构、功能、颜色;外部特征是物证客观存在的形状、大小、数量、新旧、破损程度等;位置、场所和状态是物证与位置、环境、时间、空间的相互关系。任何案件都发生在一定物质环境中,任何行为都会对周围的物质环境产生影响并留下与案件事实有关联的物体和痕迹,因此,物证是一种传统的、被广泛运用的具有独立性的证据类型。物证具有较强的客观性、稳定性和不可替代性,易于保存,难以造假,往往比其他证据更可靠,还能证明其他证据的真伪,因而具有较高的证明价值。但物证也具有间接性,自身不能直接向法庭证明案件事实,必须与其他证明手段相结合,借助物证的发现、提取、储存和论证等科技手段来完成证明。

人体特征物证,包括人的肢体痕迹,人体分泌、脱落或排泄的物质以及人体的创伤痕迹和器官上的损害等。物体特征物证,是物体在发生作用过程中遗留的痕迹,如工具痕迹、车辆痕迹、枪弹痕迹和气态、液态物质等。文书特征物证,是遗留在文书上的痕迹及文书载体的物质材料。这些物证往往需要经过专业人士的鉴定才能成为证据,如侦查人员对刑事案件现场人身、尸体和物品的勘验,对指纹、笔记和枪弹痕迹的鉴定等。

(二)书证:“可以自己说话的证据”

大四学生小郭在某招聘平台上看到一传媒公司招聘主播助理岗位。小郭通过面试后,传媒公司工作人员表示,在正式入职前需要经过两周的岗前培训,培训费用为19,800元。小郭缴纳培训费用后,与传媒公司签订《直播人才孵化协议》,并收到传媒公司出具的缴费凭证。培训4天后,传媒公司通知小郭可以签订正式的用工合同,但为防止员工跳槽,培训费用需要通过个人贷款、分期偿还的方式支付。

① 参见刘某某、张某某与重庆广播电视大学、邓某某等机动车交通事故责任纠纷案,重庆市第一中级人民法院(2018)渝01民终1404号民事判决书。

小郭非常激动，与传媒公司签订了劳动合同，又与小额贷款公司签订培训费用贷款协议。两周培训期结束后，传媒公司通知小郭其未通过实习期考核，与其解除了劳动合同关系，贷款费用需小郭自行偿还。本案中，小郭与传媒公司签订的《直播人才孵化协议》和劳动合同、传媒公司出具的缴费凭证以及小郭与贷款公司签订的《培训费用贷款协议》是书证，用以证明各自的权利义务关系。

书证，通过文字、符号、图形中记载的内容和表达的思想来对案件事实起证明作用。书证的表现形式是书面文件或记载内容的媒介，具体内容是其中记载的内容和表达的思想。书证可以明确地告诉人们案件的性质，直接表明与案件事实的关系，被喻为“可以自己说话的证据”，在各个时期的诉讼活动中均发挥着有力的证明作用。书证的内容和思想可供人们直接认识和了解，所证明的事实内容比较明确，可以作为证明待证事实的直接证据。但是，书证具有主观性和思想性，不同的人对同一内容会产生不同的理解，因此需要遵循社会习惯和一般公众的理解进行解释，有时甚至还需要专业人士协助解释。

文字书证以文字形式记载与案件有关联的内容，如信函、传单、合同、账簿、票据等，是最常见的书证。根据合同文本可以了解缔约双方的权利义务与责任事项，进而判定是否履行合同、是否应当承担违约责任；根据账簿内容可以了解公司的财务收支，判断公司的实际经营状况。符号书证以符号形式记载与案件有关联的内容，如标记、标识、音符、记号、路标等。侦查人员可以收集犯罪现场出现的标记和符号，以证明犯罪嫌疑人事先存在意思联络或分工配合。图形书证以图案、图画等形式记载与案件有关联的内容，如产品说明图、房屋设计图、建设规划图等。法院可以根据产品设计图判断某一项发明专利是否应当被授予专利权或是否存在侵犯知识产权的违法行为。

根据制作主体的不同，书证还可以分为公文书证和私文书证。公文书证，是指国家机关或公共机构在职权范围内制作的证明、通告、决议、命令等文书，如身份证、结婚证、行政执法文书等。私文书证，是指民事主体在社会生活中制作的各种文书，如私人信函、收据、合同等。公文书证具有较高的权威性和证明力，而私文书证的真实性需要由当事人承担举证责任并由法院综合案件的具体情况判断其证明力。

（三）证人证言：旁观者的感知与体验

小何在一餐厅就餐，前往洗手间时在过道处台阶上摔倒，导致胫腓骨骨折。小何认为餐厅过道台阶上有积水，餐厅管理者没有及时清理，没有尽到安全保障义务，因此向餐厅索赔。餐厅认为，小何一边走路一边玩手机，未注意到台阶以及台阶附近的安全提示，没有履行注意义务，应当对自身损害承担责任。恰巧事发位置属于监控盲区，因此，小何找到当日一同就餐的同伴以及附近位置的用餐者、目击者等，为其出庭作证，证明当时台阶处确有积水，并直接导致小何摔倒骨折。餐厅申请当日清洁工人出庭作证，证明其当时对地上积水进行了清理。双方各自申请证人出庭作证，其陈述均属证人证言。

证人证言，是指当事人以外的第三人就自己感知或体验的与案件有关的事实所作的陈述，由作证主体和作证内容两部分组成。证人证言的表现形式既包括证人以口头、手势等形式表达的证言，也包证人本人书写证言、职权机关询问证人笔录等书面形式的证言。证人证言有助于办案人员和当事人发现和了解其他证据，核实其真伪并确定证明力大小，同时也能揭露虚假的当事人陈述，发现其他证据之间的矛盾，从而成为检验其他证据的手段。证人证言经过庭审中质证程序确认真实性后，对案件事实具有较强的证明力。但证人证言具有较强的主观性，可能出现偏差、错误甚至故意歪曲真相，因此，法律对证人证言规定了全面而严格的程序。

《民事诉讼法》及相关司法解释规定了证人作证的具体程序。首先，证人需要具有证人资格，即能够辨认是非、具有正确表达能力并且了解案件情况。在此条件下，凡是知道案件情况的人都有作证的义务，有关单位的负责人应当支持证人作证。法院为证人提供必要的保障和支持，因出庭产生的交通、住宿、就餐等必要费用以及误工损失由败诉一方当事人承担或法院先进行垫付；阻止证人作证或要求证人作伪证的，需要承担法律责任。其次，为了确保证人的诚实性与证人证言的真实性，证人应当出庭作证，由法院告知如实作证的义务和作伪证的法律后果，签署保证书并在法庭上宣读，特殊情况下，经法院许可可以通过书面证言、视听传输技术或者视听资料等方式作证。再次，当事人需要在举证期内申请证人出庭作证或由法院依职权通知证人出庭作证；在法庭调查环节，法官告知证人的权利义务，证人作证，宣读未到庭的证人证言；法官可以询问证人，当事人经审判人员许可后可以询问证人。人民法院认为有必要的，可以要求证人之间进行对质。最后，证人应当客观陈述亲身感受的事实并进行连续陈述，不得使用猜测、推断或评论性语言，法官根据证人的智力状况、品德、知识、经验、法律意识和专业技能以及与当事人的利害关系等综合认定证人证言。

（四）当事人陈述：亲历者的经历与主张

1. 刑事诉讼中的被害人陈述

被害人陈述是受犯罪直接侵害的人，对遭受犯罪侵害的事实和犯罪行为人的情况向办案机关所作的陈述，主要包括犯罪行为人侵害的实际经过、犯罪行为人的体貌特征以及维护自身合法权益的请求。通过被害人陈述可以发现犯罪，了解犯罪过程的基本情况、具体细节、主要内容以及犯罪行为人的身体状况、行为方式、语言特征等，为侦破案件提供线索和证据。在刑事诉讼中，被害人陈述一般属于直接证据，查证属实后作为定案的重要证据，同时还可以鉴别证人证言、被告人供述的真伪。同证人证言一样，被害人陈述也具有较强的主观性，被害人可能因情况紧急而产生错误认识或因恐惧心理而夸大其词，甚至会故意虚假陈述，因此 2021 年最高人民法院《关于适用〈中华人民共和国刑事诉讼法〉的解释》第 92 条规定，法院参照证人证言的规定对被害人陈述进行审查与认定。

2. 刑事诉讼中的犯罪嫌疑人、被告人的供述和辩解

供述和辩解，也称口供或自白，指犯罪嫌疑人、被告人在刑事诉讼过程中就与案件有关的事实情况向办案机关所作的说明和解释，主要包括有罪供述、无罪轻罪或免除刑罚的辩解、对同案犯罪嫌疑人的检举揭发等。例如，犯罪嫌疑人承认自己的犯罪行为，叙述犯罪的具体起因、过程、情节和后果等，或者犯罪嫌疑人否认自己实施犯罪而主张其受到了诬告和冤枉等情况。犯罪嫌疑人、被告人是刑事诉讼中被追诉的对象，通过其供述可以确定侦查范围，推动发现和收集其他证据，证明犯罪嫌疑人主观方面的内容，因此，其供述和辩解是刑事诉讼中的重要证据。但对于他们的供述和辩解，应当慎重对待，不可轻信，也不可不信，应当坚持重证据、重调查研究、不轻信口供的原则，采用审慎的态度，以免冤枉无辜或纵容犯罪。

3. 民事诉讼、行政诉讼中的当事人陈述

当事人陈述，是指原告、被告、共同诉讼人、诉讼代表人和第三人等当事人在诉讼过程中就自己所知道的有关案件事实情况向法院所作的叙述。陈述的主要内容包括涉及实体法律关系和程序法律关系的各种事实，民事争议或行政争议的发生、发展和经过以及其他对正确处理案件事实情况的陈述等。当事人可以在法庭上接受询问，对案件事实作真实、完整的陈述，经法院审查认为不充分、不完备或有疑义的，可以限期补充陈述。当事人应当对陈述内容负责，签署

保证书并宣读保证书内容,故意虚假陈述的,须承担法律责任。但是,由于当事人与案件具有直接利害关系,与其他当事人的利益交叉甚至对立,因此,当事人陈述不能单独作为认定案件事实的根据。

(五)鉴定意见:专业机构对专业问题出具的专业意见

> 被告唐某某驾驶摩托车时,因观察不力且未在机动车道内行驶,在避让原告彭某某停在非机动车道内的摩托车时,与彭某某相撞,造成彭某某受伤及两车受损的交通事故。经交警部门认定,唐某某负全部责任,彭某某不负责任。事后,司法鉴定所对彭某某的伤残等级误工期、护理期、营养期及后续治疗费进行评定,出具鉴定意见:(1)彭某某右侧多肋骨折、右侧锁骨骨折、右肺裂伤行修补术后的伤残等级分别评定为十级、十级、十级伤残;(2)彭某某的误工期评定为150日,护理期评定为90日,营养期评定为120日;(3)彭某某的后续医疗费共评估为人民币32,000.00元。最终法院根据鉴定意见综合计算彭某某的损失为197,751.74元,其中由保险公司在交强险范围内承担60,009.39元,唐某某承担137,742.35元。[①]

鉴定意见,是指有专门知识及鉴定资格,并被登记在鉴定人名册上的鉴定人,接受当事人或办案机关聘请或指派后,对专门性问题形成的书面鉴定结论,是鉴定人在观察、检验、分析等科学技术活动的基础上得出的主观性认识意见,包括鉴定人、鉴定标准、鉴定过程和鉴定结果等要素。鉴定意见被喻为"证据之王",是审查判断其他证据的重要手段,能够鉴别、认定其他证据是否真实可靠,揭示其他证据与案件事实之间的因果关系或证明价值,具有印证和补强其他证据的作用。例如,枪弹痕迹鉴定可以确定犯罪行为人使用的枪支型号,指纹鉴定可以确定凶手是否到过现场,笔迹鉴定可以确定签名或文字内容的实际书写人,等等。这些内容仅凭一般人的直觉、经验和逻辑无法直接作出判断,需要借助科学技术手段、专门技能或特殊经验才能得出结论。随着现代科学技术的发展,各种鉴定技术层出不穷,极大地提升了诉讼活动的科学性与公正性,在当代证据制度中越发不可替代。

《民事诉讼法》及相关司法解释规定了鉴定意见的适用方式。当事人可以

---

① 参见彭某某与唐某某、中国人民财产保险股份有限公司广安市分公司机动车交通事故责任纠纷案,广安市广安区人民法院(2020)川1602民初394号民事判决书。

向法院申请鉴定,由双方当事人协商确定或由法院指定鉴定人;当事人未申请鉴定的,法院也可以直接委托鉴定人进行鉴定。鉴定人可以了解案件材料。询问当事人和证人。鉴定人提交鉴定书后,由法院在法庭调查环节宣读鉴定意见,并组织当事人对鉴定材料进行质证,必要时鉴定人应当出庭作证并接受法官和当事人的询问。当事人还可以申请有专门知识的人出庭,对鉴定意见进一步提出意见。

(六)笔录:办案人员办案过程的全面记录

> 被告所属交通执法部门在检查中发现原告驾驶客车有偿载客,并且无法出示合法有效的车辆营运证或其他有效证明。执法人员对原告与乘客分别制作了询问笔录,又制作了现场检查笔录、扣押决定书和现场笔录,并当场决定扣押涉案车辆。法院认为,根据被告提交的各项笔录等证据,可以证明原告存在违法营运的事实。①

笔录,是指办案机关及办案人员在收集证据的过程中勘验、检查、辨认、侦查实验以及现场所作的客观记录。办案人员对与案件事实有关的场所、物品、实体、人身进行勘验、检查后制作记录,载明时间、地点和具体的事件,以此反映各种物品的存在状态、形成环境及其相互关系。笔录的形式主要是文字记录,但也包括绘画、照相、录音、录像等形式。制作笔录应当遵循严格的格式规范、用语规范和签名规范,根据自己的观察和了解客观地记录,不能加入分析、推测和判断的因素。正因如此,笔录是对案件事实的综合记载,不能直接证明案件主要事实,不能单独作为认定案件事实的根据,而是需要与物证、鉴定意见等其他证据结合起来共同证明案件事实。在司法实践中,笔录主要包括勘验笔录、检查笔录、辨认笔录、侦查实验笔录、现场笔录等。

(七)视听资料:用图像、音频和视频再现事实

道路上发生交通事故后,公安部门道路监控、行车记录仪、执法记录仪以及周边场所安置的监控系统中录制的视频都可以作为视听资料,证明事故发生的过程。

视听资料,是指借助电磁、光电、电子计算机设备等技术手段所记载和再现

---

① 参见张某某与北京市交通委员会、北京市人民政府扣押财物及行政复议案,北京市第二中级人民法院(2021)京02行终1110号行政判决书。

的声音、图像、数据等证据资料。视听资料是无形物质借助于有形物质来反映行为内容、物质形态或现象再现的材料。通过设备和技术可以记录和还原案件事实，在诉讼过程中最大限度地展现案件发生时的实际情况，一般情况下不受录制人、操纵者或其他人主观因素的影响，具有不可比拟的真实性。此外，视听资料生动直观，可以以真实可感、连续全面的方式直接说明待证事实的情况。例如，犯罪现场的监控录像可以清楚地记录犯罪行为人的体貌特征和犯罪过程，行政执法人员的执法记录仪可以记录行政程序是否合法、是否存在侵犯行政相对人权益的行为，通话录音可以记录当事人之间协商的过程与结果，等等。随着科学技术手段的扩展，越来越多种类的视听资料成为证据形式，以更多样的方式还原案件事实。在诉讼过程中，法院应当获取视听资料的原始载体，对视听资料辨别真伪，并结合本案的其他证据，审查确定能否作为认定事实的根据，若存在疑点则不能作为独立定案证据。

（八）电子数据：记录于电子设备中的证据

原告某图片公司以侵害作品网络信息传播权为由起诉被告某科技公司。原告认为，被告未经授权擅自使用 50 多幅由原告享有著作权的图片，因此，被告应向原告赔偿著作权侵权赔偿金。被告辩称，原告现有证据不能证明其是涉案作品的著作权人，原告没有提交涉案作品的原图、版权登记证书等证明其权属。法院查明，原告所称的照片由其委托的摄影师拍摄，获得底片后原告进行了修改，数码相机拍摄形成的图片存储于数码相机中，属于电子数据，而从数码相机拷贝出的图片经过修改后，可以形成了新的电子数据，新的电子数据不影响原著作权的认定，因此，应当认定原告享有图片的著作权。①

电子数据，是指借助现代信息技术或电子设备而形成的并以电子形式表现出来的能够证明案件事实的证据，主要包括电子邮件、电子数据交互、网上聊天记录、手机短信、微博微信、电子签名、域名等与计算机有关的证据。电子数据涉及社会生活和经济活动的方方面面，从合同签订、网络交易、网上侵权、知识产权保护到互联网广告审查、隐私保护、互联网数据安全甚至网络犯罪、金融犯罪等各种案件均需电子数据的证明。最常见的如网络转账记录可以证明金钱

① 参见北京美好景象图片有限公司与北京富华创新科技发展有限责任公司著作权权属纠纷案，北京互联网法院（2019）京 0491 民初 28551 号民事判决书。

往来的事实,网上聊天记录可以证明当事人订立协议的过程与结果,微博上的不当言论可以成为保护名誉权和隐私权的证据材料,等等。电子数据在产生、存储、复制、转移、读取等环节与其他证据类型具有显著差别,在证据的提供、质证、审查判断和认证等环节也具有特殊的规则。当事人应当提交电子数据的原件和原始载体,法院根据电子数据的管理主体、软硬件环境、技术手段、管理方法等涉及电子数据完整性和可靠性的因素,判断电子数据的真实性。

六、证据的运用

(一)证据的收集与保全

1. 证据收集:收集一切有用的证据材料

证据收集是证据制度中一切环节的起点,是办案机关、当事人及其法定代理人、诉讼代理人依照法定程序、手段和方法,发现、固定、提取、调取与案件有关的各种证据的活动。收集证据应当及时主动、把握时机、充分细致,全面收集可供使用的证据,尽可能地支持自己的主张。同时,证据收集必须遵循证据规则,否则无法成为合法证据。在民事诉讼中,当事人可以主动收集物证、书证等实物证据,通过询问获得当事人陈述和证人证言,还可以申请鉴定,获得鉴定意见。承担举证责任的当事人应当尽可能充分地收集自己保存的证据、其他当事人保存的证据以及通过其他渠道获得的证据。当事人因客观原因不能收集证据的,可以申请法院调查收集证据。法院认为有必要时,可以主动自行收集证据,如可能涉及国家利益、社会利益或他人合法权益的证据以及诉讼程序涉及的证据等。在行政诉讼中,被告行政机关承担主要举证责任,行政机关应当在行政程序中全面收集和保存作出行政行为的证据和所依据的规范性文件,在诉讼过程中不得自行向原告和证人收集证据。在刑事诉讼中,办案机关可以通过勘验、检查、搜查和扣押等方式收集实物证据,通过询问、讯问等方式收集言词证据,当事人既可以直接收集证据,也可以申请办案机关收集证据。

2. 证据保全

证据保全是对收集的证据进行固定和保护。为了防止证据自然灭失、人为毁损或以后难以取得、无法使用,可以事先对证据采取保护性措施。收集的证据若不及时固定提取或妥善保管,灭失或毁损后就会失去证明案件事实的效力,合法权益则会因缺乏证据支持而难以获得实质性保护,因此,证据保全十分必要。在民事诉讼中,证据可能灭失或以后难以取得的,当事人可以在诉讼前或诉讼过程中申请证据保全，并向法院提交证据保全申请书以及一定的证据或担保。对于言词证据，可以通过询问、讯问制作笔录或进行录音、录像；对于物证、书证、视听资料等证据，可以通过现场勘查、扣押、查封、复制、鉴定、调取、接收等方法，采用绘图、拍照、鉴定、固定、录像等方法予以保全并制作笔录。

（二）证据的适用程序

1. 举证："谁主张，谁举证"

（1）举证程序

举证是提供、出示证据的行为；举证程序，是指负有举证责任的主体在法定期限内向法院提供证据来证明案件事实和论证诉讼主张的程序，包括举证主体、举证方式、举证责任、举证期限、证据交换等要素。当事人在起诉时需要提出一定证据证明自己符合起诉条件，在庭审过程中需要提出充分证据支持自己的主张或诉讼请求。首先，在民事诉讼和行政诉讼中，当事人应当在法院确定或当事人协商的举证期限内提交证据，当事人也可以申请延长举证期限，但没有正当理由逾期举证的，法院根据不同情形可以不予采纳证据。原告在立案时提交证据，被告在收到起诉状后在 15 日内提交答辩状和相应证据材料。举证期限制度可以调动当事人提交证据的主动性，促使其积极履行举证责任，防止当事人随时提出证据或在庭审中临时提出新证据。其次，在提交证据之后、开庭审理之前，当事人可以在法院的主持下，相互明示持有的证据并与对方交换证据。证据交换制度可以明确当事人争议的主要问题，记录下双方无异议的证据、双方有异议的证据以及异议理由。

（2）举证责任

举证责任，是指办案机关或当事人应当履行的提供证据证明其主张的事实成立的责任，否则将承担其主张的事实不能成立的风险或因事实真伪不明而不能认定事实的后果，即"谁主张，谁举证，谁证明"。当事人应当承担提供有利于自己主张证据的行为责任、利用证据论证有利于自己主张成立的说服责任以及提出证据不足时当事人承担的败诉风险责任。在刑事诉讼中，公诉案件由作为控方的检察机关承担举证责任，自诉案件由自诉人提供必要的证据并证明被告人有罪；民事诉讼中，当事人对自己提出的诉讼主张有责任提供证据并予以证明，但一定情况下也会发生举证责任倒置；行政诉讼中，作为被告的行政机关应当提交作出行政行为根据和依据的规范性文件并证明行政行为合法，原告应当证明自己符合起诉条件、行政行为对自己造成的损害或行政机关不履行法定职责。

2. 质证:未经质证不得作为定案根据

在证据交换程序中或法庭审理过程中,当事人对提交的证据有争议或疑问的,就证据的客观性、合法性、关联性与证明力向其他当事人询问、辨认、质疑、说明、解释和辩驳,法官在此基础上决定证据的取舍和证明力的大小,形成内心确信。质证是当事人的诉讼权利,也是法官审查证据的必要环节,未经质证的证据,不得作为定案的根据。实物证据的质证,由一方先出示证据并说明其来源、特征和能够说明的问题,另一方再就其真实性、关联性和合法性发表意见,最后双方相互质问、辩论。言词证据的质证较复杂,采用主询问、反询问、再主询问、再反询问的交叉询问方式,一方展示证据,说明事实;另一方进行询问,发现和揭露缺陷与不足,双方就各自发言的问题不断质疑和辩论,最终使各自的言论达到真实可信的程度。法院依职权收集的证据无须质证,由法官说明情况后听取当事人的意见。例如,公诉人展示在犯罪现场采集到的指纹、鞋印、衣物和凶器等证据,并说明犯罪嫌疑人如何使用凶器行凶,如何留下各种痕迹,以论证犯罪嫌疑人曾经出现在现场并实施犯罪行为,被告人及其诉讼代理人可以质问各个证据的收集程序、鉴定过程以及各个证据能否形成完整的证据链以排除合理怀疑,双方就各自争议问题不断辩论,法官引导、观察和分析,力求得出更加可靠的结论。

3. 认证:法官认定证据能力和证明力

(1)认证程序

对于当事人提交和法院自行收集的证据,法官按照一定方法进行审查、核实和判断,依照法定程序确定其证据能力以及证明力的有无或大小。认证包括对证据能力的认证和对证明力的认证。认定证据能力,是指在开庭前或法庭上认定证据材料有无证据资格,可以经过全部的举证和质证后再一同认证,也可以“一证一质一认”,即每提交一项证据时当即质证和认证。认证后法官需要说明证据能力的认定结论及理由,并将其作为裁判依据。认定证明力,是指庭审后综合所有证据认定证明力的有无和大小,最终体现在裁判文书中。法官在质证后对质证情况全面分析判断,充分关注各个证据之间的关系、相互有无矛盾、能否相互佐证、证明属性及证明力大小,最终采信有关证据作为定案的依据或不予采信,并说明理由。认证是对证据的认定,经过举证和质证等一系列程序后,最终形成的对证据的意见与评价,在此基础上最终认定案件事实。

(2)证明标准

证明标准,是承担举证责任的主体提出证据对案件事实加以证明应达到的程度以及法官认定案件事实的尺度,是当事人与办案机关履行举证责任的标杆，是指导和规范证明活动的行为准则。当事人应当举证，但到底需要到达什么程度，是具有足够说服力还是具有充分可能性，不同诉讼程序对于不同当事人设定不同程度的证明标准。只有达到相应标准才能认定当事人主张的事实是真实的，当事人才能进而赢得诉讼。民事诉讼采用盖然性证明标准，当事人举证证明一项事实存在的可能性大于不存在的可能性，并且具有合理的或必然的确定程度时，该证据才达到证明标准，事实主张才可以被认定为真实；当事人对同一事实分别举证时，法官可以判断哪一方的证明力更大，能够超过另一方主张事实的真实程度。对于案情重大严重和低概率事件，法官有时也采用高度盖然性标准，当事人需要达到更高的证明程度。在刑事诉讼中，定罪和量刑需要达到证据确实充分的程度，大体上采用排除合理怀疑标准，即对事实的认定已经没有符合常理的、有根据的怀疑，实际上达到确信的程度。《刑事诉讼法》第 55 条第 2 款规定，证据确实、充分，应当符合以下条件：(1)定罪量刑的事实都有证据证明；(2)据以定案的证据均经法定程序查证属实；(3)综合全案证据，对所认定事实已排除合理怀疑。行政诉讼的证明标准目前尚无明确的法律规定，一般认为，行政诉讼参照其他诉讼法规定采用层级化的证明标准，根据不同类型的案件分别适用优势证明标准、清楚而有说服力标准以及排除合理怀疑标准。

延伸阅读

(一)转账借款时如何保存和运用证据

日常生活中，亲友、同学之间时常发生经济往来，借款、赠与纠纷时有发生，碍于熟人情面又难以解决。因此，经济往来过程中要提高权利意识和证据意识，无论是大额借款、小额借款、代为付款或赠与，都要注意收集和保存证据，在解决纠纷时合理使用证据。在面对面交易的情况下，尤其是直接出借现金时，所有的对话和支付过程都没有凭证，因此，务必签订借条，写明双方身份信息、借款金额、利息计算、借款时间、还款时间、违约和纠纷处理方式等重要信息，并签名捺印。若草拟借条存在困难，可以托人起草或寻求合同范本并进行适当的修改与调整。在网络交易的情况下，可以在聊天记录或通话记录中说明有关借款的重要信息，在银行、微信和支付宝转账时注明借款性质与用途等基本信息。按期还款后，出借人可以撕毁借条或出具收据，或双方共同说明已还款的事实；若未按期还款，可以利用借条、聊天记录和转账记录向借款人催收，若催收无效可以据以提起诉讼。除了借款，日常生活中的支付价款、缴纳费用、商品交易等过程中都应当注意保存证明金钱往来的各种证据，避免不必要的麻烦。

（二）购物消费时如何保存和运用证据

在商场、餐厅等场所购买商品或服务时，应当注意保存广告、合同、发票和购物凭证等基本材料，核实与收集商家信息。商家口头承诺的商品质量或服务标准可以通过拍照、录音或签订合同等方式予以固定。在签订商家拟定的格式合同时，注意通读合同全文尤其是重要条款，约定不清或难以理解的内容可以要求商家解释说明，在签名捺印处注意签名位置与用途。若商品存在质量问题、服务低于承诺标准，尽快通过拍照或录制视频的方式固定证据，有原物的妥善保存原物。若商品或服务损害身体健康或造成财产损失，应注意收集证明自身损失和为维护自身权益而付出成本的证据。如在餐厅食用不洁食物导致肠胃疾病，注意收集商家信息、就餐情况、食物信息、消费凭证、医疗证明、就医费用等证据。

（三）人身权、财产权受到侵害时如何运用证据自我保护

因为意外事故或他人侵害，个人权利遭受侵害时，务必收集和保存权利受到侵害、利益受到损失和维护个人权益的成本等事项的证据，为后期寻求救济提供依据。遇到交通事故后，从交警处获得交通事故责任认定书，收集财产的修复或损害费用证明，若出现人身伤害，还需收集医疗费、护理费、交通费、营养费、误工费等合理费用证明，据此向侵权人索赔。在社会交往中或网络空间遭遇名誉权侵权或隐私权侵权时，尽快固定他人侵权的证据，并可以据此通知网络服务者采取删除、屏蔽、断开链接等必要措施。

（四）微信聊天记录如何作为有效证据

在日常生活中，大家经常使用微信发送文字或语音信息、转账、消费购物、获取服务等，微信已经成为集语音、短信、支付、消费于一体的手机软件，很多重要信息都会在微信中有所留存。诉讼中，微信聊天记录常常被作为证据提交，但也存在篡改、伪造和不被采信的情况。确保微信聊天记录能够作为有效证据，首先，应当妥善保管聊天记录的原始载体，若存在法律风险可以提前备份聊天记录。其次，签订合同、管理收据时视情况使用“腾讯电子签”功能。在诉讼过程中，举证方提供双方个人信息界面，核实通信双方的真实身份，通过头像、昵称和微信号等关键信息确定当事人身份，在此基础上提交完整的文字和音视频信息，不得删减或节录。需要注意的是，在开展交易、签订合同或商谈重要事宜时，最好通过书面形式形成记录，签订正式的书面合同，确需通过微信交流的，务必保存好好友身份和聊天记录。

第九章
法治与社会

* 立法与改革
* 法律与科技
* 法治与信息安全

▶ 一、立法与改革

习近平总书记明确指出:"当前,我们要着力处理好改革和法治的关系。改革和法治相辅相成、相伴而生……在法治下推进改革,在改革中完善法治。"① 改革开放以来,我国立足国情,逐步探索出符合中国国情的立法机制,从而能够有效地处理改革与法治的辩证关系。这一机制大约包括以下内容:

一是立法先行。在推进相关工作之前,尤其是涉及国家基本制度的工作之前,相关立法机关需要首先制定、修改相关法律,让改革在法治的轨道上进行。在这方面,1980 年《个人所得税法》(已修改)、1984 年《专利法》等都是典型范例。这些法律首先确立基本制度,然后在改革中不断完善。

二是立法授权。考虑到部分地区的发展状况和改革进程,全国人大常委会近年来授权部分地区在探索中制定法律。由于多年的探索和完善,这些授权体现了法治精神,是在法治框架下的改革实践。例如,上海市浦东新区的改革就是在遵循宪法、法律和行政法规基本原则的基础上制定的,并在浦东新区执行。此外,全国人大也特别授权几个经济特区(广东深圳、汕头、珠海,福建厦门以及海南省)立法。

三是立法跟进。从提高改革成效的角度来看,缩短实践需要和制度规则之间的时间差距,及时总结相关实践经验,完善法律制度,克服法律的滞后性,是当前改革中需要重点探索的问题。例如,我国《刑法》在 1997 年全面修订之后,根据情况的变化和工作需要,先后通过《刑法》11 个修正案和一部分法律、司法解释。

四是立法前瞻。在社会变革时,发挥立法的灵活性可以对一些复杂问题作出探索和改进。例如,2018 年我国对《宪法》进行了修改,将"法律委员会"更名为"宪法和法律委员会",赋予其合宪性审查的职能,同时加快推进备案审查制度建设,以合法性审查为实践先导,为我国合宪性审查制度的建设开辟道路。

五是立法分层。在保持法制统一的背景下,充分发挥立法的多层次作用,综合运用各类法源,可以有效解决社会问题。我国已经形成多层次立法体系,包括中央立法和省一级的立法体系。多层次、多级别立法体系的配合,有助于适应社会变化的需要。

---

① 中央文献研究室:《习近平关于社会主义政治建设论述摘编》,中央文献出版社 2017 年版,第 102 页。

六是立法解释。全国人大常委会对一些相对模糊的问题作出解释,提供适用的空间和标准等。这些立法解释往往能有效地解决改革中面临的问题,为后续改革提供法治基础。例如,全国人大常委会 2014 年通过了《关于〈中华人民共和国刑法〉第三十条的解释》《关于〈中华人民共和国刑事诉讼法〉第二百七十一条第二款的解释》,2016 年通过了《关于〈中华人民共和国香港特别行政区基本法〉第一百零四条的解释》。

处理好改革和法治的关系,不能只是一句口号,而须转化为实实在在的行动。随着改革进入深水区和攻坚区,我国更要坚持改革决策与立法决策相统一、相衔接,立法主动适应改革需要,积极引导改革进程。

二、法律与科技

(一)法律与工业革命

自 18 世纪 60 年代开始,人类在科学技术领域开始了一系列变革,生产力水平有了突飞猛进的进步,从此进入了新的历史纪元。两次工业革命的历史充分展示了法律与科学技术相辅相成又相互矛盾的关系。

人类能够在 18 世纪下半叶开始工业革命的进程,专利法功不可没。专利法激发了社会从事科学技术创造的活力,为人类工业革命的开展准备了制度条件。1474 年,地中海城邦威尼斯颁布世界上第一部专利法,赋予发明人在 10 年时间内垄断其发明的权利,对于侵害发明人垄断权利的,执政官可以要求侵权者赔偿 100 枚金币并且销毁侵权装置。1624 年,人类历史上第一部具有现代意义的专利法诞生,该法律明确将专利权利规定为私人的财产权之一,并且给予发明人较长时间内的垄断权。这部专利法对工业革命的开展有着重要的意义:著名的飞梭、珍妮机等的发明人从这部法律中获得了巨大的利益。此后,各主要工业国家纷纷建立起自己的专利制度。例如,一些国家甚至在其宪法或者宪法性文件中加入保护创新的内容。① “专利制度从萌芽到为各国接受仅仅经历了 400 年的时间”②,这充分体现出专利法在人类发展中的重要地位和作用。

① 参见刘春田主编:《知识产权法》(第 5 版),中国人民大学出版社 2014 年版,第 140 ~ 141 页。

② 刘春田主编:《知识产权法》(第 5 版),中国人民大学出版社 2014 年版,第 141 页。

除了专利法之外，各国相继建立起国家主导的基础科学研究体系，颁布法律支持科学技术与教育的发展。在19世纪下半叶，主要工业国都对其高等教育进行改革，以推进本国的基础科学研究。这些改革包括：第一，改革“校企关系”，在19世纪之前，各国的高等教育普遍排斥实用性功能，反对与社会生产组织合作。随着工业革命的开展，工业生产越来越依赖基础科学的进步。在此背景下，各国颁布法律，支持“大学科技园”的建设，引导企业与高等教育机构合作，对一些重要的基础科学问题，如新能源、新材料等进行攻关。第二，国家对高等学校进行更多干预。在工业革命之前，各高等学校相对自治，可以自行确定研究方向与教育模式。随着工业革命的开展，工业生产对于高技术人才的需求增加，而且，大学的基础科研能力往往影响一国的科技竞争力。对于大学而言，进行基础科研所需要的资金与科研设备也越来越依赖国家财政支持。为了适应这些变化，各国普遍颁布高等教育法引导高等教育改革，支持国家基础科学研究。

两次工业革命在带动人类生产力发展的同时，也给人类社会的发展带来了新的挑战：[①]工业革命改变了人类的生产形式，工厂取代手工业作坊成为主要的生产形式，由此带来了工人劳动权益保障等问题；汽车、火车等新型交通工具的发明使新类型的侵权行为层出不穷，人类进入所谓“风险社会”；工业革命加剧了企业之间的竞争，一些企业为了谋求经济利益而成立垄断组织，破坏了市场秩序；工业革命使人类从乡村集中到城市之中，城市治理成为人类社会治理的新命题；工业革命破坏了人类的生存环境，一系列环境问题涌现。为了应对上述问题，人类积极变革法律制度，努力消除科学技术发展带来的负面影响。

侵权责任法在两次工业革命之后经历了新的发展。19世纪末期以来，为了应对与工业革命相伴随的工业事故等新类型的侵权问题而逐渐产生严格责任，弥补了传统侵权法上的过错责任，对于缓和社会矛盾有着重要意义。[②] 工业革命推动了各种机器在工业生产领域的运用，在提高生产力的同时也给工人的身心健康造成严重威胁。一些高温高压机器具有较高的风险性，非常容易造成各类安全事故。最初，各个主要工业国的法律都采用过错责任制度，即工人只有证明工厂主有明确的过错才能够要求赔偿。这一制度对工人科以较高的

---

① 科技对于法律的影响一般包括以下层面：第一，新技术的出现可能拓展法律的领域；第二，新技术的出现可能改变传统法律的内容；第三，科学技术可能影响法律的实施手段。

② 参见王利明：《侵权责任法研究》（第2版上卷），中国人民大学出版社2016年版，第226页。

举证责任，不利于约束工厂主的行为，也不利于减少事故发生的频率。鉴于此，各国纷纷修订侵权责任法，以无过错责任取代传统的过错责任，即工人只要证明自己遭受损害即可以获得赔偿。这一制度加重了工厂主的责任，要求工厂主必须时刻注意安全生产。之后，这种责任形式拓展到交通、医疗、航空器等领域，对于侵权法的发展产生深远影响。

市场监管法律制度也面临着来自工业革命的挑战。工业革命扩大了人类社会的生产规模，使大规模融资成为从事社会再生产的必需环节。“在工业化初期，技术创新的融资，或者靠工业企业自身的积累，或者靠民间借贷，人际关系在民间信贷融资方面起着重要作用。”①工业革命之后，银行业、证券业快速发展，由此也引发市场波动的风险。与此同时，工业革命使企业技术更新换代的速度加快，一些掌握新技术的企业往往能够获得竞争优势，一些企业为了保持优势，在价格、产量等方面签订垄断协议，试图长期把控市场，损蚀市场公平。工业革命之前，世界各国主要奉行自由放任的经济政策，监管重点集中在“反不正当竞争”领域，缺乏反垄断的内容，对于金融业也缺乏相应监管。为了适应工业革命之后社会经济运行发生的变化，各主要工业国陆续颁布《中央银行法》《反不正当竞争法》等，以应对工业革命对市场经济的挑战。此后，市场监管法律制度更加多元化，调整的领域不断扩大，技术性特征更加突出。②

城市管理法律制度成为新的需求。随着工业革命的兴起，人口向城市大规模集中，城市化率不断攀升。最初，人类的城市化是以一种混乱的方式发展，“城市在19世纪末期空前地增多，人们对此没有任何思想准备。住房、清洁的水、称职的警察和足够的公共服务全都缺乏。任何地方的健康标准都很低，城市过于拥挤导致疾病经常发生”③，为了应对城市治安问题，一些工业国开始逐步建立现代警察制度，警察被要求穿戴统一的制服并且配备了武装；为了解决城市垃圾、污水等问题，一些国家专门立法并设立机构监管城市污水处理、传染病防治等。在治理城市的过程中，各国普遍建立起“公共城市”的理念，即政府应该为城市治理提供更多公共产品，更多专业性人才应该被引入城市治理过程中。“公共城市”的观念影响了各国行政管理领域的法律，各国的市政管理机构普遍开始引进受到良好教育的专家和工程师，行政管理的专业化水平不断

---

① 厉以宁：《工业化和制度调整》，商务印书馆2015年版，第178页。

② 参见徐孟洲、孟雁北：《竞争法》（第2版），中国人民大学出版社2014年版，第43页。

③ ［美］詹姆斯·柯比·马丁：《美国史》，范道丰等译，商务印书馆2012年版，第763页。

提高。

与城市和大工业相伴随的不仅仅是市政管理法律的变革，还有环境法领域的变革。“伴随着工业化，人们排放了有毒有害的废气、废水和废渣，造成了环境污染危害。”①环境问题严重威胁人类的生存与发展。以伦敦为例，由于污水不合理的排放，19 世纪英国总计发生了 4 次霍乱，死亡人数多达 4 万多人。1873 年、1880 年、1892 年以及 1952 年英国发生毒雾事件，造成严重的人员伤亡。为了解决环境问题，英国政府被迫于 19 世纪颁布《河道污染防治法》《公共卫生法》《消除污害法》。环境法领域的新发展对于消除工业革命对环境问题产生的负面影响有着积极意义，然而，发达国家“先污染后治理”的路径所带来的环境矛盾并不能在短时间内被消除。

工业革命之后，各国普遍变革社会保障法，促进社会公平，缓和社会矛盾。“工业社会带来的最大变化就是工业生产逐渐取代农业生产而占据经济发展中的主导地位，市场经济取代了小农经济，社会机构日益走向复杂化，职工则逐渐成为社会阶层结构中的主体。工业生产的社会化和规模化，促使越来越多的劳动者从乡村进入城镇工作与生活，并构成一个日益庞大的无产者群体，以往作为家庭或者个人风险的年老、疾病、工伤、失业等特定事件，也开始演化成为一种社会风险。”②所以，“现代社会保障制度是工业化的产物”③。一些工业国为了应对日益激化的社会矛盾，先后制定了《疾病保险法》《工伤保险法》《老年与残疾保险法》等，此后陆续制定《孤儿寡妇保险法》等，部分国家颁布了《社会保险法典》。④ 社会保险法的完善使原本零星的救灾济贫措施逐步发展成为国家固定的社会政策，施舍式的社会救助发展成为公民的一种法定权利，⑤回应了工业革命给社会治理带来的挑战，在一定程度上维护了社会的稳定。

知识产权法也因为工业革命的发展而发生较大变化。随着工业革命的发展，传统零星的专利、商标等制度已经不能有效激励发明的进步。于是，法学界提出“知识产权”与“知识产权法”的概念，用以回应工业革命背景下产生的智力成果的价值。⑥ 传统的知识产权法一般包括著作权法、专利法与商标法。工

---

① 韩德培主编：《环境保护法教程》（第 7 版），法律出版社 2014 年版，第 7 页。

② 郑功成：《社会保障学：理念、制度、实践与思辨》，商务印书馆 2020 年版，第 128 页。

③ 郑功成：《社会保障学：理念、制度、实践与思辨》，商务印书馆 2020 年版，第 128 页。

④ 参见郑功成：《社会保障学：理念、制度、实践与思辨》，商务印书馆 2020 年版，第 128 ~ 129 页。

⑤ 参见郑功成：《社会保障学：理念、制度、实践与思辨》，商务印书馆 2020 年版，第 129 页。

⑥ 参见王迁：《知识产权法教程》（第 5 版），中国人民大学出版社 2016 年版，第 398 页。

业革命之前，著作权法和商标法在社会经济发展中的作用并不十分明显。就著作权法而言，虽然1709年诞生的世界上第一部著作权法——《安娜法令》已经赋予了作者对于自己创造作品享有的14年内印刷、重印作品的专有权，但受限于当时的印刷技术以及传播技术，著作权的保护客体十分有限，所保护的权利也仅仅限于复制与发行权。工业革命之后，复制与传播技术有了飞速的发展，给传统的著作权法带来新的挑战。与此同时，以录音机、照相机、留声机等为代表的新兴传播媒介的出现也大大拓展了著作权保护的对象。自18世纪开始，各国逐步修订著作权法，将保护范围从复制权拓展到表演权等其他权利。一些国家甚至在19世纪通过一系列新的法律把保护范围扩大到艺术作品和音乐作品。[①] 总之，“复制与传播技术的每一次巨大进步，都会引起著作权法相应的变革，著作权法会规定新的专有权利或者扩张原有专有权利的控制范围加以应对。因此，著作权法的发展历史，就是著作权这种特殊的财产权随着复制和传播技术的发展而不断扩张的历史”[②]。

商标法更是工业革命的产物。工业革命的发展推动了市场经济的繁荣，使各大企业开始重视利用商标推广产品，培育商誉。正是基于这样的考量，从19世纪下半叶开始，各国逐步建立商标法制度：法国于1857年颁布世界上第一部单行的成文《商标法》，将使用作为商标授权的基础。此后，为了繁荣商品经济，各国普遍接受商标法的理念，一方面加强商标注册监管，另一方面拓展商标的范围。

从两次工业革命的历史来看，科学技术在推动社会发展的同时也在给社会治理提出新的命题。为了回应这些新命题，各国纷纷变革法律制度，适应社会发展的需要。高效的法律制度可以推动科学技术的进一步发展，反之，则可能对社会发展造成限制与阻碍。第三次科学技术革命之后，法律与科学技术之间的关系显得更复杂，涉及的领域更多，从而对人类社会产生深远的影响。

（二）法律与信息革命

当前，我们正处于第三次科技革命的大潮之中。这次科技革命兴起于20世纪40年代，是人类社会发展史上的一次飞跃。这次工业革命以原子能、电子计算机、空间技术和生物工程的发明和应用为主要标志，涉及信息技术、新能源技术、新材料技术、生物技术、空间技术和海洋技术等诸多领域，其广度和深度

① 参见刘春田主编：《知识产权法》（第5版），中国人民大学出版社2014年版，第47页。

② 王迁：《知识产权法教程》（第5版），中国人民大学出版社2016年版，第3页。

是前所未有的。这次科技革命改变了人类的思维方式与生活方式，在政治、经济、文化、社会等诸多领域产生深刻的变革。①

第三次科技革命对于法律的影响是广泛而深远的，它使法律的门类日渐复杂，内容日渐庞杂，具体表现在：

首先，第三次科技革命极大地拓展了法律的领域。第三次科技革命涉及领域众多，包括信息工程、生命工程、新能源、新材料、海洋技术、空间技术、软科学等一些全新领域，改变了社会生活的样态，也促进了诸多新兴法律部门的产生：核技术的发展使核安全成为社会治理的重要议题，各国纷纷颁布旨在规范核技术利用的诸多法律；空间技术的发展使空间法成为国际法的新领域；深海钻探技术的发展催生了以深海资源管理为内容的法律的产生等。近些年来，为了回应互联网领域的发展，多国颁布以数据安全、互联网经济为内容的法律法规，旨在规范互联网技术的发展。

其次，第三次科技革命极大地挑战了一些传统法律制度。第三次科技革命在促进人类社会发展的同时，也带来了诸如环境污染、生态破坏、信息泄露、病毒扩散等一系列问题，给人类社会的生存和发展带来了极大的挑战。为了回应这些问题，各国纷纷变革传统法律制度，最大限度地避免科学技术所带来的负面影响。例如，在环境法领域，立法理念发生较大变化。最初，环境法领域主要关注的是污染防治问题，随着第三次科技革命的发展，科学技术所带来的环境污染可能是不可逆的，传统的所谓“先污染、后治理”“先破坏、后修复”“先开发、后保护”的路径已经使人类付出惨重的代价。在这种背景下，环境法领域认识到要从那种“病重求医，末端治理的反应性单项治理政策”转变为以“预防为主，综合治理的预期性政策”，并且从“浓度控制”转变为“总量控制”从“末端治理”转变为“源头控制、全过程控制”②，由此，环境法的具体制度变得更为丰富，各国逐步建立起环境影响评价制度、生态保护补偿制度等，以适应环境保护的现实需要。法律虽然很难彻底消除科学技术所带来的消极影响，但随着人类治理经验的进步，法律可以有效抑制科学技术的负面效果，使科学技术更好地造福于人类社会。

最后，第三次科技革命改变了法律的实施手段，影响了法律的运行机制。第三次科技革命中产生的基因技术、互联网技术等为证据鉴定、法律检索等带来了极大的便利，直接影响了法律的运行状态。例如，随着 DNA 技术的发

---

① 参见赵儒煜等：《产业革命论》，科学出版社 2003 年版，第 93 页。

② 韩德培主编：《环境保护法教程》（第 7 版），法律出版社 2015 年版，第 67 页。

展，法医学在证据收集与证据核验方面的能力有了明显进步；随着数据库技术的发展，律师、法官等在法律检索方面的能力有了重要进步，为同案同判的实现提供了技术支持；随着互联网技术的发展，在线诉讼成为可能，大大方便了纠纷解决，减少了当事人的诉讼成本。科技革命所带来的技术革新大大提高了法律人在解决实际法律问题方面的能力，为法律的发展注入了新的动力。

值得一提的是，知识产权法也在第三次科技革命的浪潮中有了突飞猛进的发展。知识产权法是推动第三次科技革命发展的重要力量，反过来，第三次科技革命推动了知识产权法律的革新与发展。例如，第三次科技革命催生的一系列大众传媒技术刺激了版权产业的发展。无论是发达国家还是发展中国家，GDP 中版权产业所占据的份额都已经达到 3% ~6%，据我国知识产权局统计，2020 年我国版权产业附加值为 7.3 万亿元，占到当年 GDP 比重的 7.39%①。为了适应版权产业的发展，著作权法所保护的范围进一步扩张，同时，为了降低社会成本，著作权法合理使用制度也逐步发展完善。

知识产权法的快速发展也给社会提出了一系列新的问题。例如，公共健康与专利权保护之间的紧张关系成为社会发展中的重要问题：随着生物、化学技术的发展，现代制药业研发新药过程中科研投入成本也越来越高，并且承担失败的风险。为了保证新药的安全，各国建立了严格的药品审批制度，使制药企业成本极高。如果不能对新药给予专利法保护，就可能导致花费巨资研制的新药被他人以极其低廉的价格仿造，严重打击制药企业的积极性，最终阻碍药品的研发，不利于公共健康。然而，过于严格的专利权保护会限制低收入人群获得急需的药物，造成社会不公平。为了协调上述矛盾，各国逐步探索完善专利法“强制许可”制度，希望可以实现制药企业与公共健康之间的利益平衡。

第三次科技革命以来的历史表明：解决法律与科学技术之间的矛盾关系，需要全人类本着“实事求是”的态度，从实际出发，认真分析社会需求，了解社会发展的阶段，最大限度地实现“利益平衡”。归根结底，法律调整的是人与人之间的关系，每个人都会有自己的利益诉求；科学技术最终影响的也是人与人之间的关系，其中也包含着无数人的喜怒哀乐。在现实需要面前，法律人与广大科技工作者应当紧密合作，从人的真实需求出发，不执着于空洞的理念，不固

---

① 参见赖名芳：《2020 年我国版权产业行业增加值达 7.3 万亿元》，载中国作家网，http://www.chinawriter.com.cn/n1/2021/0427/c403994-32089654.html。

执于单一的立场，以解决问题的态度，积极作为，最终实现人类社会的共同繁荣。

▶ 三、法治与信息安全

在手机等各类移动设备高度普及的当下，在体会现代信息技术带来便利的同时，你是否会为信息安全感到担忧？在数字时代的浪潮中，法律究竟应扮演怎样的角色呢？

(一) 网络的安全锁

依据我国《国家安全法》《网络安全法》《密码法》《网络安全审查办法》等法律法规的规定，我国建立起网络安全审查制度，关键信息基础设施的运营者在采购网络产品和服务、从事投资和重大信息项目建设等活动时，应当通过国家网信部门组织的国家安全审查。国家网络安全审查办公室必要时也可以依据职权主动审查关键基础设施的运营者，以维护国家安全。2021 年 7 月 2 日，网络安全审查办公室发布公告，宣布启动对“滴滴出行”的网络安全审查。这是我国首次启动网络安全审查制度。网络安全审查流程如图 9－1 所示。

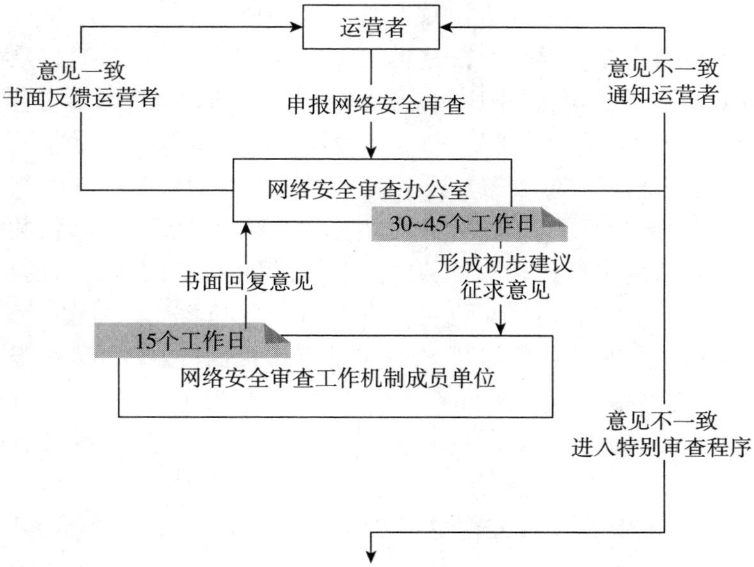

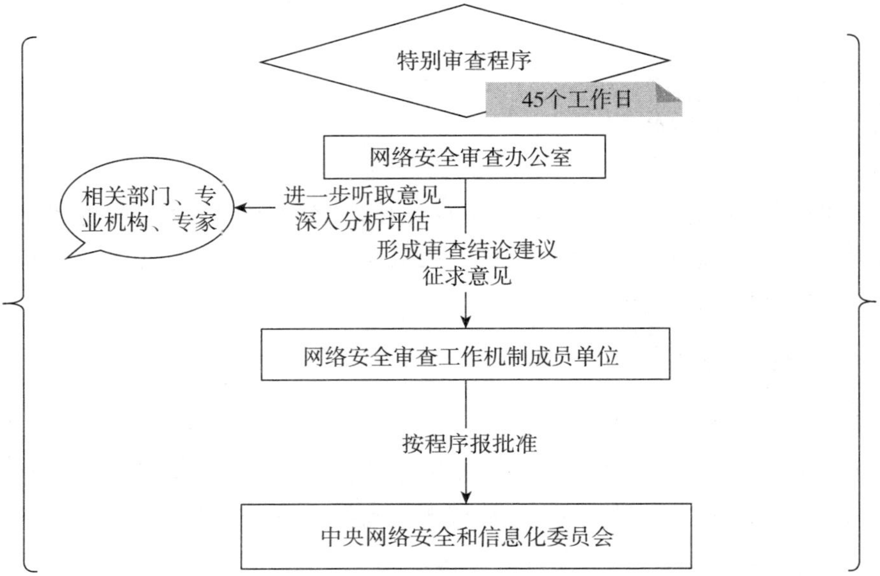

图 9-1　网络安全审查流程①

根据《关键信息基础设施安全保护条例》第2条的规定，打车和导航等软件的运营者所管理的交通领域软件均属于关键信息基础设施。这类信息基础设施一旦遭到破坏、数据泄露或者出现其他安全风险，都有可能严重危害国家安全、国计民生以及安全利益。对于这类信息，我国予以重点保护，采取措施监测风险，及时处置各类风险，防止这些信息基础设施受到攻击、侵入或者干扰。

网络安全是一个系统性工程，仅凭国家网络安全部门的力量是不够的。我国网络安全治理坚持共同治理原则，相关企业、技术社群、各类社会组织甚至普通公民等都需要参与其中。在这个过程中，政府部门、网络运营者、关键信息基础设施的运营者、网络产品和服务的提供者等，都是维护网络安全的重要力量。网络安全部门被赋予监督管理职责，组织制定各类国家标准、行业标准，必要时候开展网络安全审查，建立风险评估与应急工作机制；网络产品和服务的提供者需要支持各类网络安全认证服务，建立网络安全等级保护制度；对于关键信息基础设施运营者而言，其掌握的个人信息和重要数据必须在中国境内存储，并且每年至少进行一次风险评估。

网络安全制度旨在保障安全的基础上促进我国信息化更好更快地发展。

① 参见吴卫明、朱凯凡：《〈网络安全审查办法〉解读》，载搜狐新闻2019年6月5日，https://www.sohu.com/a/318736672_120139527。

习近平总书记指出,安全是发展的前提,发展是安全的保障,安全和发展要同步推进。①《网络安全法》第3条明确要求坚持网络安全与信息化并重的方针,要积极发展信息化有关的技术,依法管理网络安全,在推进网络设施建设、鼓励网络技术创新和应用的同时保障网络安全。我国网络安全部门在审查过程中会充分尊重企业的知识产权和商业秘密,保障企业的合法权益。

在网络安全的治理过程中,广大公民也是维护国家网络安全的关键性力量。近年来,随着互联网技术的发展和普及,我国网民规模急速增加。在这种背景下,广大公民更应该遵守宪法和法律,不得利用网络从事各类违法犯罪活动。开设网站、通信群组等活动程序便捷,同时也要求我们不得利用网站、通信群组等发布不法信息,从事犯罪活动。对于危害网络安全的活动,公民要积极向网信、电信以及公安部门举报。

在信息化时代,一国的国家主权早已延伸到网络空间。维护国家主权应当包括维护国家互联网安全。我国在遵循《联合国宪章》的基础上,尊重各国自主选择网络发展道路以及管理模式,同时也制定完善网络安全有关的法律法规来维护我国网络安全。广大公民都是网络安全的参与者,在日常生活中树立网络安全意识,对于维护个人信息安全乃至国家安全都有着重要意义。可以预见,未来,随着人工智能、大数据、自动驾驶等技术的进一步发展,互联网安全对于一国安全而言会越来越重要。

(二)个人信息的"保护伞"

在数字时代,除国家层面的数据安全以外,每个人的信息安全也至关重要。网络购物、订票、订购外卖等这些日常生活中习以为常的事情都会涉及个人信息安全。近年来,骚扰信息和诈骗电话等行为多发,给我国的个人信息保护敲响了警钟。为了保护数字时代的个人信息安全,我国积极完善相关法律法规,为个人信息保护提供法律依据。《民法典》第111条明确规定自然人的个人信息应当受到法律保护,任何组织或个人获取他人个人信息应依法取得并确保信息安全。《数据安全法》《网络安全法》《密码法》《电子商务法》等法律都对个人信息保护作出规定。2021年颁布的《个人信息保护法》则进一步完善了个人信息保护的相关规则。

《个人信息保护法》一共74条,据统计,这部法律中一共出现74处"应

① 参见《习近平:安全和发展要同步推进》,载中央网信办网,http://www.cac.gov.cn/2016-04/20/c_1118679422.htm。

当”。在法律里,出现“应当”就意味着义务人必须履行这样的义务,否则就会面临相关的不利后果。如此大比重的“应当”,足以凸显这部法律之严格。为什么要制定如此严格的法律呢?我们以网络购物为例来阐释这些“应当”的意义。

当我们打开网上购物 app 的时候,有的平台已经开始收集我们的信息。其中,一部分信息可能是为了保障购物的正当运行,但也有可能收集许多与网络购物无关的信息。《个人信息保护法》要求平台在收集个人信息时要取得用户的同意,不得过度收集个人信息。用户同意必须在充分知情的情况下作出,用户有权撤回同意。对于平台运营者而言,除非处理个人信息属于产品或者服务的必需,否则,不能够以用户撤回同意为由拒绝提供商品或者服务。结合网络购物的规模和频次,我们或许就能够理解上述要求对于普通用户的意义。在平台完全遵守上述法律的情况下,从网购正常运行的角度来看,平台收集信息具有正当性,但如果平台不能够妥善储存这些信息,一旦信息泄露,则会对普通用户的信息安全产生巨大影响。目前,法律要求平台必须根据个人信息的性质采取各种必要措施,防范可能出现的风险。这些措施包括但不限于:制定管理制度和操作规范,采取加密等安全技术措施,对于相关从业者进行培训等。国家网信部门会对个人信息处理者的各项安全措施进行检查。

在网络购物的过程中,我们会用银行账户支付价款,其中涉及的金融信息一旦泄露,会对自然人的人身财产安全产生巨大威胁。《个人信息保护法》将这类信息称为“敏感个人信息”。对于这类信息,《个人信息保护法》第 28 条第 2 款、第 29 条、第 30 条规定,只有在具有充分必要性以及特定目的,并且采取严格保护措施的情况下,个人信息处理者才能够处理这类个人信息。而且,处理这类信息必须获得个人单独同意,处理未成年人的敏感个人信息必须得到其监护人的同意。可以说,对于这类敏感个人信息,法律给予更多限制性规定。

在网络购物、网上订票、订购外卖过程中,我们常常会碰到这样不愉快的现象:当我们经常使用某一款 app 时候,我们手机显示的价格可能会高于新用户,这就是俗称的“大数据杀熟”。这背后是部分企业滥用个人的消费倾向等隐私信息采用区别定价的方式获得利润。《个人信息保护法》第 24 条第 1 款明确规定,个人信息处理者在利用个人信息进行自动化决策过程中应当保证决策的透明度和结果的公正性,不得在交易价格等交易条件上实行不合理差别待遇。

近年来,刷脸支付更加普遍。刷脸支付所收集的生物信息对于个人的人身财产安全至关重要。而且,公共场所安装的人脸识别设备也给个人信息保护提出了新的挑战。《个人信息保护法》第 26 条明确规定,公共场所安装的图像采集、个人身份识别设备必须被明确标识,所收集的信息除取得个人单独同意的外,只能被用于维护公共安全目的。

在数据时代,个人信息保护事关每一位公民的切身利益。我国立法者从保障公民权益角度出发,严格个人信息的收集和处理,为每一位公民营造良好的网络环境;与此同时,我们也必须认识到,在大数据时代,数据的收集和利用也是不可避免的,我们不可能拒绝信息化的发展。未来,我国立法者会结合我国国情,继续探索个人信息保护与个人信息利用之间的平衡点,为信息化时代的社会治理贡献出中国智慧。

延伸阅读

(一)药品专利与公共健康

药品专利在促进药品研发的同时,也可能产生增加社会负担尤其是增加群众的用药成本的影响。如何解决药品研发与社会医疗成本之间的紧张关系是困扰当今世界各国的难题之一。一方面,随着药品研发技术与研发方式的变化,药品研发成本急剧攀升。现代药品实验要求也更加严格,从药品研发到药品上市往往要经历十几年时间,花费成本多达上百亿元,而盗版药的成本却只有十几元。另一方面,居高不下的医疗成本严重妨碍社会公平。为了解决这对矛盾,我国探索推广“药品集中采购”制度。多个医疗机构通过药品集中招标采购组织,通过招投标的方式集中采购所需药品。这一制度取得了良好的社会效果,一方面,大大减轻了群众的用药负担:据统计,2021 年我国第四批药品集中采购清单中药品平均降价 52% 。另一方面,也保证了药品研发企业的基本成本,确保了药品专利制度合理有效运行。这就是我国为世界药品专利制度作出的重要贡献,体现中国的治理智慧。

我们生活在一个伟大的时代,也生活在一个复杂的时代。科技与法律之间的复杂关系影响着诸多群体的利益。在这个时代,我们尤其需要理性与包容,以务实的态度解决社会问题,避免受情绪或者立场的干扰对社会问题作出片面的评价。矛盾是社会发展的重要动力。面对社会问题,既不能掩耳盗铃,逃避问题,也不能因噎废食,采用极端手段,而是需要运用智慧与理性,以开放包容的心态相互交流与沟通,寻找一个“双赢”的方案。

(二)科技伦理的不容践踏

2018 年 11 月 26 日,南方科技大学贺某某副教授宣布一对名为露露和娜娜的基因编辑婴儿在中国诞生。由于这对双胞胎的一个基因(CCR5)经过修改,她们出生后即能天然抵抗艾滋病病毒 HIV。消息一出,舆论哗然。2019 年 1 月,事件调查结果公布:贺某某蓄意逃避监管,私自募集资金,实施国家明令禁止的以生殖为目的的人类胚胎基因编辑活动。12 月 30 日,深圳市南山区人民法院一审公开宣判。贺某某、张某某、覃某某 3 名被告人因共同非法实施以生殖为目的的人类胚胎基因编辑和生殖医疗活动,构成非法行医罪,被依法追究刑事责任。

其实,我国于 2003 年出台了《人胚胎干细胞研究伦理指导原则》,其中第 6 条规定,可以以研究为目的,利用体外受精、体细胞核移植、单性复制技术或遗传修饰获得囊胚,但体外培养期限自受精或者核移植开始不得超过 14 天。而本案中贺某某等人完全无视这一规定,擅自从事基因编辑婴儿活动,违反了国家法律,也给国家社会带来了不良影响。

对于广大科研工作者而言,这一事件应当敲响警钟。“法律与科技”互动的故事并不只是大国争霸舞台上的注脚,更关系人类的生存与发展。第三次科技革命以来,基因技术、核技术等一系列技术在给人类带来巨大便利的同时,也可能给人类的伦理认知和社会发展带来挑战。每一位科技工作者既是科学发展的主力军,也是维护科技伦理与科技秩序的重要力量。为了应对科技发展的“双刃剑”,我国制定了一系列有关科研创新秩序的法律法规。例如,我国《专利法》第 26 条第 5 款规定,依赖遗传资源完成的发明创造,申请人应当在专利申请文件中说明该遗传资源的直接来源和原始来源。《专利法》第 5 条第 2 款规定,对违反法律、行政法规的规定获取或者利用遗传资源,并依赖该遗传资源完成的发明创造,不授予专利权。科研工作者在使用遗传资源进行科学研究的过程中必须遵守上述规定,否则可能给社会带来不利影响。如果广大科研工作者能够自觉遵守相关法律法规,遵守科研伦理,对于消除科技的不利影响将有积极意义。2019 年,中央全面深化改革委员会第九次会议通过了《国家科技伦理委员会组建方案》,这表明科技伦理建设进入最高决策层视野,成为推进我国科技创新体系中的重要一环。①

近年来,不少研究者将科学技术比喻成“潘多拉魔盒”“达摩克利斯之剑”,

① 参见《科技伦理的底线不容突破》,载人民网,http://scitech.people.com.cn/n1/2019/0726/c1007-31257810.html。

这些比喻生动地表现出现代科技可能给人类带来的恐惧。一系列科幻电影选择以此为主题,展示科技失控给人类带来的种种危机。或许上述讨论带有许多假设的性质,但是,现实中,人类社会的许多技术已经触及人类的生命伦理、生态伦理、新材料伦理以及军事伦理等。例如,"人造精子"的出现的确给人类带来福音,但也给人类家庭伦理提出新的挑战;纳米技术的应用的确改变了人类生活,但其隐藏的毒性却可能给人类带来潜在的影响;无人装备体系的出现改变了战争的形态,也给战争中平民的保护带来潜在问题。倘若任由诸如此类的技术发展,将给人类自身的生存带来巨大的危机。所以,强调科技伦理与科研工作者的社会责任具有现实意义。

目前,全球多国都已经将科技伦理教育纳入科研人员教育体系中的重要部分。科学家不能成为科技的动物,而需要成为具有人文关怀的人,必须具有社会责任感,甚至需要关注全人类的命运。目前,公认的科技研究的伦理包括两部分:第一,科学家在研究过程中如果发现现有研究有可能给人类带来不利后果的,需要及时中止研究;第二,科学家对于研究成果所能预见的所有后果积极全面地披露。

第十章
劳动与创业

* 劳动者“新手指南”
* 学法降低创业风险
* 合同制度是市场交易中的法律桥梁

▶ 一、劳动者"新手指南"

劳动法和社会保障法都是关注社会弱势群体的法律。在市场经济中，劳动者个体与用人单位相比往往处于较弱地位。法律通过工时、工资等制度来保障劳动者的权益，实现社会公平。社会保障法是在劳动法的基础上发展起来的，以劳动关系为前提条件，目的在于保障劳动者的养老、疾病、工伤、失业和生育等方面的权利。对于初入职场的大学生来说，掌握劳动法和社会保障法的相关知识，对于保障自身合法权利尤为重要。

（一）劳动合同怎么签

劳动合同制度既是劳动法中极重要的制度，也是在发生劳动争议时主张权利最为重要的依据。《劳动合同法》第 17 条规定，劳动合同必须包括劳动合同期限、工作内容和工作地点、工作时间和休息休假、劳动报酬、社会保险、劳动保护、劳动条件和职业危害防护等信息。毕业生在就业过程中应当重视劳动合同的签订，关注劳动合同的内容，与用人单位签订劳动合同时应认真阅读合同文本，查看其中必备条款有无遗漏、是否符合自己的要求，以防自身权益受到损害。

除必备条款外，劳动合同一般还会约定试用期，《劳动合同法》第 19 条第 2 款规定，同一用人单位与同一劳动者只能约定一次试用期。现实中一些用人单位变动劳动者的岗位后重新设定试用期，这类变相延长试用期的行为是不合法的。再如，部分用人单位在劳动合同中约定试用期内"无薪离职""只支付基本工资"等，违反了《劳动合同法》第 20 条"劳动者在试用期的工资不得低于本单位相同岗位最低档工资或者劳动合同约定工资的百分之八十，并不得低于用人单位所在地的最低工资标准"的规定。对于大学生群体而言，还有一个较常见的疑问就是实习期与试用期的区别。法律对于实习期没有具体的规定。一般而言，实习是在校学生通过完成一定的实务工作来巩固深化理论知识，提升实践能力。实习期完全由当事人约定，不受最低工资标准的约束，签订的也不是劳动合同。因此，临近就业的在校生一定要注意实习期与试用期的区别，通过签订劳动合同来保障自己的就业。

劳动者与用人单位签订劳动合同之后应当遵守诚实信用的原则，按照合同约定履行职责。部分大学生就业时签订了无固定期限合同，便因此认为自己拿到了"铁饭碗"，这种想法是错误的。根据《劳动合同法》第 39 条规定，用人单位可以在劳动者“严重失职”“严重违反用人单位的规章制度”等特定条件下解除劳动合同。

（二）“五险一金”怎么交

《社会保险法》第 2 条规定，国家建立基本养老保险、基本医疗保险、工伤保险、失业保险、生育保险等社会保险制度，保障公民在年老、疾病、工伤、失业、生育等情况下依法从国家和社会获得物质帮助的权利。除社会保险外，国家还有社会福利、社会救济、社会优待和残疾人保障等制度，其共同组成我国的社会保障体系。我们在求职就业中常常听到的“五险一金”一词，其实就是我国社会保障体系的缩影。其中的“五险”是指《社会保险法》中规定的五种保险类型，而“一金”则是指住房公积金，属于社会福利制度中住房福利的一部分。

在社会保险金的征缴上，养老保险、医疗保险和失业保险由用人单位和职工共同缴纳，工伤保险和失业保险由用人单位缴纳，用人单位是缴纳社会保险的重要主体。根据《劳动合同法》和《社会保险法》相关规定，用人单位自用工之日起即与劳动者建立劳动关系，应在 30 日内为其职工申请办理社会保险登记，并按照相关规定缴纳社会保险金。部分用工单位以“试用期”不属于正式职工为由不为劳动者办理社会保险的行为是违法的，劳动者遇到此类情况时，可以依法主张自己的合法权益。

（三）经常加班合法吗

休息休假是劳动者的基本权利，工时制度是保障该权利的重要制度。《劳动法》在第四章以专章的形式对“工作时间和休息休假”予以规定，通过设定劳动者工作时间的上限来保证其获得休息的权利。一般来说，劳动者每日工作时间不超过 8 小时，平均每周工作时间不超过 44 小时。对于延长工作时间，也就是我们通常所说的“加班”，《劳动法》第 41 条设定了三重限制：一是目的限制，延长工作时间是由于生产经营需要。二是条件限制，须与工会和劳动者协商后才可以延长工作时间。三是时间限制，延长工作时间一般每日不得超过 1 小时；有特殊原因的，在保障劳动者身体健康的条件下，每日不得超过 3 小时，但是每月不得超过 36 小时。

（四）产生争议怎么办

劳动者如果因劳动关系、劳动合同、社会保险等事项与用人单位发生劳动争议,则可以通过投诉、协商、调解、仲裁、诉讼等方式解决争议。

如果用人单位违反国家规定,拖欠或者未足额支付劳动报酬,或者拖欠工伤医疗费、经济补偿或者赔偿金的,劳动者可以直接向劳动行政部门投诉。各地省级劳动保障监察机构举报投诉方式可在人力资源和社会保障部网站查询。[①] 劳动报酬、工伤医疗费等问题因为关系劳动者的基本生活,因此属于劳动监察的受理范围,劳动者向劳动行政部门投诉后,劳动行政部门应当依法处理,帮助劳动者维护基本权益。具体的投诉渠道可以在各级人力资源与社会保障部门的政府网站上获取。

除欠薪等问题外,劳动者遇到的其他问题可以与用人单位协商,也可以请工会或者第三方共同与用人单位协商,达成和解协议。不愿协商、协商不成或者达成和解协议后不履行的,可以向调解组织申请调解。常见的调解组织有企业劳动争议调解委员会、依法设立的基层人民调解组织和在乡镇、街道设立的具有劳动争议调解职能的组织。调解组织的调解员会充分听取双方当事人对事实和理由的陈述,耐心疏导,帮助其达成协议,并制作调解协议书。

不愿调解、调解不成或者达成调解协议后不履行的,也可以向劳动争议仲裁委员会申请仲裁;对仲裁裁决不服的,可以向人民法院提起诉讼。劳动争议诉讼要求"仲裁前置"。也就是说,发生劳动争议后,不能直接向法院提起诉讼,而应该先行仲裁,对仲裁结果不服方可提起诉讼。这样的程序设计能够充分发挥劳动仲裁委员会的人员优势和专业优势,有助于查明争议事实,实质性解决争议问题。同时,仲裁程序与诉讼程序在受理、开庭、裁决等很多地方有相似之处,其客观性和公正性是足以保障的,对劳动争议解决发挥着重要作用。

▶ 二、学法降低创业风险

近年来,政府不断推进简政放权,为市场主体创造更大空间,使创新创业不再是少数人的专业,而是多数人的机会。政策落实的背后也少不了法律的保障,我国《著作权法》《专利法》《商标法》等知识产权领域立法为创新者打造了维权之"利剑",《民法典》《公司法》等民商事立法为创业者提供了"致富宝

① 参见《各地省级劳动保障监察机构举报投诉渠道》,载人力资源和社会保障部网, http://www.mohrss.gov.cn/SYrlzyhshbzb/rdzt/gznmgqxwt/wqqd/201906/t20190601_319025.html。

典”。对于具备创新能力的大学生群体来说，从拥有一项创新成果，到成果转化、成立创新企业，整个过程背后都有法律的保驾护航。

（一）申请专利：掌握自己的“核心技术”

如果你是一名普通大学生，有着智慧与活力，希望努力取得科研成果，但缺乏资金和设备支持，那么，《民法典》及相关法律法规将为你提供有力支持。你可以与有意愿的投资方签订“技术开发合同”，由投资方提供必要的研究开发经费，提供技术资料，你只需要按照合同要求在规定时间内提交科技创新成果即可。除非法律另有规定或者当事人另有约定，你可以将科技创新成果申请专利。当然，在合同履行期间，你需要按照约定制定和实施研究开发计划，合理使用研究开发经费。目前，我国不少地区都建设有科技孵化园，为大学生从事科技创新提供必要的资金和技术支持。

经过不懈的努力，如果你终于成功拥有一项技术成果，那可以申请专利保护。依据《专利法》第 42 条第 1 款规定，发明专利的保护期为 20 年，实用新型专利的保护期为 10 年，外观设计专利的保护期为 15 年。在专利有效期之内，你作为专利权人享有专利的收益权，未经你的许可，任何单位或者个人都不得实施该专利。任何单位与个人想实施专利，都必须与你订立专利实施合同，并向你支付专利许可费。我国正不断提高知识产权执法水平，坚决打击各类侵犯知识产权的违法行为，积极保障专利权人的合法权益。

但并非任何技术都可以被授予专利。授予专利权的发明和实用新型，应当具备新颖性、创造性和实用性，授予专利权的外观设计，应当不属于现有设计，不与他人的合法权利相冲突。除符合以上要求外，专利权还需要专利部门进行实质审查予以确定。以发明专利为例，自申请之日起满 18 个月的，国务院专利部门将其公布，申请人在申请之日 3 年之内随时可以要求专利部门对专利进行实质审查。经实质审查没有发现驳回理由的，由国务院专利行政部门作出授予发明专利权的决定，发给发明专利证书，同时予以登记和公告。自公告之日起，你所获得的专利权就宣告生效。专利申请流程见图 10－1。

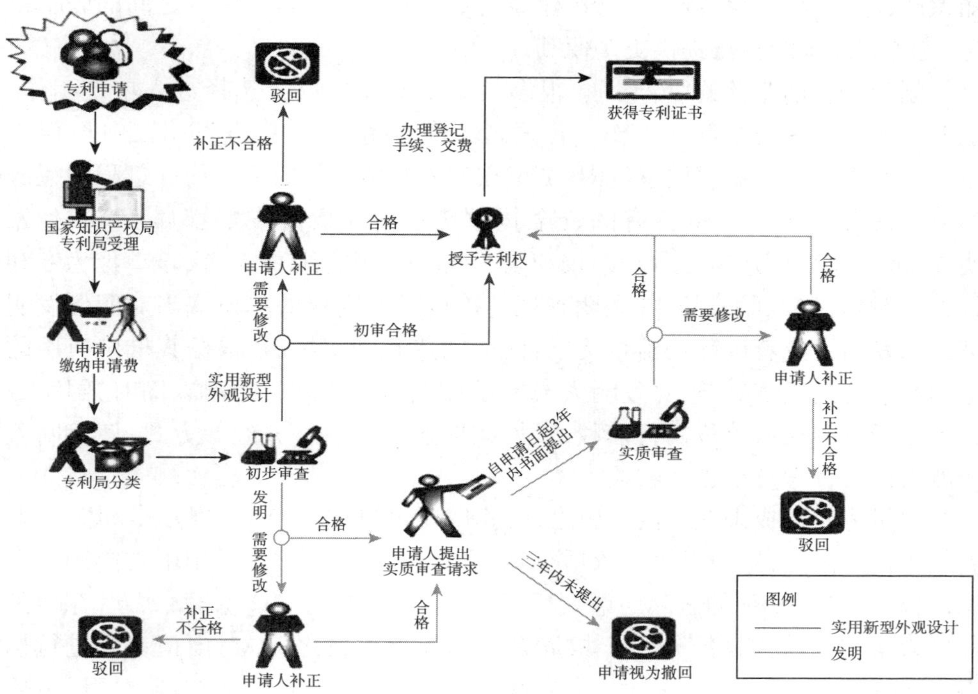

图 10－1　专利申请流程①

接下来，你要考虑的就是怎样实施专利：自己成立一家公司，或者与他人合作实施专利。无论采用哪种方法，法律都将为你保驾护航。如果你不想自己承担创业的风险，可以用技术出资，与他人共同创立企业。《公司法》第 27 条明确规定，可以以知识产权作价出资入股，在出资入股的时候需要进行资产鉴定。同时，权利与义务是统一的，技术出资方需要对技术的实施进行充分的指导，提供必要的技术资料，并且配合出资企业办理技术转让手续。完成了这些，你作为技术出资方就可以享受公司分红收益了。

即便没有投资方与你合作，你也可以寻求国家知识产权局的帮助。我国正在启动新一轮专利成果转化计划，从 2021 年开始，国家知识产权局联合财政部启动“专利转化专项计划”，择优挑选一批“沉睡专利”给予专项财政支持，直接对接企业需求，进一步畅通技术要素流转渠道，推动专利技术转化实施。专利权人可以向国家知识产权局提出申请，一旦被认定为有较高价值的专利，国家

① 参见《专利申请审批流程》，载国家知识产权局网，https://www.cnipa.gov.cn/art/2020/6/5/art_1517_92471.html。

知识产权局就会寻找技术需求方，建立起专利权人与技术投资方之间的联系渠道，为专利成果的转化提供更多便利。

创新并非创业者的“专利”。很多大学生毕业之后会选择进入单位工作，这并不妨碍从事科技创新工作。我国已经建立完备的“职务发明”制度，保障企业与发明人的权益。在单位中，员工在完成单位交付的工作任务过程中完成的发明或者利用本单位特有的资金技术等要素完成的发明都属于“职务发明”。职务发明创造申请专利的权利属于该单位，申请被批准后，该单位为专利权人。但是，《专利法》第15条明确规定被授予专利权的单位应当对职务发明创造的发明人或者设计人给予奖励；发明创造专利实施后，根据其推广应用的范围和取得的经济效益，对发明人或者设计人给予合理的报酬。同时，国家鼓励被授予专利权的单位实行产权激励，采取股权、期权、分红等方式，使发明人或者设计人合理分享创新收益。

除了将专利成果在国内实施之外，我们还可以选择申请“国际专利”，让专利技术走出国门，走向世界。依据《专利合作条约》，中国公民用中文向国家知识产权局递交“专利的国际申请”就可以进入国际专利申请阶段。之后，由“国际检索单位”(中国国家知识产权局系国际检索单位之一)对申请专利进行检索，并对可专利性提出相关意见。专利申请人在18个月内要求专利公开，之后申请对专利进行实质审查。通过“专利的国际申请”，申请人只需要提交一份中文版专利申请，就可以实现在世界任何国家获得专利授权。国际专利申请流程见图10－2。我国一直积极推动专利的国际化工作，为中国企业走出去保驾护航。世界知识产权组织有关报告及数据显示，中国在2019年全球创新指数中的排名提升至第14位，较2018年上升3位，稳居中等收入经济体首位；2019年，中国通过《专利合作条约》途径提交专利申请5.9万件，跃居世界第一；通过马德里体系提交国际商标注册申请6339件，位列全球第三。[①]

---

① 参见《我国国际专利申请量跃居世界第一》，载中国政府网，http://www.gov.cn/xinwen/2020－04/24/content_5505597.htm。

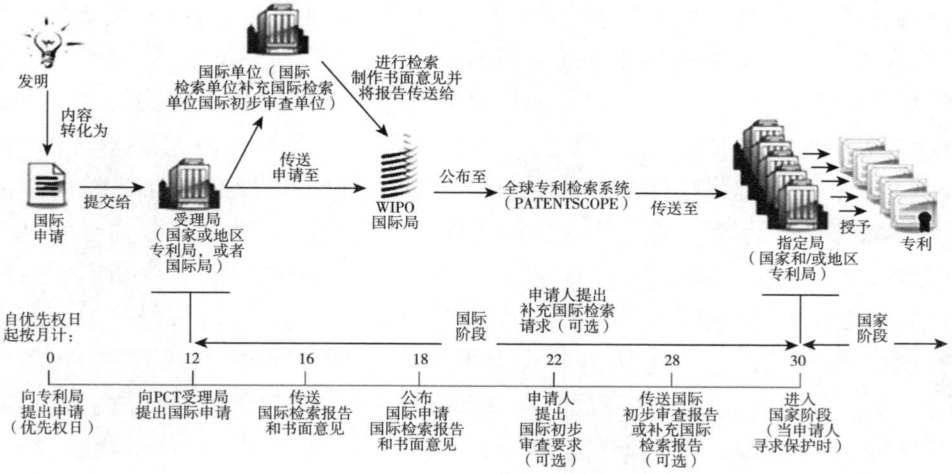

图 10－2　国际专利申请流程①

（二）保护创作：守护你的泉涌才思

我国不断拓展知识产权的保护范围，最大限度激发社会创造的活力，尽可能将智慧成果转化为社会资产。

如果你是一位“文艺青年”，有志于从事文学、艺术等领域的创作，《著作权法》及相关法律法规可以为你提供必要的帮助。“万众创新”不仅是科学技术的创新，也包括文化创新，从而繁荣社会主义科学文化事业。《著作权法》保护的客体十分广泛，包括文字作品、口述作品、音乐作品、戏剧作品、曲艺作品等丰富的作品类型，并以相对开放的态度不断扩张作品的范围。创作的作品只需要满足独创性的要求，在作品创造完成之日就可以获得《著作权法》的保护。著作权人享有丰富的权利，大致分为人身权利与财产权利，前者包括：发表权、署名权、修改权、保护作品完整权；后者包括：复制权、发行权、出租权、展览权等权利。著作权人所享有的署名权、修改权、保护作品完整权是没有期限的。举例来说，你创作的作品不会因为时间的推移而被移到别人的名下；不过，著作权人所享有的发表权、著作财产权会受到时间限制，《著作权法》第 23 条规定为作者终生及其死后 50 年。在著作权有效期内，任何人利用著作权人的作品，都必须得到著作权人的许可，并且支付许可费。法律充分保障著作权人的合法权益，期待更多

① 参见世界知识产权组织：《专利合作条约常见问题解答》，载世界知识产权组织（WIPO）网，https://www.wipo.int/export/sites/www/pct/zh/basic_facts/faqs_about_the_pct.pdf，最后访问时间：2021 年 8 月 15 日。

青年投身文学艺术科学领域的创作之中，为繁荣社会主义文化事业作出贡献。

或许你更擅长推销各种产品，希望消费者可以享受到最优质的产品和服务，那么，《商标法》及相关法律就为你提供了无限可能。商业模式的创新也是社会创新的重要组成部分，一项成功的商业模式最终可能凝聚成珍贵的“商誉”，为社会交易提供信用支持。商标法所保护的正是凝结在商品背后的“商誉”。《商标法》为各种类型的商标提供保护，包括商品商标、服务商标等。为了释放社会活力，《商标法》对商标形式的规定也比较宽泛，文字、图形、字母、数字、三维标志、颜色组合和声音等，以及上述要素的组合，均可以作为商标申请注册。你可以选择上述任何形式来推广产品，创造新的营销模式。《商标法》还为我国广大农村地区商品推销提供了便利。为了提高农产品的价值，我国《商标法》中还规定了“地理标志”，一些十分著名的农产品，如栖霞红富士、烟台海参、毕克奇大葱等，由于获得地理标志的授权，极大地提高了产品的知名度，助力农民脱贫致富。《商标法》期待更多青年加入商业模式创新之中，积累培育我国产品的“商誉”，提高中国制造的知名度，打造更多中国品牌。

知识产权法为广大青年创新提供了无限可能。随着科学技术的发展，知识产权法所保护的范围不断扩大，目前涵盖了植物新品种、集成电路布图设计、地理标志、商业秘密等客体，知识产权法的初心是保护人类的各类智慧成果，激励人类社会的创新与发展，随着科学技术的发展，知识产权在人类社会中的地位会进一步凸显。

（三）创办企业：公司与合伙的区别

公司制改革是市场经济建设中的重要组成部分，时至今日，各种类型的公司已经成为最重要的市场主体，在经济活动中发挥重要作用。同时，创新创业是当前经济发展的重要驱动力，了解我国《公司法》及其相关制度，对于即将进入社会的大学生创业者和就业者而言都是很有必要的。

《公司法》将公司分为有限责任公司与股份有限公司。相较而言，有限责任公司具有一定的封闭性，比较适合中小企业，其股权转让只能通过协议方式；而股份有限公司是一种开放型公司，适合规模经营，股份的转让既可以通过协议转让，也可以通过公开证券市场（如股票交易所）转让。在责任承担上，有限责任公司的股东以其认缴的出资额为限对公司承担责任；股份有限公司的股东以其认购的股份为限对公司承担责任。

公司作为法人主体参与市场活动，最主要的特征就是能够以自身名义独立承担法律责任，这也意味着公司背后的股东只在其出资或股份范围内承担有限的责任。法人资格的创设为投资和创业解开了束缚,但这样的设计也可能出现法人资格滥用的问题。举例来说,谢某投资成立了甲、乙两家公司,乙公司从未实际开展生产经营活动,日常开支均由甲公司支付,致使甲公司无力偿还债务。谢某作为两家公司的唯一股东,无视公司的独立人格,随意挪用公司资产,导致甲、乙两家公司之间财务混同严重,以此谋求自身利益最大化。① 如与该案例的情况一样,出现股东滥用权利,利用公司独立地位损害公司债权人利益的情况该如何救济呢?针对这种问题,公司法发展出了"法人人格否认"理论,也被形象地称为"揭开公司面纱"。当公司股东滥用公司法人独立地位和股东有限责任,逃避债务,并严重损害债权人利益的情况出现时,应当否定公司的独立人格和股东的有限责任,令滥用权利的股东对公司债务承担不限于其出资范围的连带责任。我国《公司法》第 20 条第 3 款明确了这条规则。

例如,2005 年《公司法》第 26 条、第 81 条规定,有限责任公司的注册资本最低为 3 万元,股份有限公司为 500 万元,出资方式采取的是"实缴制",对于首期出资额均规定了最低要求,且需要在两年内缴足。对于注册资本和出资缴纳有着较严格的要求。而 2013 年修改《公司法》时取消了公司注册资本的最低限额,并规定公司出资方式为认缴制,这对于激活市场活力、鼓励大众创业而言意义重大。② 采取认缴制,意味着股东或者发起人对于其认缴的出资或者认购的股份的缴纳,只需要按照公司章程规定缴纳即可,为创新创业者减轻了负担。

与具有法人资格的公司不同,合伙企业是一种基于合伙协议的安排而共同投资、共同经营、共享收益、共担风险的商事组织,是一种非法人组织。也就是说,合伙企业无法以企业的名义独立承担权利义务,因此,合伙人对于合伙债务需要承担无限责任。除此之外,合伙与公司的另一个主要区别在于,公司所采取的是所有权与经营权分离的"委托—代理"经营制,由全体股东组成的股东会并不负责开展日常经营活动;而合伙的权力机关和是全体合伙人,所有权与经营权是合一的,合伙人对于经营事务具有更大的掌控性。也正因如此,很多创业者最初都是选择以合伙的形式开展经营。

我国《合伙企业法》中规定了两种不同形式的合伙企业,即普通合伙企业和有限合伙企业。普通合伙企业是最为基础的合伙,由全体合伙人承担无限连带责任,当合伙财产不足以清偿全部债务时,全体合伙人须以自己的财产承担无限责任。有限合伙企业,是指在合伙关系中,一部分合伙人承担无限责任,而

---

① 参见福建省高级人民法院民事判决书,(2004)闽民终字第 615 号。

② 2018 年修改《公司法》时保留了这一规定。参见 2018 年《公司法》第 3 条。

另一部分合伙人则承担有限责任。有限合伙的优势在于将有限责任引入了合伙制度,为合伙企业融集资金提供了方便。

(四)依法纳税:企业的社会责任

企业在盈利的同时也需要依法纳税,企业所得税和增值税是企业需要缴纳的两个主要税种。

所得税,亦称收益税,是以纳税人在一定期间内的净收入为征税对象的一类税的统称。企业每一纳税年度的收入总额,减除不征税收入、免税收入、各项扣除以及允许弥补的以前年度亏损后的余额,即企业所得税的应纳税所得额。需要注意的是,合伙企业并不直接适用《企业所得税法》的规定,而是以每一个合伙人为纳税义务人。合伙人是自然人的,缴纳个人所得税;合伙人是法人和其他组织的,缴纳企业所得税。

增值税在性质上属于流转税,是以商品在流转过程中发生的增值额为课税对象的一个重要税种。在我国,销售货物或者加工、修理修配劳务,销售服务、无形资产、不动产以及进口货物的单位和个人,都属于增值税的纳税人。我国"营改增"试点完成以后,营业税正式取消,所有商品与劳务统一征收增值税。

那么,创办企业后应当如何纳税呢?又有哪些需要注意的呢?概括来说,主要有以下四点:第一是税务登记,企业自领取营业执照之日起30日内,应当持有关证件,向税务机关申报办理税务登记。第二是账簿、票据管理,企业应当根据法律法规的规定设置账簿,根据合法、有效的凭证记账和核算。税务机关是发票的主管机关,非经税务机关指定,任何企业不得印制发票。第三是申报纳税,纳税人须依照规定的申报期限、申报内容如实办理纳税申报,报送纳税申报表、财务会计报表和其他纳税资料。第四是优惠办理,符合法律法规规定的税收减免条件的企业,可以依法办理减税、免税。税收申报办理流程如图10-3所示。

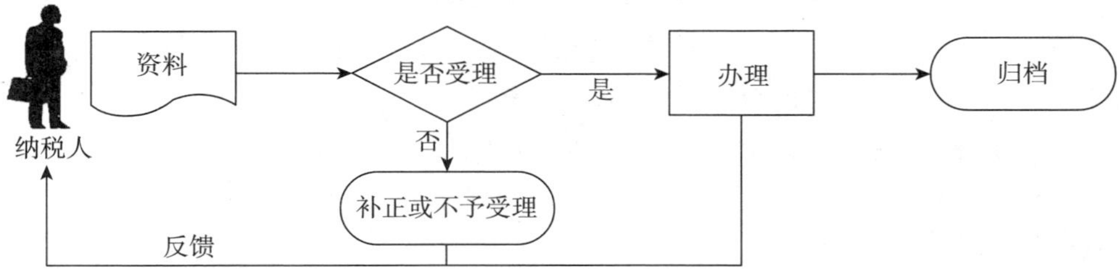

图10-3 税收申报办理流程①

① 参见《增值税一般纳税人申报》,载国家税务总局网2019年10月31日,https://12366.chinatax.gov.cn/bsznBLH/getOneBszn?bh=de7da52d8ba944b796b572ef8ba9f73c。

国家鼓励创新创业，对创新企业尤其是科技企业给予最大限度的税收优惠。例如，技术转让、技术开发免征增值税；[①]科技企业孵化器、大学科技园和众创空间孵化服务免征增值税；[②]软件产品增值税即征即退；[③]投资于未上市的中小高新技术企业的创业投资企业按投资额的一定比例抵扣应纳税所得额；[④]符合条件的一般技术转让项目所得减免征收企业所得税等。[⑤] 除此之外，全国大部分地区都有额外的鼓励政策，包括资金支持、无息贷款、厂房支持等。种种政策能助力你的科技成果尽快转化为实实在在的收益。

▶ 三、合同制度是市场交易中的法律桥梁

2021 年 1 月 1 日起，我国《民法典》正式实施。《民法典》的制定是坚持和完善社会主义基本经济制度、推动经济高质量发展的客观要求。同时，《民法典》也是创业者的“宝典”，其中的民事法律行为制度、法人制度、代理制度，调整各类财产关系的物权制度，调整各类交易关系的合同制度，保护和救济民事权益的侵权责任制度，都是与经济活动相关的基本法律规范。在《民法典》包罗万象的 1260 个条文中，最能体现市场经济交易特征的内容便是“合同编”，其系统地构建了我国的合同法律制度，是调整市场交易关系的重要法律规范。熟悉合同制度能够使我们更了解日常交易行为背后的法律规则和逻辑，无论是创业者还是消费者，都能够更好地保障自身合法权益。

(一)合同的类型：生活中那些“看不见的合同”

合同一般是通过“要约、承诺方式”来订立的。要约是希望与他人订立合同的意思表示。承诺则是受要约人同意要约的意思表示。通俗地说，“要约、承诺方式”就是通过“一来一往”的沟通过程来达成交易的共同意思，而这个共同意思的表现就是合同。虽然本质上都是达成合意，但合同有着诸多不同的类型，其特征和作用也各有不同。根据不同的分类标准，可以将合同分为不同的

---

① 参见《财政部　国家税务总局关于全面推开营业税改征增值税试点的通知》附件 3 第 1 条第 26 款。

② 参见《财政部　税务总局　科技部　教育部关于科技企业孵化器　大学科技园和众创空间税收政策的通知》第 1 条。

③ 参见《财政部　国家税务总局关于软件产品增值税政策的通知》第 1 条。

④ 参见《企业所得税法》第 31 条。

⑤ 参见《企业所得税法》第 27 条。

类型。例如,依据立法对合同的类型是否有定型化的规定为标准,可以将合同分为有名合同和无名合同。有名合同又称典型合同,就是指在我国《民法典》"合同编"中直接规定了类型内容并赋予特定名称的合同,包括买卖合同、赠与合同、借款合同、保证合同、租赁合同、融资租赁合同、保理合同、承揽合同、建设工程合同、运输合同等多种类型。除这些典型合同外,当事人之间还可以在法律允许的范围内根据合同自由和意思自治的原则自主创设合同类型,这便是无名合同。

合同中的另一种重要分类就是要式合同和不要式合同。要式合同,是指必须依据法律规定或当事人要求的形式而成立的合同,不要式合同则对合同采取的形式没有特定要求,可以自由采取口头形式、书面形式或其他形式。近现代的合同法为适应市场经济交易便捷与安全的双重要求,以不要式为原则,以要式为例外,这同时也是合同自由原则的体现,①我们日常生活中的交易行为绝大多数都是不要式合同。法律明确要求采取特定形式的合同,一般是因为这些合同相对比较重要,故需要慎重对待,采取书面形式有助于合同履行和争议解决。另外,有一些需要办理批准、登记等手续而成立的合同,多是出于行政管理的需要。

如今网上购物已经成为商品交易的重要渠道,通过互联网平台下单购买商品的行为是否属于订立合同,是否能受到法律保护呢?根据《民法典》第 469 条第 3 款的规定,以电子数据交换、电子邮件等方式能够有形地表现所载内容,并可以随时调取查用的数据电文,视为书面形式的合同。因此,网上购物时产生的争议同样适用合同的相关法律规则。"秒杀""抢购"等词语对于经常网上购物的同学来说应该是再熟悉不过了,但也有消费者在"秒杀"下单后遇到了糟心事。例如,小李通过某电商平台下单了一件商品,成功付款后却发现订单被退回。经咨询后得知,该网店经营者因为系统原因,未给限购商品添加购买限制,因购买数量过多导致库存不足而取消了小李的订单。根据《民法典》第 491 条第 2 款的规定,当事人一方通过互联网等信息网络发布的商品或者服务信息符合要约条件的,对方选择该商品或者服务并提交订单成功时合同成立。在这个例子中,双方的买卖合同已经成立,卖家的单方退单退款行为是存在违约责任的,小李可以要求卖家给予一定的赔偿。

通过上面的介绍和案例可以看出,日常生活中的很多交易行为的合同都属于不要式合同,一般采用口头形式即可订立,以保证交易过程方便快捷。即使

① 参见李永军主编:《债权法》,北京大学出版社 2016 年版,第 99 页。

是书面形式的合同,很多时候也因为信息化介质的原因而让我们感受不到它的存在。网上购物等日常交易中虽然没有签订纸质“合同书”,但其背后也存在着合同法律关系,并受到法律保护。在网络购物时,我们应当注意阅读“服务协议”“购买规则”“定金规则”等合同条款(见图 10－4),积极行使自己的合法权利。同时也要树立诚实信用的观念,履行支付价款等合同义务。

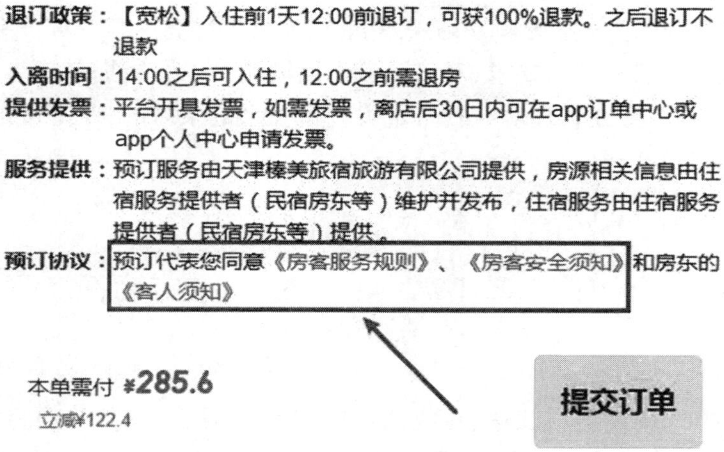

图 10－4　网络交易平台中的合同条款

(二)合同的内容:直播带货不是“法外之地”

合同的内容由当事人约定。《民法典》第 470 条中列举了合同中一般包括的条款,如标的,数量,质量,价款或者报酬,履行期限、地点和方式等。合同的内容是当事人之间实现权利和履行义务的依据,是对交易信息的详细说明。随着交易形式的变革,合同内容的认定也出现了新规则。网络销售平台是创业者们热衷的选择,如今随着 5G 技术的运用,网络销售从浏览图片变成火热的直播带货,很多具有优秀营销能力的青年更是在其中崭露锋芒,但也需要注意,直播时妙语连珠,必须建立在商品真实质量的基础上;否则,你的“巧舌如簧”也可能成为被告上法庭的理由。商家在直播带货中承诺的内容算不算网络购物电子合同的一部分呢?答案是肯定的。举例来说,某商家在直播带货过程中为了增加销售量,宣称自己卖的是天然翡翠挂坠,但小王购买后经鉴定发现该挂坠是人工合成的翡翠,于是起诉至法院。在这个例子中,卖家在镜头前称其出售的是天然翡翠,这是对合同标的最基本的性质、质量的描述,应当作为合同内容的一部分,认定其具有法律效力。对于卖家销售不符合合同约定质量商品的行为,消费者可以请求其赔偿损失。

在日常交易中,格式条款也是很常见的一种合同内容。格式条款是当事人为了重复使用而预先拟定,并在订立合同时未与对方协商的条款,如我们办理手机套餐时运营商提供的合同,还有我们在使用手机 app、小程序前需要勾选同意的服务协议等。根据《民法典》第 496 条第 2 款的规定,采用格式条款订立合同的,提供格式条款的一方应当遵循公平原则确定当事人之间的权利和义务,并采取合理的方式提示对方注意免除或者减轻其责任等与对方有重大利害关系的条款,按照对方的要求,对该条款予以说明。未履行提示或者说明义务,致使对方没有注意或者理解与其有重大利害关系的条款的,对方可以主张该条款不成为合同的内容。

(三)合同的效力:合同自由做不了挡箭牌

一般来说,合同自订立之日起生效。一些符合特定条件的合同,其效力也会有特殊性,最常见的就是无效的合同和效力待定的合同。

《民法典》“总则编”中规定了多种法律行为无效的情形,这些情形也适用于合同。例如,内容违反法律、行政法规的强制性规定,违背公序良俗,恶意串通损害他人合法权益,以及无民事行为能力人签订的都属于无效的合同。无效的合同自始没有法律约束力。毕业论文写作是在校大学生都要面临的一项考验,也是对求学过程中所学所思的全面反映。然而,这个毕业必经之路也让一些学生感到头疼,于是便有人动起了“歪心思”,做起了毕业论文代写交易。论文的价格主要以学位、专业、题目、字数、截稿日期、查重率来定,有的甚至已经形成了代写答辩“一条龙”服务。论文代写的写手也多为学生群体,有的学生抱着“兼职赚钱”的想法成了写手,学历从本科到博士都有。[①] 然而,论文代写合同并不会因为交易双方所理解的“你情我愿”“自愿交易”而具有合法性地位。交易双方无视学术道德规范、欲靠金钱交易通过学位评审的学术不端行为,损害了社会善良风俗,违背了《民法典》中的公序良俗原则,故代写合同无效。无论通过何种形式、采取何种手段进行论文代写的交易行为,都不会受到法律保护。这也提醒我们,虽然合同的订立是当事人之间意思自治的产物,但这种自由也必须在法律的范畴内行使。

除无效之外,合同还可能处于效力待定的状态下,需要进一步的行为予以

① 参见《本科毕业论文一篇 1500 元 记者“卧底”代写论文群》,载中国新闻网,http://www.hi.chinanews.com.cn/hnnew/2019-05-28/490815.html。

确定。限制民事行为能力人实施的与其年龄、智力、精神健康状况不适应的行为，需要经法定代理人同意或者追认后有效。基于重大误解或一方以欺诈手段、胁迫手段使对方在违背真实意思的情况下签订的合同也属于可撤销行为，受损方可以请求人民法院或仲裁机构撤销该合同。被撤销的合同同样自始没有法律效力。例如，某大学生小李以创业为由从室友小丁处借款 20 万元，并让自己 15 岁的堂弟小王作为借款合同的担保人在借条上签了名。后借款期限届满，小丁诉至法院请求归还借款，由小王承担连带保证责任。但小王属于限制民事行为能力人，给借款合同所作的担保与其年龄、智力等状态不相适应，保证合同的效力需要法定代理人同意或者追认方可生效。

延伸阅读

签订劳动合同，维护自身权利

劳动合同，是明确劳动者与用人单位的权利和义务、保护劳动者合法权益的重要依据，在与用人单位达成一致意向之后，应当在第一时间签订劳动合同。随着我国劳动合同制度的不断完善和劳动者法律意识的不断增强，签订劳动合同已经成为用人单位和劳动者之间的基本共识。然而，互联网新兴业态的发展也给签订劳动合同带来了一些冲击。互联网企业的劳动者一般属于专业技术型人才，工资水平较高，跳槽率也较高。这些公司内部的电子办公系统非常发达，很多员工从入职，到打卡、办公，直到离职的全过程可能都是在网络上以电子数据的形式进行，劳动者出于“方便灵活”考虑，疏于与就业单位签订劳动合同，很容易导致自身维权时遇到困境，下面这个案例就是一个生动的例证：

> 吕某称其于 2012 年 1 月入职某科技公司，担任中央大客户部经理，并于 2012 年 4 月离职。在职期间公司未与其签订劳动合同，未向其支付工资。公司则否认双方存在劳动关系。为证明双方存在劳动关系，吕某提交了多封电子邮件，邮件中包含通信录、中央大客户部销售周报、业务费用报销明细等内容。为了解相关情况，承办法官与吕某一同前往公司进行实地调查。到达公司时，前台工作人员主动向吕某打招呼并称“吕总”；吕某指认此工作人员即为邮件中涉及人员，该工作人员亦认可。法院又向工商行政部门调查情况，核实电子邮件中

涉及的人员分别为公司经理、董事、监事。①

本案因企业劳动管理不规范而引发,案件中涉及的问题是劳动争议领域非常普遍的争议。《劳动合同法》第 10 条第 2 款明确规定,建立劳动关系,至迟应当自用工之日起一个月内订立书面劳动合同。该法第 82 条规定,用人单位自用工之日起超过一个月不满一年未与劳动者订立书面劳动合同的,应当向劳动者每月支付二倍的工资。在这个案件中,吕某从事的工作内容以网络数据处理为主,故其在诉讼中为证明其与公司存在劳动关系,提供了工作邮箱中往来电子邮件等证据。而法院进行的实地调查以及向工商部门调取的证据,较为充分地佐证吕某的主张。公司虽对吕某提交的证据不予认可,但未提供相反证据予以反驳。最终,法院采信了吕某的主张,确认吕某与公司在 2012 年 1 月至 4 月存在劳动关系,并判令公司向吕某支付工资及未签订书面劳动合同的二倍工资差额。

虽然吕某通过诉讼成功获取了自己应得的工资,但这一案例还是从侧面提醒我们,求职就业一定要签订劳动合同。现实中还有一些案例,当事人和用人单位之间虽然签订了合同,但并非劳动合同,最终无法认定为劳动关系,下面这个案例就是这种情况:

刘某于 2017 年 6 月 30 日在某公司平台注册,成为某公司网络平台的司机。2019 年 2 月 16 日,刘某在其驾驶的轿车内突发疾病死亡。事发后,其家属诉至法院,请求确认刘某与某公司之间自 2017 年 6 月 30 日至 2019 年 2 月 16 日期间存在劳动关系,以获取补偿。原告方认为,某公司的相关规章制度对作为劳动者的刘某进行了严格的约束,其服务标准对司机的个人仪表、司机的车限、车内的内饰等进行了管理,证明刘某与某公司之间具有从属性。同时,司机需要统一着装、按时刷脸报道、接受培训、每周在线时长必须超过一定时间等要求,都说明司机作为劳动者受到用人单位的管理。某公司则认为,双方是民事主体间的合作关系,并不存在劳动关系,公司的各项管理是《网络预约出租汽车经营服务管理暂行办法》的要求,为确保司机的服务资格和

① 参见《北京市第一中级人民法院发布涉互联网企业劳动争议 6 个典型案例》,载北大法宝网 2015 年 4 月 30 日,https://www.pkulaw.com/pal/a3ecfd5d734f711d59d17ae08245ac8c2b53cb0f21453755bdfb.html。

服务质量。①

网约车作为共享经济的主要模式,近年来发展迅猛,但其背后隐藏的法律问题也引起了社会各界的广泛关注。正如本案例中的情况,如何认定网约车平台公司与驾驶员之间的关系就是常见的争议点之一,这关系驾驶员能否受到劳动法的保护。由于出租汽车经营服务受到严格的市场准入限制和政府管控,网约车平台公司刚进入市场时是以信息提供平台和居间人的身份自居的,但这与网约车平台公司实际进行的经营行为的性质之间有较大差异。为了进一步规范网约车服务,国家相关部门制定了《网络预约出租汽车经营服务管理暂行办法》,对从事网约车经营服务的条件进行了规范。该办法第18条规定:"网约车平台公司应当保证提供服务的驾驶员具有合法从业资格,按照有关法律法规规定,根据工作时长、服务频次等特点,与驾驶员签订多种形式的劳动合同或者协议,明确双方的权利和义务。"也就是说,网约车司机与平台之间可以自主选择订立劳动合同或其他形式的服务合同。而在本案中,刘某在某公司app进行注册时,由司机一方所勾选确认的《专快车服务协议》中第2条、第5条、第6条、第9条的内容均显示其与某公司之间为挂靠合作关系,并非劳动关系,故法院最终驳回了原告方的请求。

劳动法是将劳动者所享有的各项权利和保障予以明确的法律,但主张各项权利的必要前提就是劳动者身份,也即和用人单位之间建立了劳动关系。因此,劳动合同是劳动者最重要的一份"保险",初入职场的大学生群体在求职过程中应当注意区分劳动合同和劳务合同等其他服务协议的区别,仔细阅读合同内容,积极维护自己的合法权利。

① 参见广东省珠海市中级人民法院民事判决书,(2021)粤04民终1438号。

第十一章
婚姻与家庭

* 我们结婚吧
* 努力相爱吧
* 和平分开吧
* 收养为家人吧

《民法典》出台后,“婚姻家庭编”中新设立的离婚冷静期制度引发了热烈的讨论。离婚冷静期,是解决坚守离婚自由法律、权利底线与抑制离婚率快速增长、维护社会稳定之间矛盾的折中办法。很多时候,一些人特别是年轻人到民政局协议离婚或是到法院起诉离婚时往往并没有经过深思熟虑,而是出于赌气或是一时冲动下的选择,其实夫妻感情并没有破裂,还有挽回和修复的可能。在此种情况下,设置一定期限的冷静期,可以让夫妻双方在冷静期内进行情绪调整、婚姻救治和理性选择,从而有效减少冲动离婚情况的出现。另外,设置离婚冷静期有利于完善我国离婚制度,协调婚姻当事人与未成年子女的利益。

有观点认为,离婚冷静期制度将会限制离婚自由。对此观点应当予以否定,设置离婚冷静期的目的主要是防止冲动离婚,但离婚主动权仍然掌握在夫妻双方手中。离婚冷静期内是否撤回离婚申请、冷静期届满后是否申请离婚,仍然取决于夫妻双方。另外,民政部门仅对夫妻双方对离婚、子女抚养、财产分割、债务承担没有争议的婚姻关系予以处理,若夫妻双方未就离婚事宜协商一致,则无法在民政部门办理离婚登记手续,要求离婚一方还可以通过诉讼方式请求法院解除夫妻关系。所以,在离婚登记程序中引入离婚冷静期并不影响离婚自由。

▶ 一、我们结婚吧

(一)婚约

原告A和被告B经人介绍于2016年10月1日订婚,订婚时被告向原告索要彩礼款10万元。订婚当天被告收到彩礼款1万元。2017年3月1日,原、被告办理了结婚登记手续。同年4月1日,原告、被告举行婚礼后在原告父亲住房的西屋居住生活。结婚前10天左右被告又收到彩礼款9万元。原告、被告结婚后,前期夫妻感情尚可。尔后因琐事原、被告曾发生口角甚至打架。2019年10月原、被告用被告收到的彩礼款购买了“五菱荣光牌”微型面包车一台(现由原告保管)。2020年10月双方发生口角后,被告回娘家与原告分居。原告为结婚向他人借款11万元至今未偿还。现原告提出离婚申请,并要求返还彩礼。[1] 对此应当如何解决？

裁判结果：原告和被告经人介绍相处仅两月有余便登记结婚。由于婚前双方相互了解不够，婚后在日常生活中又未建立起真挚的夫妻感情，在共同生活期间曾因琐事而口角打架，于2020年10月双方分居，分居后经原告、被告亲属和法庭做调解和好工作，已无和好可能，其夫妻感情确已破裂。原告的离婚请求应予支持。对在原告、被告订婚时被告向原告索要彩礼的行为，已违反了我国婚姻法关于借婚姻索取财物的规定，且造成了原告家庭生活困难。因此对被告索要的彩礼款10万元应酌情予以返还。但考虑原告、被告已用彩礼款购买了面包车，并由原告使用和管理的实际情况，可判决该车归原告所有。

在我国法律上没有关于婚约的规定，对婚约采取既不提倡也不禁止的态度。婚约不是法律所调整的对象，当事人自愿订立的婚约没有法律上的约束力。当事人有解除婚约的自由，可以双方合意解除，也可单方解除而不论其有无重大事由或有无重大过错。一方要求解除婚约时，应通知对方，但无须征得对方的同意，也无须经过法定程序。婚约解除后，因婚约而产生的未婚夫妻的身份关系也随之解除，任何一方不得请求法院强制执行婚约。婚约期间双方同居生活的，不产生夫妻间的权利和义务关系，如生有子女的，该子女为非婚生子女，依法享有与婚生子女同等的权利。因婚约而产生的财产关系，不同于婚姻中的夫妻财产关系，具有其特殊性，应区别情况妥善处理：

1. 当事人因订立婚约而给付彩礼的，如果查明属于以下情形，当事人请求返还按照习俗给付的彩礼的，人民法院应当予以支持：(1)双方未办理结婚登记手续的；(2)双方办理结婚登记手续但确未共同生活的；(3)婚前给付并导致给付人生活困难的。适用前述第(2)(3)项的规定，应当以双方离婚为条件。

2. 婚约期间，当事人双方因资金的共用、财务的合并以及共同投资等而产生的共同财产，由于不具有夫妻身份关系，所以不应被视为共同共有，各自的财产归各人所有。在婚约解除后，双方对共有财产有约定的，按约定处理；没有约定的，应视为按份共有，按比例分割。

3. 婚约期间，基于结婚的目的，当事人一方或双方将自己的财产无偿给予对方而产生的单方赠与或双方赠与，与一般的以价值转移为目标的赠与不同，

① 本案由“最高人民法院公布49起婚姻家庭纠纷典型案例之二十七：王某与徐某某彩礼返还案”改编而来。

大多是为了增进感情,促使婚约的履行,保证结婚目的的实现。对于这种附结婚条件的赠与,虽赠与人不能要求受赠人必须与其结婚,但赠与人能否基于赠与的目的不能实现而请求返还,我国法律没有明确规定。

4. 婚约期间,一方或双方支出的费用及负担的债务,以及在财产上、精神上受到的损害等,在婚约解除后,能否要求对方给予赔偿?有些国家的法律基于婚约为契约的理论,规定了过错方负一定的损害赔偿责任。我国法律对此不予支持。

(二)可撤销婚姻

A(女)与B(男)通过互联网接触认识并建立恋爱关系。后A以与B性格不合多次提出分手均遭拒绝。B对A采取多种人身自由控制措施,且将A的手机、身份证、户口本等重要物件扣押,并先后多次口头威胁A的生命安全。为达到胁迫与欺骗A结婚的目的,B还在办理结婚登记前向A出具了协议一份。迫于威胁,A遂与B登记结婚。婚后,A仍单独居住,未与B共同生活。但B又多次以言语或暴力手段对A进行威胁,导致A无法正常生活。A向公安机关报案后诉至法院,请求撤销与B之间的婚姻关系。①

裁判结果:根据《民法典》第1052条的规定,因胁迫结婚的,受胁迫的一方可以向人民法院请求撤销婚姻。受胁迫的婚姻一般具有以下几个要件:胁迫具有非法性,包括非法的手段和目的;具有以胁迫使行为人产生恐惧而作出意思表示的故意;有胁迫的行为,对象包括被胁迫人自身或其近亲属的生命、身体健康、名誉、财产等;被胁迫人因胁迫行为而产生恐惧并因此作出意思表示,二者具有因果关系。就本案而言,A与B相识于网络,A举示的协议、报警回执以及双方微信聊天记录,结合双方并未共同生活的事实,可以证实B使A感到"恐惧害怕"而违背其真实意思与B建立婚姻关系,故人民法院认定A与B的婚姻符合受胁迫婚姻构成要件,依法予以撤销。

按照《民法典》的规定,可撤销婚姻具体包括如下两种情形:

① 本案由"重庆高院发布维护妇女权益典型案例之五:原告易某与被告A撤销婚姻纠纷案"改编而来。

1. 因受胁迫而主张撤销的婚姻

《民法典》第 1052 条规定:因胁迫结婚的,受胁迫的一方可以向人民法院请求撤销婚姻。请求撤销婚姻的,应当自胁迫行为终止之日起一年内提出。被非法限制人身自由的当事人请求撤销婚姻的,应当自恢复人身自由之日起一年内提出。

婚姻自由既是我国宪法赋予公民的基本的人身权利,也是婚姻法的首要原则。结婚自由是婚姻自由的一个重要方面,结婚自由要求婚姻当事人双方应当具有结婚的合意,意思表示真实。如果一方或双方当事人因受胁迫,不得不违心地作出同意结婚的意思表示,鉴于其本人并不具有结婚的真实意愿,法律赋予其撤销该婚姻的权利。在司法实践中,“胁迫”是指行为人以给另一方当事人或者其近亲属的生命、身体健康、名誉、财产等方面造成损害为要挟,迫使另一方当事人违背真实意愿而结婚的情况。构成胁迫必须具有下列要件:第一,须有胁迫的故意,即胁迫人有通过胁迫使被胁迫人产生恐惧心理,并基于恐惧心理而为意思表示的故意。第二,须有胁迫的行为,即胁迫人须有以加害相威胁的表示或行动,并已达到令被胁迫人产生恐惧的程度,以加害相威胁的对象,不仅包括被胁迫人自身,也包括其近亲属的生命、健康、自由、名誉、财产等。第三,胁迫须具有违法性。所谓违法包括目的非法和手段非法。第四,被胁迫人因恐惧心理而为的意思表示与胁迫行为间具有因果关系。当胁迫行为与结婚没有必然的因果关系时,被胁迫一方不得请求撤销该婚姻。

需要指出的是,在现实生活中,胁迫并不仅限于一方对另一方的胁迫,也有双方均受胁迫的情形。某些包办婚姻的双方当事人都是因受第三人的胁迫而成婚的,在这种情形下双方均可依法请求撤销该婚姻。

2. 因对方隐瞒重大疾病而主张撤销的婚姻

为防止和避免疾病的传染、遗传,保护婚姻当事人的利益和社会利益,提高人口素质,我国婚姻法一直禁止患有特定疾病的人结婚。2001 年修正的《婚姻法》第 10 条规定,无效婚姻的法定情形就包括与患有医学上认为不应当结婚的疾病的人缔结的婚姻。但随着社会的发展,为充分尊重当事人的意思自治,保障结婚自由,《民法典》不再将“患有医学上认为不应当结婚的疾病”作为禁止结婚的情形,删除了《婚姻法》将疾病婚作无效婚姻处理的规定,将其作为可撤销的婚姻处理。《民法典》第 1053 条规定:一方患有重大疾病的,应当在结婚登记前如实告知另一方;不如实告知的,另一方可以向人民法院请求撤销婚姻。请求撤销婚姻的,应当自知道或者应当知道撤销事由之日起一年内提出。

构成隐瞒重大疾病的可撤销婚姻必须具有下列要件:第一,一方患有重大疾病。尽管我国法律没有规定何为重大疾病,但关于哪些是医学上认为不应当结婚的疾病,不能任意解释,应当限于足以危害对方和后代健康的重大不治的传染性疾病或遗传性疾病。第二,患病的一方存在隐瞒的故意,包括没有告知或者没有如实告知。第三,请求撤销婚姻的,应当自知道或者应当知道撤销事由之日起一年内提出。

要指出的是,法律允许因对方隐瞒重大疾病而申请撤销婚姻,旨在保障自然人充分的知情权和选择权。一方患有重大疾病而隐瞒对方构成法律上的欺诈,缔结的婚姻是在违背另一方真实意思的情况下实施的民事法律行为,因此,受欺诈方有权请求人民法院予以撤销。这对于保障婚姻自由和当事人及其后代的身体健康、家庭幸福十分重要。

▶ 二、努力相爱吧

(一)夫妻关系

A(男)与B(女)于2012年登记结婚并生有一女。婚后A与异性C存在不正当交往,导致C两次怀孕。2017年1月,A与B签订婚内协议一份,约定今后双方互相忠诚,如因一方过错行为(婚外情等)造成离婚,女儿由无过错方抚养,过错方放弃夫妻名下所有财产,并补偿无过错方人民币20万元。协议签订后,A仍与C保持交往,C于2017年7月产下一子。A诉至法院要求离婚,B同意离婚并主张按照婚内协议约定,处理子女抚养和夫妻共同财产分割。①

1. 夫妻关系

(1)概念及内容

夫妻关系即夫妻法律关系,是指符合结婚条件的男女,依法结为配偶而形成的相互之间具有权利义务为内容的社会关系。

夫妻关系的内容十分广泛,如果仅就法律关系而言,夫妻关系的内容包括夫妻双方在人身和财产方面享有的权利和承担的义务。因为夫妻关系在家庭关系中处于核心地位,在家庭生活中起着特殊的作用,所以法律必须对夫妻之

① 本案由“省法院、省妇联联合发布2019年度江苏法院婚姻家庭十大典型案例之四:李某诉马某离婚纠纷案——婚内忠诚协议不受法律保护 财产分割应照顾无过错方”改编而来。

间的权利和义务进行确定。加强对夫妻关系的法律调整,有利于巩固社会主义婚姻制度,发挥婚姻家庭在整个社会生活中的职能。

(2)性质

夫妻是男女双方以永久共同生活为目的依法结合的生活伴侣。男女因为结婚而成为夫妻,双方形成特殊的人际关系,具有特殊的身份,而合法性是夫妻关系的前提。一些不合法的两性关系,均不构成夫妻关系。所以,夫妻关系与其他两性关系有着本质区别。

夫妻关系是家庭关系的一种。因为夫妻关系是一切亲属关系的本源,所以在各种家庭关系(包括夫妻关系、亲子关系、祖孙关系、兄弟姐妹关系)中,夫妻关系处于核心地位。

第一,夫妻关系形成的前提必须是男女两性的合法结合。符合结婚实质要件的男女必须依法办理结婚登记手续,取得结婚证,才能成为夫妻,才会产生夫妻之间的权利和义务。任何非法形式的两性结合,都不会形成夫妻关系。第二,夫妻是以永久共同生活为目的的结合。没有永久共同生活目的的结合,不构成夫妻。第三,夫妻是共同生活的伴侣。必须承担生育和抚养子女、赡养和扶助老人的责任。

2. 忠诚协议

《民法典》第 1065 条规定:男女双方可以约定婚姻关系存续期间所得的财产以及婚前财产归各自所有、共同所有或者部分各自所有、部分共同所有。约定应当采用书面形式。没有约定或者约定不明确的,适用该法第 1062 条、第 1063 条的规定。夫妻对婚姻关系存续期间所得的财产以及婚前财产的约定,对双方具有法律约束力。夫妻对婚姻关系存续期间所得的财产约定归各自所有,夫或者妻一方对外所负的债务,相对人知道该约定的,以夫或者妻一方的个人财产清偿。

该条文明确夫妻之间可就财产所有权进行约定,且该约定对双方具有法律约束力。上述财产约定,同"保护忠诚"相联系时,即构成"忠诚协议"。当前,《民法典》肯定忠诚协议之法律效力,具体理由如下:

(1)夫妻相互忠实是落实一夫一妻制度的根本要求。《民法典》第 1041 条第 2 款规定:实行婚姻自由、一夫一妻、男女平等的婚姻制度。所谓一夫一妻,是指由一男一女组成夫妻的婚姻制度,任何人在特定时期内,均只有一个配偶;一夫多妻或者一妻多夫均属违法。因此,单一性伴侣是一夫一妻制的根本特点。两性关系限于合法婚姻之内,是个体婚姻的本质要求,是一夫一妻制度与其他婚姻形态的最大区别。首先,夫妻相互忠实,是一夫一妻制婚姻基本之义。

夫妻不忠是足以破坏一夫一妻制度的严重情形之一。其次,夫妻相互忠实是婚姻当事人共同一致的强烈要求,而非法律的创造。将性关系限制在夫妻之间,并且给予配偶的利益与自己利益同等注意,不为第三人损害配偶,这是绝大多数婚姻当事人的共同意愿。如果没有夫妻互相忠实的信念和要求,一夫一妻制将形同虚设。法律向所有已婚者提供统一标准和公力救济途径,节省了社会成本,避免婚姻当事人、婚姻、家庭付出沉重代价,有利于维护社会公平。

(2)《民法典》第 1042 条第 2 款明文规定“禁止重婚、禁止有配偶者与他人同居”。重婚是指有配偶者再行结婚的行为,即两个或更多婚姻关系重叠。重婚有两种形式:一是法律上的重婚,即前婚未终止,又与他人办理结婚登记手续;二是事实上的重婚,即前婚未终止,又与他人公开以夫妻名义共同生活,但未办理结婚登记手续。无论是法律上的重婚还是事实上的重婚,都是法律禁止的行为。我国改革开放以来,一些地方重婚现象呈增多趋势。它严重破坏一夫一妻制度,违背社会主义道德风尚,导致家庭破裂,诱发严重的治安事件,影响了社会安定。因此,对于重婚问题,既要加强婚姻法律制度的宣传教育,引导人们遵守一夫一妻制,积极预防重婚现象发生,也要完善法制,遏制重婚行为,依法追究重婚当事人的法律责任。

婚外同居虽与重婚有别而不构成刑法上的重婚,不是犯罪行为,却是不正常的男女两性关系,破坏一夫一妻制,因而是违法的。配偶一方有婚外同居行为,除应受到道德、舆论的谴责外,构成离婚的法定理由时,无过错的配偶一方依法享有离婚损害赔偿请求权,过错配偶一方依法应承担侵权民事责任。

(3)违背忠实的各种情形是法定离婚事由。《民法典》第 1079 条第 3 款规定了判决离婚的法定事由,涉及违背夫妻忠实之数种情形。首先,重婚。夫妻一方与婚外异性具有法律上或者事实上的夫妻关系,不仅是对夫妻感情的践踏,而且是对另一方尊严的无视。另一方因此认为婚姻关系的维持毫无意义,转而要求离婚实属情理之中。法律也允许有重婚行为的过错一方本人提出离婚。其次,有配偶者与他人同居。这里的同居是指有配偶者与婚外异性在一起共同生活,但不以夫妻名义相称,俗称姘居。婚外同居因不是以夫妻名义共同生活,其行为依法不构成重婚,但仍是对一夫一妻制的破坏。夫妻一方的背叛可能推毁另一方对婚姻的信心,造成难以弥合的损伤。姘居对合法婚姻的损害一目了然,社会上要求遏制这种现象的呼声很高。允许有这种情形的夫妻离婚,实有必要。此外,夫妻因感情不和分居满二年的,也包含了夫妻一方违背忠实导致婚姻失和,以致夫妻长期分居的情形。“其他导致感情破裂的情形”可以涵盖所有前述规定中没有列举到但实际生活中确实导致夫妻感情破裂的情形。结合以往的司法实践,“其他原因”的情形有:一方被依法判处长期徒刑,或者其违法、犯罪行为严重伤害夫妻感情的;夫妻一方或双方有通奸行为的;夫妻一方有生理缺陷难以治愈的;双方办理结婚登记后尚未同居生活已无和好可能的;等等。

(二)父母子女关系

A(原告女)与B(被告男)于2005年2月登记结婚,婚后先后生育二女。2014年8月15日,原告因被告出轨一气之下与其协议离婚,约定婚生大女由被告抚养,婚生二女由原告抚养,互不承担抚养费。双方离婚后,被告就和出轨对象结为夫妻,生育一子,被告生育儿子后对大女非打即骂。2019年3月3日,大女再次被打伤,原告得知孩子被打后报警并带孩子到医院检查,经诊断左耳外伤性鼓膜穿孔,随后,原告向法院起诉请求变更监护权。①

1. 父母对未成年子女的义务

(1)父母对未成年子女有抚养的义务

抚养,是指父母在经济上对子女的供养和在生活上对子女的照料,包括负担子女的生活费、教育费、医疗费等。抚养义务是父母对子女所负的最主要的义务,目的是保障子女的生存和健康成长。

父母对未成年子女的抚养是无条件的。除法律另有规定外,任何情况下父母都必须履行抚养义务。离婚后的父母,无论子女由哪方抚养,另一方都不因此免除其对子女的抚养义务。《民法典》第1067条第1款规定:父母不履行抚养义务的,未成年子女或者不能独立生活的成年子女有要求父母给付抚养费的权利。这里所称“不能独立生活的子女”,是指尚在校受高中及其以下学历教育,或者丧失或未完全丧失劳动能力等非因主观原因而无法维持正常生活的成年子女。法律规定的“抚养费”,包括子女的生活费、教育费、医疗费等费用。未成年子女或不能独立生活的成年子女受抚养的权利受到侵害时,有向父母追索抚养费的权利。

(2)父母对未成年子女有教育的义务

教育,是指父母在思想品德上对子女关怀和培养,并且按照法律和道德规

① 本案由“吉林省高级人民法院发布妇女儿童权益保护典型案例之一:张某诉程某变更抚养关系纠纷案”改编而来。

范的要求对未成年子女进行家庭教育。教育子女是父母一项重要的职责,其中包括两个方面的内容:一是父母应当尊重未成年人受教育的权利,必须使适龄的未成年人按照规定接受义务教育,不得使在校接受义务教育的未成年子女辍学。二是父母应当以健康的思想、品行和适当的方法教育未成年子女,引导未成年子女进行有益身心健康的活动。按照《未成年人保护法》第5条的规定,国家、社会、学校和家庭应对未成年人进行理想教育、道德教育、文化教育、法治教育等,加强爱国主义、集体主义和中国特色社会主义的教育,培养爱祖国、爱人民、爱劳动、爱科学、爱社会主义的公德。父母或者其他监护人应当学习家庭教育知识,正确履行监护职责,抚养、教育成年人。父母有责任使子女身心健康地成长。

(3)父母对未成年子女有保护的义务

保护,是指父母应保护未成年子女的人身安全和合法权益,防止和排除来自自然界的损害以及来自他人的非法侵害。未成年子女是无民事行为能力人或限制民事行为能力人,他们缺乏对事物的理解能力和处理能力。法律要求父母对未成年子女进行保护,一方面,是为了保障子女的健康和安全。父母是未成年子女的法定监护人和法定代理人,当未成年子女的人身安全或财产权益遭受他人侵害时,父母有以法定代理人的身份提起诉讼,请求停止侵害、排除妨碍、赔偿损失等权利。当未成年子女在他人诱使下脱离家庭时,父母有要求归还子女的权利。发生拐骗子女行为时,父母有请求司法机关追究拐骗者刑事责任的权利。另一方面,则是为了防止未成年子女损害他人和社会的利益,防止未成年子女沾染恶习或从事违反社会公共生活规则和违法犯罪的行为。

2. 子女对父母有赡养、扶助的义务

赡养,是指子女对父母的供养,即在物质上和经济上为父母提供必要的生活条件。扶助,是指子女对父母在精神上和生活上的关心、帮助和照料。《民法典》第26条第2款规定:成年子女对父母有赡养、扶助和保护的义务。第1067条规定,成年子女不履行赡养义务的,缺乏劳动能力或者生活困难的父母,有要求成年子女给付赡养费的权利。老年人在其一生中对社会和家庭作出了贡献,尽到了责任,他们理应得到社会和家庭的尊敬与照顾。此外,公民在年老、患病或者丧失劳动能力时,有从国家和社会获得物质帮助的权利。但由于我国社会福利事业发展相对不足,国家和社会对老年人的物质帮助还不能取代家庭的赡老功能,我国现阶段赡养老人仍然主要依靠家庭,父母抚养了子女,当父母年老体弱时,子女理应对父母尽赡养、扶助的义务,这是子女对家庭和社会应当承担的责任。赡养、扶助的义务主体是有独立生活能力的成年子女。未成年子女不是父母的赡养义务人。赡养和扶助义务的具体内容是，子女应对无劳动能力或生活困难的父母提供必要的生活保障。

3. 父母子女之间有相互继承遗产的权利

《民法典》第1070条规定：父母和子女有相互继承遗产的权利。继承权，是指继承人依法享有的继承被继承人遗产的权利。父母和子女是最近的直系血亲，因此，子女和父母均为第一顺序的法定继承人，相互享有继承权。父母子女间的继承权是基于双方的特殊身份而产生的。这里的子女，包括婚生子女、非婚生子女、养子女和有扶养关系的继子女。父母，包括生父母、养父母和有扶养关系的继父母。父与母对子女遗产的继承权是平等的。子与女对父母遗产的继承权也是平等的，不受性别、年龄、已婚或未婚的影响。

▶ 三、和平分开吧

（一）涉家庭暴力离婚

原告郑某某与被告倪某斌于2009年2月11日登记结婚并育有一子倪某某。在原告、被告共同生活期间，被告经常击打一个用白布包裹的篮球，上面写着“我要打死、打死郑某某”的字句。2011年2月23日，原告、被告因家庭琐事发生争执，后被告将原告殴打致轻微伤。2011年3月14日，原告向法院提起离婚诉讼，请求法院依法判令准予原告、被告离婚，并提出其他诉求。①

1. 家庭暴力的关系主体

此处的“家庭暴力的关系主体”，是指家庭暴力的实施者和直接受害人。《反家庭暴力法》将家庭暴力的关系主体确定为“家庭成员”和“家庭成员以外共同生活的人”。该规定满足了我国社会现实生活的正当需求。

（1）家庭暴力的施暴者与受害人互为家庭成员。这是家庭暴力关系主体的最基本类型。家庭成员，是指依法享有一定权利和负担一定义务的亲缘关系最近的近亲属，包括父母与子女、夫与妻、兄弟姐妹、祖父母与孙子女、外祖父母与外孙子女。凡是家庭成员之间发生暴力的，即家庭暴力，不考虑他们彼此是

① 本案由“最高人民法院公布十起涉家庭暴力典型案例之二：郑某某诉倪某斌离婚纠纷案”改编而来。

否共同生活。具有家庭成员资格的亲属范围非常小,人数很少。

(2)共同生活的非家庭成员也是家庭暴力的关系主体。“共同生活”宜作广义理解,既指同居者等共居共餐者,又指同住在一个屋檐下的相关人员;既包括长期、较长期稳定地共同生活的人,又包括临时性或短暂地生活在一起的人。实际生活中,与非家庭成员共同生活的情形也很常见。这不仅考虑到在我国亲属互帮互助的优良传统下,部分家庭中共同生活的成员不限于家庭成员的情况,而且也防止出现因当事人之间关系不合法而不给予其人身保护的情形。即使是婚外同居等非法同居的当事人之间发生暴力,依法也应适用《反家庭暴力法》,及时制止其暴力、防范暴力。当然,这不等于承认非法同居的当事人之间的关系是家庭关系,更不意味着法律保护这类非法关系。

两人或两人以上共同实施家庭暴力,也不鲜见。《民法典》中规定的共同侵权适用于家庭暴力的认定。同一个人也可能既是施暴者又是受害人。相互厮打、多人互殴的,符合家庭暴力构成要件的,也应认定为家庭暴力。

2. 对家庭暴力采取“零容忍”:损害后果、伤害程度与家庭暴力

《反家庭暴力法》对家庭暴力的立场是“零容忍”。一切家庭暴力,不论何种形态的家庭暴力,也不论造成何种级别或程度损害的家庭暴力,统统都是家庭暴力,任何人实施之,都将是对该法的违反。这将有助于家庭语言“清洁”,有助于消除家庭暴力。

凡家庭暴力,必定实际造成受害人的人身损害结果,包括身体损害、精神损害等。长期精神痛苦还可能导致受害人严重不自信、应变能力下降等智力状况改变。有些身体损害,虽然程度较轻,却导致具有特殊技艺或技能的受害人降低甚至丧失继续从事此类技艺职业的能力或机会,或者使之无法继续操持此类兴趣活动的,则该损害仍为严重或者比较严重。家庭暴力与损害后果之间的关系存在于两个方面:第一,也是最通常情形,家庭暴力是导致损害发生的原因事实;没有家庭暴力,就不会有此损害。第二,损害与家庭暴力有极密切关联,普通法称该关联为“近似原因”或法律原因。例如,受害人因不堪长期受辱而自杀身亡的,该受害人死亡与家庭暴力有密切关系,施暴者脱不了干系。

3. 行为实施场合与暴力行为的认定

家庭暴力不限于发生在家庭或者共同生活的私人空间内的暴力。具备家庭成员身份或者共同生活的人之间发生的暴力行为,即使发生在非私人生活场所,也可能构成家庭暴力。

首先,凡私人生活空间内发生的暴力属于家庭暴力。私人生活空间的最典型场所是家里。凡特定关系者在家庭场所内发生的暴力均为家庭暴力。所称

"家庭场所"又不限于日常居住空间。例如,父母在校园里或者他人家里侮骂、殴打自己的子女,尽管不是自己家庭居所内发生的,但是,依法应属于家庭暴力。

其次,特定情形下,非私人生活空间发生的暴力依法应当认定为家庭暴力。判断法定特定关系的人在非私人场合发生的暴力是否构成家庭暴力,主要应当考察导致暴力发生的原因。若是基于职务行为、劳动关系或公共利益而发生冲突或暴力的,原则上不涉及家庭暴力;否则,通常应涉嫌构成家庭暴力。例如,夫妻因为婚姻矛盾而在工作场所、住宅区内或者其他公共场所实施暴力行为,共同生活的人在共同旅行的火车上因故互殴或者一方推搡另一方等,显然,这类情形都是家庭暴力。

此外,如果地方立法机关制定《反家庭暴力法》的实施办法或根据该法修订地方相关立法,应当在不违背该法规定的前提下,具体细化第 2 条、第 37 条规定。例如,规定构成"共同生活"关系的条件或情形。

(二)离婚损害赔偿

2008 年原告周某与被告张某登记结婚,婚后生育一女一子。2018 年 7 月,张某提起与周某离婚之诉,经法院主持调解离婚,调解书主要内容为,双方自愿离婚,张某一次性给付周某某人民币 38,000 元,双方互不再追究。而 2018 年 5 月,张某与案外某女生育一女。周某诉称离婚后才发现此事,现起诉要求张某赔偿精神损害赔偿金 3 万元。①

现实生活中,配偶一方有重大过错导致离婚的现象比较常见,无过错一方不仅遭受精神痛苦,有时还受到财产损失。因此,世界上不少国家和地区的婚姻家庭立法都设立了离婚损害赔偿制度。针对现实的需要,我国从 2001 年修改《婚姻法》开始,确立了离婚损害赔偿制度,经过近 20 年社会生活和司法实践的检验,离婚损害赔偿制度有其合理性、正当性和可操作性,故《民法典》予以沿用和完善,于第 1091 条规定,有下列情形之一,导致离婚的,无过错方有权请求损害赔偿:(1)重婚;(2)与他人同居;(3)实施家庭暴力;(4)虐待、遗弃家庭成员;(5)有其他重大过错。

---

① 本案由"最高人民法院公布 49 起婚姻家庭纠纷典型案例之十二:周某诉张某离婚后损害责任纠纷案"改编而来。

1. 离婚损害赔偿的构成要件

(1)配偶一方有重婚、与他人同居、实施家庭暴力和虐待、遗弃家庭成员等违法行为。2001 年修正的《婚姻法》第 46 条只确认并列举了 4 种具体行为类型,《民法典》第 1091 条增加了“有其他重大过错”的规定,契合婚姻家庭和社会生活的实际,更有利于离婚损害赔偿制度的应用。

(2)离婚是上述违法行为导致的结果,两者之间具有必然的因果关系。

(3)离婚出于有上述违法行为一方的过错,而享有离婚损害赔偿请求权的一方对此是无过错的。但是,对于无过错,不应作机械的、绝对化的理解。请求权一方在或长或短的婚姻家庭生活中可能有其他某些过错,只要不是导致离婚的主要或直接原因,仍可视其为无过错方。

2. 离婚损害赔偿的范围和形式

对人身和财产损害,应当全部赔偿。《最高人民法院关于适用〈中华人民共和国民法典〉婚姻家庭编的解释(一)》第 86 条规定,《民法典》第 1091 条规定的“损害赔偿”,包括物质损害赔偿和精神损害赔偿。物质损害赔偿可按损害结果如实计算,至于精神损害,根据《最高人民法院关于确定民事侵权精神损害赔偿责任若干问题的解释》第 5 条的规定,离婚精神损害的赔偿数额可以参照以下因素确定:(1)侵权行为人的过错程度;(2)侵害目的、方式、场合等具体情节;(3)侵权行为所造成的后果;(4)侵权行为人承担责任的经济能力;(5)受理诉讼法院所在地的平均生活水平。只有充分考虑上述因素,才能合理地确定赔偿金的数额,做到既保护受害人的合法权益,又不至于使行为人无法负担。

3. 关于适用离婚损害赔偿的若干程序问题

在法定情形下,无过错方有权请求离婚损害赔偿。是否行使这种权利,由请求权人自行决定。赔偿的具体办法,可由双方当事人协议,协议不成时由人民法院依法判决。

《最高人民法院关于适用〈中华人民共和国民法典〉婚姻家庭编的解释(一)》第 87～89 条就离婚损害赔偿的若干程序问题,作了下列各项规定:

(1)承担离婚损害赔偿责任的主体,为离婚诉讼当事人中无过错方的配偶。人民法院判决不准离婚的案件,对于当事人提出的损害赔偿请求,不予支持。在婚姻关系存续期间,当事人不起诉离婚而单独提出损害赔偿请求的,人民法院不予受理。

(2)人民法院受理离婚案件时,应当将《民法典》第 1091 条等规定中当事人的有关权利义务,书面告知当事人。在程序上,应当区分以下不同情况:①符合《民法典》第 1091 条规定的无过错方作为原告基于该条规定向人民法院提出损害赔偿请求的，必须在离婚诉讼的同时提出。②符合《民法典》第1091条规定的无过错方作为被告的离婚诉讼案件中，被告如果不同意离婚，也不基于该条规定提出损害赔偿请求的，可以就此单独提起诉讼。③无过错方作为被告的离婚诉讼案件中，一审时被告未基于符合《民法典》第1091条规定提出损害赔偿请求，二审期间提出的，人民院应当进行调解，调解不成的，双方当事人同意由第二审人民法院一并审理的，第二审人民法院可以一并裁判。

(3)当事人在婚姻登记机关办理离婚登记手续后，以《民法典》第1091条规定为由向人民法院提出损害赔偿请求的，人民法院应当受理。但当事人在协议离婚时已经明确表示放弃该项请求，人民法院不予支持。

四、收养为家人吧

(一)收养关系的成立

杨甲和胡某系夫妻，二人于2010年向儿童福利院递交收养申请表，欲收养一女孩，2013年4月上海市民政局审核批准了杨甲和胡某的收养申请，并于同年向杨甲和胡某颁发收养登记证。2019年杨甲和胡某向法院请求法院确认收养关系无效。理由如下：收养杨乙并非出于杨甲和胡某的真实意思表示。因为杨甲父母不符合收养人条件，所以借用杨甲和胡某名义，依法办理了杨乙的收养手续。事实上杨乙亦由杨甲父母抚养至今。此外，杨甲的父母系杨乙的事实抚养人，现杨甲父亲去世，母亲年满80周岁，无力抚养杨乙。①

针对该案例，首先应明确收养关系成立的法定条件。

1. 被收养人须为无法得到父母抚养的未成年人

根据《民法典》第1093条规定，可以作为被收养人者必须符合下列要求：

(1)应为未成年人。以未成年人作为被收养人，有利于在收养人和被收养人之间建立和培养起亲子感情，有利于收养关系的稳定。

(2)得不到生父母的培养。通过收养关系使那些得不到生父母培养的未成年人获得父母之爱，享受家庭的温暖，在养父母的培养、教育下健康成长，是

① 本案由《人民司法·案例》2014年第22期《以“代收养”为目的的瑕疵不影响收养效力》一文中“杨甲等诉某儿童福利院解除收养关系纠纷案”改编而来。

收养制度的主要目的之一。

2. 送养人须为法律所认可的特定个人或组织

根据《民法典》第 1094 条的规定，法律所认可的合格的送养人，包括下列个人和组织：

(1)孤儿的监护人

按照《民法典》第 27 条第 2 款的规定，未成年人的父母已经死亡或者没有监护能力的，由下列有监护能力的人按顺序担任监护人：①祖父母、外祖父母；②兄、姐；③其他愿意担任监护人的个人或者组织，但是须经未成年人住所地的居民委员会、村民委员会或者民政部门同意。

为了保护孤儿的合法权益，《民法典》第 1096 条针对监护人送养孤儿作了必要的限制性规定：监护人送养未成年孤儿的，须征得有抚养义务的人同意。有抚养义务的人不同意送养、监护人不愿意继续履行监护职责的，应当依照该法第一编的规定另行确定监护人。此处所称的"有抚养义务的人"，就是指孤儿的有监护能力和抚养能力的祖父母、外祖父母、兄、姐。

(2)儿童福利机构

依据《儿童福利机构管理办法》第 2 条的规定，儿童福利机构，是指民政部门设立的，主要收留、抚养由民政部门担任监护人的未满 18 周岁儿童的机构。对于父母死亡、其他亲属无力抚养的孤儿以及查找不到生父母的弃婴和儿童，由民政部门将其收入儿童福利机构，接受儿童福利机构的养育和监护。在符合收养条件时，儿童福利机构可以将所监护的未成年孤儿和查找不到生父母的未成年人送养于合格的收养人。

(3)有特殊困难无力抚养子女的生父母

以有特殊困难无力抚养子女的生父母为送养人，是同以生父母有特殊困难无力抚养的子女为被收养人的规定相一致的。在这种情形下，通过送养变更亲属关系，有利于子女的健康成长。

3. 收养人必须具有抚养、教育和保护被收养人的条件

根据《民法典》第 1098 条的规定，作为收养人者应当同时符合下列要求：

(1)无子女或者只有一名子女。

(2)有抚养、教育和保护被收养人的能力。此处与《民法典》第 26 条关于父母对未成年子女负有的义务相对应，即"父母对未成年子女负有抚养、教育和保护的义务"。

(3)未患有在医学上认为不应当收养子女的疾病，即没有影响被收养人健康成长的精神病或其他严重疾病，在适用"未患有在医学上认为不应当收养子

女的疾病”规定处理具体问题时,应当特别注意必须有充分科学的依据,必要时可进行专门的医学鉴定。

(4)无不利于被收养人健康成长的违法犯罪记录。此处规定的违法犯罪记录应是明显不利于被收养人健康成长的违法犯罪记录,如实施家庭暴力,赌博,吸毒,犯有重婚、虐待罪、遗弃罪,拐卖妇女、儿童罪,强奸罪,抢劫罪等。送养机构有义务向公安部门查询收养申请人是否存在不利于被收养人健康成长的违法犯罪记录。

(5)收养人年满30周岁。这是根据设立收养关系的目的而规定的,即在收养人和被收养人之间设定父母子女关系。收养人须年满30周岁,是对有配偶者双方和无配偶者的共同要求。

4. 必须有成立收养关系的合意

根据《民法典》“婚姻家庭编”的规定,收养关系的成立必须有当事人的一致合意,收养合意应当遵循下列要求:

(1)收养人收养与送养人送养,双方必须出于自愿。收养关系作为一种民事法律关系,以当事人平等自愿为其基本原则之一。成立收养关系须收养人同意收养和送养人同意送养。具体而言,应当由收养人和送养人在完全自愿的基础上依照法律规定的收养和送养条件达成协议,有配偶者收养子女,必须夫妻双方都同意收养;生父母送养子女,必须夫妻双方都自愿送养,收养儿童福利机构抚养的孤儿,应当征得该儿童福利机构的同意。

(2)收养8周岁以上未成年人的,应当征得被收养人的同意。《民法典》第19条规定:8周岁以上的未成年人为限制民事行为能力人,实施民事法律行为由其法定代理人代理或者经其法定代理人同意、追认;但是,可以独立实施纯获利益的民事法律行为或者与其年龄、智力相适应的民事法律行为。如果他们被收养,将引起其身份关系的重大改变,故在实施这种与其终身利益密切相关的重大民事法律行为时,应当征得他们的同意,尊重他们的选择,从而保护他们的合法权益不受损害。

(3)成立收养的合意应符合法定的方式,有成立收养的合意,只能说明当事人有此共同意愿。通过法定的方式,收养关系才能为国家所承认和为法律所保护。

综上所述,杨甲和胡某收养目的瑕疵不能否定收养的效力,其收养行为符合平等自愿原则,且满足上述所有法定要件,因此,法院不支持杨甲和胡某的诉讼请求。

(二)收养关系的终止

1987 年 11 月,原告冯某刚骑三轮车出门卖菜,在村北河沟边捡到一名刚出生的弃婴,遂将其抱回家中抚养,原告冯某刚与妻子张某在 1987 年 11 月 27 日为该弃婴申报了户口,登记在二人户籍名下,关系为“长子”,取名冯某伟。一晃 20 年过去了,被告冯某伟在二原告抚育下长大成人,并在原告夫妇帮助下结婚育孩。然而,被告婚后一改往态,不仅不对年老体衰的原告夫妇尽赡养扶助义务,更纵容妻子打骂原告,引起了乡里乡亲的公愤,致使二原告身心受损,长期生活在外,不敢回家。无奈之下,老两口到法院起诉,要求解除与被告的收养关系,并支付生活费、教育费补偿金。

裁判结果:郑州市惠济区人民法院认为,本案的两位原告收养被告发生在 1987 年,即在 1992 年 4 月 1 日《收养法》施行之前,虽然原告事后并未办理合法手续,但鉴于原告已抚养被告长达 20 多年,且有村委会出具的证明和邻居、亲友公认二原告与被告系养父母子女关系的证言,理应按照收养关系来对待。被告冯某伟在成年成家后,未能正确处理家庭关系,纵容其妻打骂原告夫妇,经过当地村委会及家族长辈调解仍然未果,导致二原告与被告关系恶化,无法共同生活。原告夫妇含辛茹苦地把作为养子的被告抚育长大,而被告却不善待已经年迈的二原告,更给他们的身心造成伤害,法院本着尊重原告诉求、维护老人合法权益的考虑,对原告提出的诉讼请求予以支持。①

收养关系作为一种法律拟制的法律关系,既可以通过法律行为依法设立,也可以经由一定的法律程序予以解除。《民法典》第 1114 条、第 1115 条对收养关系的解除规定了两种不同的方法,即协议解除和诉讼解除。

1. 协议解除收养关系

(1)协议解除收养关系的条件

《民法典》第 1114 条第 1 款规定:收养人在被收养人成年以前,不得解除收养关系,但是收养人、送养人双方协议解除的除外。养子女 8 周岁以上的,应当征得本人同意。第 1115 条规定:养父母与成年养子女关系恶化、无法共同生活

① 本案系“最高人民法院公布 10 起婚姻家庭纠纷典型案例(河南)之四:冯某刚、周某诉冯某伟解除收养关系案”。

的，可以协议解除收养关系。不能达成协议的，可以向人民法院提起诉讼。据此，协议解除收养关系必须符合下列要求：第一，在养子女成年前，协议解除收养须得收养人、送养人同意。年满8周岁的养子女已有部分民事行为能力，法律规定解除收养应征得本人同意是完全必要的。第二，在养子女成年后，协议解除收养须得收养人、被收养人同意。成年人具有完全民事行为能力，送养人的同意不是协议解除的必要条件。

此外，当事人还应根据具体情况就与解除收养有关的财产和生活等问题达成协议。

（2）协议解除收养关系的程序

《民法典》第1116条规定：当事人协议解除收养关系的，应当到民政部门办理解除收养关系登记。适用这一规定办理解除收养关系的登记时，当事人应当到被收养人常住户口所在地县级以上人民政府民政部门提出解除收养关系的申请，须向收养登记机关提交居民户口簿、居民身份证、收养登记证、解除收养关系的书面协议。当事人对于收养登记机关必须了解的情况应当如实提供。收养登记机关应当在自申请的次日起30日内进行审查，对于符合《民法典》规定的解除收养关系条件的，准予其解除，收回收养登记证，发给当事人解除收养关系证明，收养关系自发给上述证明时起解除。

2. 诉讼解除收养关系

（1）诉讼解除收养关系的条件

按照《民法典》第1114条第2款的规定，收养人不履行抚养义务，有虐待、遗弃等侵害未成年养子女合法权益行为的，送养人有权要求解除养父母与养子女间的收养关系。送养人、收养人不能达成解除收养关系协议的，可以向人民法院提起诉讼。

按照《民法典》第1115条的规定，养父母与成年养子女关系恶化、无法共同生活的，可以协议解除收养关系。不能达成协议的，可以向人民法院提起诉讼。

（2）诉讼解除收养关系的程序

收养关系当事人应当依照《民事诉讼法》的有关规定，向有管辖权的人民法院提起解除收养关系的民事诉讼。人民法院审理解除收养关系的案件时，应当查明要求解除收养关系的事实和理由，保护合法的收养关系，保障收养人和被收养人的合法权益。对于收养人不履行抚养义务，有虐待、遗弃等侵害未成年养子女合法权益的行为，送养人要求解除收养的或者养父母与成年养子女关系恶化，无法共同生活，一方要求解除收养的，人民法院应当进行调解，调解无效的，依法判决准予解除或不准解除。

延伸阅读

《民法典》的浪漫:婚姻由夫妻双方自己做主,无论疾病还是健康。

关于爱情,中国自古以来有着自己的浪漫,既有“迢迢牵牛星,皎皎河汉女”的神话故事以寄托对爱情的向往,也有“月上柳梢头,人约黄昏后”的期待,还有“不思量,自难忘”的追思,更有“天地合,乃敢与君绝”的赤忱。

如今的影视作品或是新闻报道,我们也都听过这样的事情:男女双方相爱至深,突然有一天一方被查出身患重病,另一方得知后不但没有选择离开,反而选择生死相依,执意与其携手走入婚姻殿堂。最终的结局往往是一方陪伴另一方静静地走完了人生的最后一程。这样不离不弃的爱情让人动容,好像轰轰烈烈的爱情总是相伴着遗憾和悲伤。然而,比悲伤更悲伤的是,法律可能会对这段婚姻说不。这究竟是怎么回事呢?

(一)《民法典》尊重结婚自由,不再让悲伤的爱情雪上加霜

原《婚姻法》第 7 条曾明确规定,患有医学上不应当结婚的疾病禁止结婚,也就是说,若上述故事中的男女得病一方患的是医学上认为不应当结婚的疾病,那么他们这段婚姻是无效的。这样的结果似乎给悲伤的爱情又蒙上了一层伤感。

《民法典》的施行却改写这个结局。《民法典》第 1053 条规定,一方患有重大疾病的应当在结婚前告知另一方,否则可以请求撤销婚姻。上述故事中一方在对另一方的病情均知晓的情况下仍选择缔结婚姻,这段婚姻是被认可的。《民法典》在法律的层面上认可了即使一方患重大疾病也可以有情人终成眷属,充分给予了男女双方结婚的自由。

(二)婚前,请如实告知另一半你的病情

“我愿意她(他)成为我的妻子(丈夫),无论富裕贫穷、疾病还是健康都彼此相爱、珍惜,直到死亡才能将我们分开。”我们无数次在婚礼现场听到这段誓言,也无数次被这段誓言感动。

我们再来假设一个情景:新婚燕尔,另一半突然对你说,自己婚前就已身患重病,希望两人能相濡以沫,生死与共。你会如何选择?

面对这种情况,无非是两种选择:

第一,出于爱愿意接受这样的提议;

第二,震惊之余拒绝这样的恶意和欺骗。

《民法典》给予了被隐瞒一方自主选择权。选择第一种，婚姻继续，双方携手共同面对困难。选择第二种，可以向法院主张撤销婚姻。既然曾经象征甜蜜的结婚证成了负担和枷锁，那么被隐瞒一方也可以选择一键回到结婚前，婚姻被撤销后自始无效，也就是说，在法律层面上，双方从未结过婚。需要注意的是，撤销婚姻的主张系有时间限制的。按照《民法典》第1053条的规定，被隐瞒一方应从知道或者应当知道之日起1年内行使撤销权。因此，被欺骗一方要积极行使权利。否则，1年后撤销权就消灭了。

第十二章
财产与继承

* 财产与法律
* 夫妻财产
* 财产继承

▶ 一、财产与法律

（一）财产的核心是什么

在生活中，当我们提到财产，最先想到的也许是土地、房屋、古董字画珠宝、生活日用品这类有形物品；再进一步联想，知识产权、银行存款、上市公司股票、投资基金份额、网络虚拟财产，甚至是手机上第三方支付平台账户中的数字，这些看不见摸不着的利益，也是财产，并且正在我们的时代发挥着越发重要的作用。让我们进一步思考，财产的核心是什么呢？

在法律中，首先，一定是放在双方或者多方关系中探讨财产方有意义。而当分析一种具体的法律关系时，我们通常从主体，客体与内容三个要素出发。财产作为法律关系的客体，它的核心应当是背后所隐藏的权利内容与义务内容。

其次，需要注意的是，财产的核心并不涵盖所有类型的权利，而仅针对财产性权利。例如，人格尊严权、人身自由权、身体健康权、隐私权等人身性权利虽然在受到侵犯时可获得物质性赔偿，但并非等价赔偿，不能与财产性权利相提并论。而财产性权利的特征，除了从外延角度需要以非人身性相区隔之外，从内涵角度而言，这种权利应当表现为对有价值资源进行排他性使用，即法律赋予的垄断性。

（二）为什么需要法律

当我们初步明确财产的核心之后，紧接着的问题就是生活中有关财产的形形色色的问题是否需由法律进行调整，而法律又在其中分别扮演着什么样的作用？

法律在调整人的财产关系中至少发挥着以下两大作用：

首先，当我们假设自由市场的调解是完全充分有效的。此时初始的财产性权利无论最初赋予任何一方，都可以通过无谈判成本的交易流转给使用效用最大的一方，以达到社会利益的最大化。此时法律所扮演的角色是交易的保护者，其一，法律要保护已经存在的财产性权利，因此诞生了物权返还制度与侵权赔偿制度；其二，法律要尽可能减少交易中的不必要成本损耗，因此设计出一套合同契约制度。

其次，自由市场的调解并非完全充分有效的，并且在财产的一些领域还需要考虑公平与伦理因素。此时法律所扮演的角色就转变为财产的分配者，如反垄断制度、税收制度等，而本章主要讨论的是其中涉及家庭伦理的遗产继承制度。

▶ 二、夫妻财产

夫妻财产制，又称婚姻财产制，是指规定在婚姻存续期间有关夫妻财产所有权的法律制度，其内容主要包括夫妻婚前财产和婚后所得财产的归属、管理、使用、收益和处分，家庭生活的负担，夫妻债务的清偿以及婚姻关系终止时夫妻财产的清算与分割等问题。其核心是夫妻婚前和婚后所得财产的所有权问题。财产关系是夫妻关系的重要内容，是实现家庭经济职能的基础性要素。法律为确保夫妻地位的平等和婚姻生活的幸福美满，并保障夫妻与第三人的交易安全，维护社会秩序而设立夫妻财产制，调整夫妻关系。

（一）夫妻共同财产制

孙某和李某原本是夫妻，两人于2004年因感情不和协议离婚，双方在协议中约定：婚生子孙小某离婚后由女方抚养，孙某定期给付李某抚养费和教育费；现住公房及房屋内所有物品归女方所有；现金、存款方面双方不存在共同财产，离婚时互不干涉，不需要再分割；男方经营的公司、所有的汽车等财产，离婚后属男方。2014年，李某在作为孙小某的法定代理人依据“离婚协议”要求孙某付抚养费时，发现孙某现住房是其与李某婚姻关系存续期间购买，孙某在离婚时对该房屋进行了隐瞒。故李某以此为由起诉到法院要求判决涉案房屋全部归自己所有。

裁判结果：北京市第一中人民法院经过审理认为，虽然双方在离婚协议中有“男方经营的公司、所有的汽车等财产，离婚后属男方”的约定，但在房产价值远大于汽车的常识背景下，以“等”字涵盖房屋，违背常理，故该房为双方婚姻关系存续期间购买，应属于双方共同财产。对于房屋的分割问题，原审法院参照李某提出的市场价格及周边地区房屋的市场价格酌情确定房屋的市场价格并无不妥，同时，原审法院结合孙某隐匿财产存在过错、涉案房屋登记在孙某名下等因素，判决房屋归孙某所有，孙某给付李某折价款100余万元，并无不当。综上，北京市第一中人民法院最终驳回了两人的上诉，维持了原判。①

---

① 本案系“最高人民法院公布49起婚姻家庭纠纷典型案例之七：李某诉孙某离婚后财产纠纷案”。

1. 夫妻共同财产概念与特征

我国《民法典》第1062条规定："夫妻在婚姻关系存续期间所得的下列财产，为夫妻的共同财产，归夫妻共同所有：(一)工资、奖金、劳务报酬；(二)生产、经营、投资的收益；(三)知识产权的收益；(四)继承或者受赠的财产，但是本法第一千零六十三条第三项规定的除外；(五)其他应当归共同所有的财产。夫妻对共同财产，有平等的处理权。"可见，我国的法定夫妻财产制是婚后所得共同制。在夫妻双方没有约定或约定无效的情况下，当然适用法定财产制。夫妻共同财产制，是指在婚姻关系存续期间，夫妻一方或双方所得共同的财产，除另有约定或法定夫妻个人特有财产外，均归夫妻双方共同共有，夫妻平等地享有、占有、使用、收益和处分权利的夫妻财产制。

夫妻共同财产，是指夫妻一方或双方在婚姻关系存续期间所得的，除另有约定或法定夫妻个人特有财产外，均归夫妻双方共同共有的财产。由上看出，夫妻共有财产具有以下特征：

(1)夫妻共同财产的主体只能是具有合法婚姻关系的当事人。不具有合法婚姻关系的男女不具有夫妻共同财产，如无效婚姻、被撤销婚姻、同居关系等。

(2)夫妻共同财产只能是婚姻关系存续期间所得的财产。即男女双方从合法取得结婚证之日起，直到配偶一方死亡或离婚的特定期间。凡此之外的任何期间，均不属于婚姻关系存续期间，如恋爱或订婚期间等。

(3)夫妻对共同财产共有的形式是"共同共有"，而不是"按份共有"。即夫妻对共有财产不分份额大小，均平等地享有所有权，而无须考虑双方对共同财产所作贡献的大小、实际开支多少等。

2. 关于夫妻之间借款的处理

夫妻之间的借款，是指在婚姻关系存续期间，夫妻一方以借贷的方式，对夫妻共同财产的处分，是夫妻对共同财产享有平等处理权的一种表现形式。现实生活中，夫妻中的一方可能为了个人的爱好、需求或为从事个人经营活动需要使用夫妻共同财产，但另一方不同意，为此夫妻中的一方采取借款的方式使用夫妻共同财产。对于夫妻之间借款的处理，《民法典》中并未作规定。但《最高人民法院关于适用〈中华人民共和国民法典〉婚姻家庭编的解释(一)》第82条对此进行了明确的规定："夫妻之间订立借款协议，以夫妻共同财产出借给一方从事个人经营活动或者用于其他个人事务的，应视为双方约定处分夫妻共同财产的行为，离婚时可以按照借款协议的约定处理。"

夫妻之间的借款，需要满足以下几个条件：

(1)以夫妻共同财产为前提,夫妻共同财产是被借款项的来源;

(2)借款用于夫妻一方个人的经营活动或者其他个人事务;

(3)在婚姻关系存续期间借款方没有偿还借款。

3. 夫妻共同财产终止的原因

夫妻共同财产终止的原因主要表现在以下几个方面:

(1)夫妻共同财产因约定而终止

婚姻关系存续期间,夫妻双方可以约定终止共同财产而实行分别财产制或者其他财产制形式。

(2)夫妻共同财产因法定事由而终止

婚姻关系存续期间变更现行财产制的,须经双方一致同意。但如果因一方的行为严重影响或侵害另一方的共同财产利益时,经受害人申请可以分割夫妻共同财产,但不得损害债权人的利益。

(3)夫妻共同财产因离婚而终止

离婚是婚姻终止的原因之一,同时也可以导致夫妻共同财产的终止。离婚时,夫妻可以依协议对共同财产进行分割,也可以通过诉讼依法进行分割,从而分得各自的个人财产。

(4)夫妻共同财产因夫妻一方死亡而终止

夫妻一方死亡是婚姻终止的原因之一。《民法典》第1153条第1款规定:"夫妻共同所有的财产,除有约定的外,遗产分割时,应当先将共同所有的财产的一半分出为配偶所有,其余的为被继承人的遗产。"当夫妻一方死亡后,生存一方享有分割共同财产的权利以及继承死者遗产的权利。

(二)夫妻个人特有财产制

我国《民法典》第1063条规定,"下列财产为夫妻一方的个人财产:(一)一方的婚前财产;(二)一方因受到人身损害获得的赔偿或者补偿;(三)遗嘱或者赠与合同中确定只归一方的财产;(四)一方专用的生活用品;(五)其他应当归一方的财产"。这一规定确立了我国的夫妻个人特有财产制度,是首次以法律的形式明确了夫妻个人财产的范围,是对夫妻共同财产制的限制和补充,防止共同财产范围的无限延伸,有利于保护夫妻个人财产权利,旨在保护公民在婚姻家庭中的合法权益不受侵犯。

1. 夫妻个人特有财产的概念

夫妻个人特有财产,又称夫妻保留财产或夫妻特有财产,是指夫妻双方在婚姻关系成立后实行共同财产制的同时,依据法律的规定或双方的约定,夫妻保有个人财产所有权的财产。可见,夫妻对各自在一定范围内保有的财产,享有占有、使用、收益、处分的权利。法定的夫妻个人特有财产在性质上属于公民个人财产的范畴,依法受到保护。在离婚时,归个人所有,他人无权分割;在死亡时,其财产应为个人遗产,按《民法典》“继承编”相关规定处理。

2. 夫妻个人特有财产的范围

我国《民法典》第 1063 条对夫妻个人特有财产的范围作了明确的规定,主要包括如下。

(1)一方的婚前财产

婚前财产,是指男女双方在结婚以前各自已经享有所有权的财产。无论是动产,还是不动产;无论通过继承,还是接受赠与的财产;也无论是合法劳动所得,还是通过其他合法途径所得的现金、有价证券或购置的物品,均属于个人所有的财产,即使男女双方结婚以后,仍归原财产所有人个人所有。一方婚前的财产属于夫妻个人所有财产,不管婚姻关系存续多长时间,都不能转化为夫妻共同财产,当事人另有约定的除外。

(2)一方因受到人身损害获得的赔偿或者补偿

这类费用带有强烈的人身专属性质,说明夫妻一方因本人的身体受到伤害所得的各种赔偿金,均属于受伤者本人。因身体伤害所获得的赔偿或补偿金,与身体受伤害一方的人身关系具有密切的联系。因此,法律规定因身体受到伤害而获得的赔偿金属于个人财产。法律作出这样的规定,旨在保护公民的个人身体健康权。公民的身体健康权属于公民人格权的一种,与其人身有着密不可分的关系。

(3)遗嘱或赠与合同中确定只归一方的财产

《民法典》第 1133 条规定,自然人可以依照本法规定立遗嘱处分个人财产,并可以指定遗嘱执行人。自然人可以立遗嘱将个人财产指定由法定继承人中的一人或者数人继承。自然人可以立遗嘱将个人财产赠与国家、集体或者法定继承人以外的组织、个人。自然人可以依法设立遗嘱信托。遗嘱或赠与合同中明确指定遗产或赠与财产只归夫妻一方的,出于对被继承人和赠与者个人财产处分权的充分尊重,该财产理应属于一方个人的特有财产,而不是共同财产,这种指定是完全合法有效的。基于此遗嘱内容的法律效力,夫或妻一方便享有所继承或受遗赠的财产的所有权。例如,女方父亲临终前留下遗嘱,特别指明其过世后所留财产只由女方一人所有,则该部分财产不是夫妻共同财产,男方不能享有权益。

(4)一方专用的生活用品

一方专用的生活用品是指婚姻关系成立后夫妻双方共同购置的供夫或妻个人使用的生活消费品。认定为一方专用的生活用品的财产须具备两个前提条件:一是生活用品;二是这些生活用品为一方专用。一方专用的生活用品,是指满足日常生活需要的个人必须用品,如个人的衣服、提包、残疾人使用的轮椅等。但如果婚后购置的是贵重的首饰、价值较大的图书资料、摩托车、机动车等生产、生活资料,虽属于个人使用也应视为夫妻共同财产。

(5)其他应当归一方的财产

与对夫妻共同财产的规定一样,这一规定正是对一方特有财产的补充。因为夫妻在社会生活中参与的社会关系是多样的,所以可能会以其不同行为取得不同的财产。如夫妻一方获得的代表获奖者荣誉的奖章、奖牌、奖杯,带有明显纪念意义的奖品等,因为这类物品记载着优胜者的荣誉权,具有一定的人身属性,其财产所有权应当归享有该项荣誉权的夫妻一方。但因此获得的奖金或其他物质奖励,在没有约定的情况下,应归夫妻共同共有。此外,如果夫妻在婚姻关系存续期间以契约的形式约定所得的某项财产为夫妻一方财产,应为夫妻个人特有财产。可见,夫妻个人特有财产还包括约定特有财产。

(三)夫妻约定财产制

于某某与高某某于2001年11月11日登记结婚,婚后于2003年9月生育一子高某。因感情不和,双方于2009年9月2日在法院调解离婚。双方离婚时对于共同共有的位于北京市某小区59号房屋未予以分割,而是通过协议约定该房屋所有权在高某某付清贷款后归双方之子高某所有。2013年1月,于某某起诉至北京市东城区人民法院称:该59号房屋贷款尚未还清,房屋产权亦未变更至高某名下,即还未实际赠与高某,目前还处于于某某、高某某共有财产状态,故不计划再将该房屋属于自己的部分赠与高某,主张撤销之前的赠与行为,由法院依法分割该59号房屋。

裁判结果:北京市东城区人民法院生效裁判认为,双方在婚姻关系存续期间均知悉该59号房屋系夫妻共同财产,对于诉争房屋的处理,于某某与高某某早已达成约定,且该约定系双方在离婚时达成,即双方约定将该59号房屋赠与其子是建立在双方夫妻身份关系解除的基础之上。在于某某与高某某离婚后,于某某不同意履行对诉争房屋的处理约定,并要求分割诉争房屋,其诉讼请求法律依据不足,亦有违诚信。故对于某某的诉讼请求,法院不予支持。①

1. 夫妻约定财产制的概念

夫妻约定财产制,又称契约财产制,是指夫妻双方通过相互协商就婚姻关系成立以前的财产和婚姻关系成立后所得财产的归属、处分,婚姻的对外财产责任以及在婚姻关系终止时的财产清算、分割达成协议,并排斥或部分排斥夫妻法定财产制适用的夫妻财产制度。约定财产制是对夫妻共同财产制的必要补充。

随着社会的发展,夫妻的财产日趋呈现一种复杂化的态势,人们的婚姻家庭观念也发生了很大的变化,随着法律的不断健全与完善,个人的法律意识和独立意识不断增强,就婚姻家庭而言,夫妻约定财产制更能适应复杂多样的夫妻财产关系,更能适应现代社会丰富多样的生活方式,也更能满足当事人的个性化需要。

2. 夫妻约定财产制的财产范围

《民法典》第 1065 条第 1、2 款规定,男女双方可以约定婚姻关系存续期间所得的财产以及婚前财产归各自所有、共同所有或者部分各自所有、部分共同所有。约定应当采用书面形式。没有约定或者约定不明确的,适用该法第 1062 条、第 1063 条的规定。夫妻对婚姻关系存续期间所得的财产以及婚前财产的约定,对双方具有法律约束力。据此,夫妻可以仅就婚前财产或婚姻关系存续期间所得财产的归属进行约定,也可以就婚前财产和婚姻关系存续期间所得财产的归属进行约定。约定的财产可以是全部夫妻财产,也可以是部分夫妻财产,法律不加规制。法律之所以这样规定,是因为夫妻双方作为共同生活的当事人,有权根据自己的意愿依法对其婚前个人财产和婚姻关系存续期间所得财产进行处分,从而实现其财产利益。

3. 夫妻约定财产制的有效条件

夫妻约定财产制应符合哪些条件才能发生法律效力,《民法典》“婚姻家庭编”对此没有进行明确的规定。夫妻约定财产的行为是一种民事法律行为,应当符合民事法律行为的构成要件,但又具有其特殊性。

(1)夫妻约定财产时,双方必须都具备完全民事行为能力

夫妻约定财产时,双方必须都具备完全民事行为能力;否则,此项关于夫妻

① 本案系“最高人民法院公布 10 起婚姻家庭纠纷典型案例(北京)之一、最高人民法院公布 49 起婚姻家庭纠纷典型案例之一:于某某诉高某某离婚后财产纠纷案”。

约定财产制的协议无效。夫妻对财产的约定必须由双方亲自签订，不适用代理制度。如果夫或妻一方是已丧失或部分丧失民事行为能力的人，这对夫妻只能适用法定夫妻财产制，而不能适用夫妻约定财产制，即使有约定，也属无效。此外，由于是约定夫妻之间的财产，当然只能是存在婚姻关系的夫妻双方才可以对他们的财产作出约定。

(2)约定必须出于婚姻关系当事人的真实意思表示

一方以欺诈、胁迫或者乘人之危等手段，使对方在违背真实意思的情况下为一定法律行为的，受欺诈、胁迫的一方可申请撤销该民事行为。因此，夫妻双方对于财产的约定必须基于双方当事人的真实意思表示。

(3)约定的内容必须合法，不得超越夫妻所享有的财产权利的范围

夫妻双方对财产进行约定的过程就是实施民事法律行为的过程。这种民事法律行为必须是合法、有效的，必须是符合公正、公平原则、公序良俗原则的民事法律行为，不得规避养老育幼、偿还第三人债务等法律义务，不得损害国家、集体或第三人的合法权益，不得违反法律或损害社会公共利益。

(4)约定应以书面形式

《民法典》第1065条规定，约定应当采用书面形式。如此规定的原因在于，夫妻财产制的约定不仅涉及夫妻双方的重大财产利益和婚姻家庭生活的物质保障，还影响第三人的财产利益，所以，法律要求夫妻约定财产制时采用书面形式，以准确地表达夫妻双方关于约定财产制的真实意思。人们常说“口说无凭”，书面形式有利于表达夫妻双方关于约定财产制的真实意思表示，将来双方出现纠纷时可以作为证据，较容易解决纠纷。同时，通过书面形式，还有利于保护第三人的合法债权。如果夫妻中的一方与第三人进行民事交往活动，向对方出具夫妻财产约定书，表明本人的财产状况，可以防止发生财产纠纷，有效地保护第三人的合法债权。

(5)夫妻约定财产制的时间

关于夫妻约定财产的时间，可以在婚姻关系成立以前、结婚登记时或者是在婚姻关系存续期间。约定可以附条件和期限也可以不附条件和期限，取决于当事人的意志，如有条件和期限的约定，该条件和期限不得违背法律和道德的要求。夫妻双方必须严格执行财产约定，不得随意变更、撤销。确实需要变更撤销的，须经夫妻双方协商一致后，同样采用书面的形式。如果原约定经过公证机构公证的，也要经过公证机构公证才能变更、撤销。当然，变更或撤销约定，夫妻双方必须是完全民事行为能力人，必须自愿，没有侵害国家、集体或第三人的合法权益，没有规避法律义务等。

▶ 三、财产继承

(一)法定继承

被继承人孙某某与陈某某于1984年再婚,陈某作为孙某某的继子女与孙某某、陈某某共同生活,1991年陈某某与孙某某离婚,离婚协议约定陈某某与前夫所生之子陈某由陈某某抚养,并迁回原户籍地。现被继承人孙某某去世,陈某诉请法院判定其作为法定继承人继承应有份额。

裁判结果:判断继父母子女之间是否享有继承权,以是否形成抚养关系为标准。继父母子女在事实上形成了抚养关系,由直系姻亲转化为拟制血亲,从而产生法律拟制的父母子女间的权利义务。确定是否形成抚养关系应以继承实际发生时为节点。本案中,陈某两岁时,因生母陈某某与被继承人孙某某结婚,确实与孙某某共同生活,形成事实上的继父子关系,孙某某与陈某某共同抚养教育过陈某,后陈某某与孙某某协议离婚。继父母与继子女是基于姻亲而发生的一种事实上的抚养关系,这种关系是法律拟制的。离婚后,在继父母不愿意继续抚养的情况下,应视为继父母子女关系的解除,他们之间父母子女的权利义务不复存在。本案中,陈某曾经由孙某某抚养过,但是在其生母陈某某与孙某某离婚时,陈某才9岁,还尚未成年,且孙某某、陈某某在离婚协议中明确约定陈某由陈某某继续抚养,孙某某不再承担抚养费用。在此情形下,应当认定孙某某不再继续抚养是对原已形成抚养事实的终止,孙某某与陈某之间的继父子关系视为解除。而且,陈某与孙某某的继父子关系解除之后至孙某某病故时,其间长达20多年之久,双方再无来往。陈某于1998年出国至今仅回国3次,短时间停留,其成年后也不存在赡养孙某某的事实。故而,法院认为,陈某与被继承人孙某某之间虽存在过抚养事实,但因孙某某与陈某生母陈某某离婚后不再抚养陈某以及陈某成年后未履行赡养义务,本案继承发生时,陈某与被继承人孙某某之间继父子关系已解除,双方的权利义务不复存在,陈某不符合继承法规定的有抚养关系的继子女。综上,陈某对被继承人孙某某的遗产不享有继承权。①

---

① 本案系《最高人民法院公报》2020年第6期“邹某蕾诉高某某、孙某、陈某法定继承纠纷案”。

1. 法定继承的概念及特征

(1) 概念

法定继承,是指按照法律直接规定的继承人范围、继承顺序、遗产分配原则等进行财产继承的一种继承制度。是遗嘱继承的对称,亦称为无遗嘱继承。

(2) 法律特征

法定继承人的范围、继承顺序和遗产分配原则等各方面的内容,都是强制性规范,除死者生前以遗嘱方式改变,其他人都无权改变;法定继承以一定的人身关系为前提,即法定继承的发生以被继承人和继承人之间的婚姻、血缘和家庭关系而确定。

2. 法定继承人的范围

法定继承人的范围,是指在适用法定继承方式时,哪些人可以作为被继承人的继承人取得继承权,并依法继承死者财产上的权利和履行相应的财产上的义务。根据《民法典》第 1127 条的规定,确定法定继承人范围如下:

(1) 配偶

夫妻基于婚姻关系而产生相互继承权。对于结婚时间短或已登记尚未正式同居的男女,一方死亡,对方要求继承遗产的,法院应认定他们是合法夫妻,互有继承权;在离婚诉讼中或离婚尚未生效时,夫妻一方死亡时,对方仍有权以配偶身份继承遗产。

(2) 子女

子女是被继承人最近的直系血亲。按照《民法典》第 1127 条第 3 款的规定,子女包括婚生子女、非婚生子女、有扶养关系的继子女和养子女。子女继承父母遗产时,应注意以下问题:

第一,关于继子女的继承权问题。应当具体情况具体分析。如果继子女与继父或继母之间形成了扶养、赡养关系,就相互享有继承遗产的权利。第二,出嫁女应有继承权。第三,父母离婚后,子女对父母双方遗产均享有继承权。第四,养子女对养父母遗产享有继承权。同时,养子女和生父母之间的权利义务,因收养的成立而消除。

(3) 父母

《民法典》第 1127 条第 4 款规定:父母包括生父母、养父母和有扶养关系的继父母。在遗产继承方面,生父母、养父母和有扶养关系的继父母,均有对其亲生子女、养子女和有扶养关系的继子女遗产的继承权。

(4) 兄弟姐妹

《民法典》第 1127 条第 5 款规定:兄弟姐妹,包括同父母的兄弟姐妹、同父异母或者同母异父的兄弟姐妹、养兄弟姐妹、有扶养关系的继兄弟姐妹。继兄弟姐妹之间的继承权,因继兄弟姐妹之间的扶养关系而发生。继兄弟姐妹之间相互继承了遗产的,不影响其继承亲兄弟姐妹的遗产。

(5)祖父母、外祖父母

我国《民法典》"继承编"赋予了祖父母和外祖父母对孙子女、外孙子女遗产的继承权,确立了他们同等的法律地位,为同一顺序的法定继承人。祖父母、外祖父母作为法定继承人时,其范围包括:亲生(外)祖父母、养(外)祖父母以及实际形成扶养关系的继(外)祖父母。需要指出的是:(外)孙子女不属于法定继承人范围,但他们可以通过代位继承方式取得其(外)祖父母的遗产。

(6)对公婆或岳父母尽了主要赡养义务的丧偶儿媳与丧偶女婿

在一般情况下,儿媳与公婆、女婿与岳父母之间属于直系姻亲关系,相互本无法定权利义务。为了提倡赡养老人的道德风尚,我国《民法典》第1129条明确规定:"丧偶儿媳对公婆,丧偶女婿对岳父母,尽了主要赡养义务的,作为第一顺序继承人。"尽了主要赡养义务,在司法实践中一般从三个方面理解:①丧偶儿媳、女婿在经济上对公婆或岳父母进行扶助、供养;②他们在日常生活方面对老人进行照顾;③这种赡养必须具有长期性、经常性。

3. 法定继承人的继承顺序

法定继承人的继承顺序,是指继承开始后,各个法定继承人继承被继承人遗产的先后次序、顺位。前顺序继承人的继承权排斥后顺序继承人的继承权。其目的在于保持社会秩序的稳定,减少和避免继承争议和纠纷的发生。

《民法典》第1127条第1、2款规定,遗产按照下列顺序继承:(1)第一顺序:配偶、子女、父母;(2)第二顺序:兄弟姐妹、祖父母、外祖父母。继承开始后,由第一顺序继承人继承,第二顺序继承人不继承;没有第一顺序继承人继承的,由第二顺序继承人继承。以上条款说明,我国的继承顺序,主要是依据血缘关系的亲疏远近和婚姻关系来确定的。第一顺序人较第二顺序人有优先继承权,在有第一顺序人时,第二顺序人就不能参加继承。当第一顺序人全部不存在而且又没有代位继承人时,或者第一顺序人全部放弃或全部丧失继承权时,又或者部分放弃继承、其余的都丧失继承权时,第二顺序人才能参加继承。

我国《民法典》"继承编"确定各个法定继承人继承顺序的依据为:第一,根据各个法定继承人与被继承人之间在家庭中的扶养关系、日常生活方面的相互依赖程度。第二,根据各个法定继承人同被继承人之间亲属关系的亲疏远近。

（二）遗嘱继承

姚某夫妇（均已故）二人育有五子一女。姚某夫妇生前立下遗嘱，由单某代书，孙某、周某见证，将其所有财产由三儿子姚某林继承。现姚某林依据该遗嘱主张确认案涉房屋产权归其所有。庭审中，法官通过仔细分析发现，案涉遗嘱的代书人单某虽陈述其为姚某的朋友，但其实为姚某林的岳父。见证人孙某与周某针对“彼此是否熟悉”一问回答不一致，孙某称“熟悉”，周某称“仅在姚某林家见过一面，不怎么熟悉”，而孙某、周某二人的身份证住址相同。故代书人与姚某林继承姚某夫妇的遗产一事具有一定利害关系，不具备代书人的法律资格，案涉遗嘱因不具备法定的形式要件，为无效遗嘱。法院判决驳回姚某林的诉讼请求。①

1. 遗嘱继承的概念与特征

（1）遗嘱继承的概念

遗嘱继承是法定继承的对称，是指继承人按照被继承人合法有效的遗嘱继承遗嘱人遗产的法律制度。由于继承人、遗产的分配等都取决于遗嘱人的意思，因而又被称为“指定继承”。在我国，生前立有遗嘱的被继承人称为遗嘱人或立遗嘱人，依照遗嘱的指定享有遗产继承权的法定继承人称为遗嘱继承人。

（2）遗嘱继承的特征

遗嘱继承与法定继承相比，具有以下特征：

首先，发生遗嘱继承的法律事实不是单一的。除被继承人的死亡，引发遗嘱继承的法律事实还有：遗嘱人生前设立的合法有效的遗嘱。

其次，遗嘱继承直接体现遗嘱人的意愿。遗嘱继承是按照遗嘱进行的继承，它体现的是遗嘱人对其所遗留财产处分的意愿。

最后，遗嘱继承的效力高于法定继承。为尊重遗嘱人的意图，法律赋予了遗嘱继承优先于法定继承的效力。在继承开始后，有遗嘱的，先要按照遗嘱进行继承。

---

① 本案系“江苏省盐城市中级人民法院与市妇联联合发布十个2020年度婚姻家庭典型案例之六：姚某林与姚某夫妇遗嘱继承纠纷案”。

2. 遗嘱的概念与特征

(1)遗嘱的概念

遗嘱，是指公民生前按照法律规定的方式处分自己的财产及处理有关事务并于其死亡后发生效力的单方法律行为。广义的遗嘱包括死者生前对其死后一切事务作出的处置和安排。《民法典》“继承编”中的遗嘱为财产处分行为，是指对财产及有关事务的处分和安排。

(2)遗嘱的特征

第一，遗嘱是单方法律行为。遗嘱是只要有遗嘱人一方的意思表示，无须相对人的意思表示即可成立的一种单方法律行为。正因如此，遗嘱人在生存期间即遗嘱生效前，可以自由变更或撤销自己的遗嘱。

第二，遗嘱是要式法律行为。遗嘱是公民处分自己财产的重要形式，同时还涉及法定继承人的财产利益，因而各国法律均规定，遗嘱非依法定形式作成不能发生法律效力，我国法律也不例外。

第三，遗嘱在遗嘱人死后发生法律效力。遗嘱虽成立于遗嘱人生前，但于遗嘱人死亡时才能发生法律效力。因此，遗嘱是否合乎法律规定的条件，能否生效，一般应以遗嘱人死亡时为准。在遗嘱人死亡前，遗嘱人可随时变更或撤销遗嘱，遗嘱继承人、受遗赠人无权要求知道遗嘱内容，更不能要求执行。

第四，遗嘱的内容必须符合法律规定。遗嘱不仅须具备法定的形式，而且其内容须不违反法律规定。所以，遗嘱人可以自由处分自己财产，但是不得违反法律规定。

第五，遗嘱是必须由本人实施的法律行为。遗嘱必须是遗嘱人的真实意思表示，因此，各国法律都要求遗嘱须是遗嘱人亲自实施的行为，不能由他人代为设立。

第六，遗嘱继承人的法律地位不能被替代。遗嘱继承人是由遗嘱人特别指定的，如遗嘱继承人先于遗嘱人死亡，除非遗嘱人另有补充指定，其晚辈直系血亲不能代位继承。

3. 遗嘱能力

(1)遗嘱能力的概念

遗嘱能力，是指公民依法享有的设立遗嘱、依法自由处分自己财产的资格。各国法律一般都对遗嘱能力有明确规定，通常完全行为能力人才有遗嘱能力。我国法律规定无行为能力人或者限制行为能力人所立的遗嘱无效，只有具有完全民事行为能力的人才有遗嘱能力。

(2)确定遗嘱能力的时间

确定遗嘱人的遗嘱能力以立遗嘱时遗嘱人的状态为标准。在设立遗嘱时,遗嘱人有遗嘱能力的,其后虽丧失遗嘱能力,遗嘱也并不因此失去效力;相反,遗嘱人于设立遗嘱时无遗嘱能力,其后虽具有了完全民事行为能力,遗嘱也不因遗嘱人其后具有了遗嘱能力而有效。

(三)遗赠

四川泸州的黄某与妻子蒋某结婚30多年,有一养子。1994年起黄开始与张某来往,1996年起二人公开同居,依靠黄的工资(退休金)及奖金生活,并曾经共同经营。但黄某与蒋某并未离婚。2001年2月起,黄病重住院,蒋某一直在医院照顾,法院认为其尽到了扶养义务。2002年4月18日,黄某立下遗嘱:"我决定,将依法所得的住房补贴金、公积金、抚恤金和卖泸州市江阳区一套住房售价的一半(4万元),以及手机一部遗留给我的朋友张某一人所有。我去世后骨灰盒由张某负责安葬。"2002年4月20日,该遗嘱在纳溪区公证处得到公证。黄某去世后,张某根据遗嘱向蒋索要财产和骨灰盒,遭到蒋某拒绝。张某遂向纳溪区人民法院起诉,请求判令被告蒋某按遗嘱履行,同时对遗产申请诉前保全。

裁判结果:法院判决依据原《民法通则》第7条"民事活动应当尊重社会公德,不得损害社会公共利益"的基本原则,①认为黄某的遗嘱虽然是其真实的意思表示,形式上也合法,但遗嘱内容存在违法之处,且黄某与原告的非法同居关系违反了《婚姻法》的有关规定,黄某的遗赠遗嘱是一种违反公序良俗和法律的行为,因此是无效的。本案上诉后,泸州市中级人民法院判决驳回上诉,维持原判。②

1.遗赠的概念

遗赠,是指公民以遗嘱的方式将其所拥有的个人财产赠与国家、集体或者法定继承人以外的公民,并于其死亡后发生法律效力的法律行为。此时我们称遗嘱人为遗赠人,被指定接受赠与财产的人为受遗赠人,遗嘱中指定赠与的财

① 裁判当时依据的《民法通则》第7条,现规定在《民法典》第8条。

② 张某诉蒋某遗嘱纠纷案,又称泸州遗赠案,四川省泸州市纳溪区人民法院(2001)纳溪民初字第561号民事判决书;四川省泸州市中级人民法院(2001)泸民一终字第621号民事判决书。

产为遗赠财产或遗赠物。

2. 遗赠的法律特征

遗赠也是遗嘱人以遗嘱处分财产。遗赠与遗嘱有许多共同之处,只是受遗赠人与遗嘱继承人范围不同。遗赠有以下法律特征:

(1)遗赠是一种单方的法律行为。

(2)遗赠在遗赠人死亡之后发生效力。

(3)遗赠人生前可以随时依法变更和撤销遗赠。

(4)遗赠人的地位不得被替代。

(5)遗赠是遗赠人给予受遗赠人以财产利益的无偿行为,这种财产利益既可以是给予其财产权利,也可以是免除其财产义务。遗赠人不能单纯将财产义务给予受遗赠人。当然,遗赠人可以对遗赠附加某种负担,只是所附加的负担并不是遗赠的对价,也不能超过受遗赠人所得的财产利益。

3. 遗赠的执行

遗赠的执行,是指在受遗赠人表示接受遗赠后,遗嘱执行人按照遗赠人的指示将遗赠物移交给受遗赠人。但是要注意,《民法典》第 1144 条规定:“遗嘱继承或者遗赠附有义务的,继承人或者受遗赠人应当履行义务。没有正当理由不履行义务的,经利害关系人或者有关组织请求,人民法院可以取消其接受附义务部分遗产的权利。”若遗赠负有义务的,受遗赠人应当履行相应的义务,在此之后,才能接受遗赠。

延伸阅读

夫妻财产协议三大误区

误区一:婚前财产协议应婚前签

事实上,婚前财产协议只是一种习惯性的叫法。这是因为在大多数情况下,此类协议保护的是婚前财产。在法律上,婚前财产协议属于夫妻财产协议的一种,无论是婚前签还是婚后签,都是有效的。即使没有公证,也仍然有效,只要协议的格式符合法律要求即可。

误区二:净身出户式财产协议属于夫妻财产协议

受部分电视剧或网络文学作品的影响,有部分人以为只要在夫妻财产协议中约定“一旦某一方婚后出轨便净身出户”的条款,就可保卫自己的婚姻、保障自己的财产。事实上,这种以出轨为前提条件的协议都不属于夫妻财产协议,而是夫妻忠诚协议。

夫妻忠诚协议,是指夫妻双方在协议中约定彼此恪守忠实义务,如果违反,过错方将向无过错方支付违约金、赔偿金或者放弃部分、全部财产等。但值得注意的是,法律尚未明确规定忠诚协议。该类协议是否有效取决于其条款是否合法。在实践中,净身出户式的财产协议大多会被法院认定为无效。

类似协议内容如,夫妻中男方总是在外喝酒晚归,女方提出离婚,男方决定痛改前非并与女方签订协议:每次男方喝酒回家,罚款 1000 元;女方发现男方在社交网络平台与其他陌生女性聊天,罚款 500 元;男方婚内出轨或者主动提出离婚,就净身出户且离婚时不得争取孩子抚养权。

上述协议条款均属无效,这是因为忠诚协议的内容不得限制一方的基本人权,如人身自由权、通信自由权、离婚自由权等。在上述协议中,禁止喝酒,限制了男方的人身自由;禁止与陌生女性聊天,限制了其通信自由;婚内出轨便净身出户,影响其基本生活;提离婚便不准其分割财产和争取孩子抚养权,限制了对方提出离婚的自由和争取子女抚养权的自由。

误区三:以离婚为前提的财产协议属于夫妻财产协议

如果夫妻双方在婚前或婚内签订协议约定“如果双方离婚,房子和孩子都将归女方所有”,包含此类“离婚时”字样的协议,都不属于夫妻财产协议。

以离婚为前提条件的协议是离婚协议,而离婚协议只有在民政局办理了离婚证时才能生效。因此,此类协议在双方领取离婚证前是效力待定的。假设两个人签订的婚内协议符合离婚协议的格式,又最终办理了离婚手续,那该协议自领取离婚证之日起生效。